ISBN 978-0-428-66983-6
PIBN 11211374

*jak
I will.*

ELEMENTORUM

UNIVERSÆ MATHESEOS

AUCTORE

ROGERIO JOSEPHO

BOSCOVICH

SOCIETATIS JESU

PUBLICO MATHESEOS PROFESSORE

TOMUS I.

CONTI- { Geometriam Planam:
NENS { Arithmeticam Vulgarem:
 { Geometriam Solidorum.
 { Trigonometriam Planam, & Sphæricam:

EDITIO PRIMA VENETA,

Summa labore ac diligentia ab erroribus expurgata:

VENETIIS, MDCCLVII.

APUD ANTONIUM PERLINI:

SUPERIORUM PERMISSU, AC PRIVILEGIIS.

AUCTORIS PRÆFATIO.

Rediit jam superiore anno hic ipse libellus sub titulo partis primæ Tomi primi Elementorum Matheseos sine meo nomine, & alter itidem sine meo nomine continens Algebræ Elementa sub titulo partis secundæ Tomi primi. His nunc accedunt Sectionum Conicarum Elementa, cum Locorum Geometricorum transformationibus. Primis iis Tomi primi partibus, quamquam hoc anno distractis jam magna ex parte, non quidem iterum recusis, sed iisdem illis, mutatur titulus: accedit meum nomen, & quæ fuerant binæ partes Tomi primi, evadunt Tomus primus, & secundus, ut jam novus, qui nunc additur, fiat tertius. Cur superiore anno meum defuerit nomen, facile intelliget, qui fusiorem præfationem legerit adjectam Tomo tertio, quam ut percurrat, Lectorem rogo. Id ut nunc accederet, impressa simul præfatione illa, facile a me impetravit is, cujus sumptibus tertius nunc prodit Tomus.

Idem autem priores illos non Tomi partes, sed Tomos appellari maluit, cum nominis mei addendi gratia mutari deberet titulus, crescente nimirum universo opere, in quo jam integra postulor totius Matheseos Elementa.

Porro prima illa Geometriæ, & Arithmeticæ Elementa, quæ solent sub Præceptoris disciplina addisci contractiore methodo exposita sunt in hoc primo Tomo ita, ut præcipua quædam tantummodo capita percurrantur, & Præceptoris ipsius ductum omnino requirant, qui appendicem legat in fine addiectam: Ejus appendicis ope, confido, fore, ut Tyro rite institutus brevi, & maximo cum fructu Geometriam addiscat, & se abunde in inventione exerceat: A fine Arithmeticæ usque ad primi Tomi finem omnia, quæ occurrunt, & uberius explicata sunt, & fusius pertractata. Menda nonnulla Typographi, vel librarii exscribentis per sese facile deteguntur. In Tri-

geometria plana vel mihi scribenti praepropere, vel Editori, qui plura in hoc Tomo quandoque contraxit, effugit quintus casus triangulorum rectangulorum, qui addendus fuisset post num. 10, quo nimirum dato altero angulo, quaerantur reliqua. Facile autem solvitur, cum angulus alter inveniatur per canonem 1, basis per 2, latus alterum per 3.

In tertia Tomo omnia sunt abunde explicata, nec ductorem, ut arbitror requirent. In reliquis itidem curabo, ne qui Tyro in Geometria, & primis calculi rudimentis versatus requirat. Eorum autem, quae consequentur, & quorum materia omnis in promptu est, hic erit ordo. Quarto Tomo persequar Elementa infinitorum, & infinitesimorum pure geometrica, ubi etiam de generalibus agam curvarum proprietatibus, & earum, quae omnium maxime, vel utiles vel notae sunt Elementa tradam. Alius deinde aget de applicatione Algebrae ad Geometriam, & de seriebus infinitis, alius praecipua calculi differentialis, & integralis fundamenta aperiet, & usum demonstrabit. Hinc absolutis, quae ad puram Mathesim pertinent, aggrediar mixtam. Prima quidem ea, quae ad motum pertinent, tum quae ad Lucem, exponam, deinde Sphaeram, & ex ea pendentem Gnomonicam, tum Astronomiam praecedentibus omnibus indigentem evolvam, quibus adjiciam demum illa, quae ex Mathesi requiruntur ad Geographiam, Chronologiam, utramque Architecturam, & Musicam, si nimirum vita, & otium supererit.

In iis omnibus erunt pleraque, ut in his ipsis, quae jam edidi sunt sane multa, mihi quidem nova, & deductionis ordinem habebo in primis ob oculos, cujus deductionis specimen in primo potissimum, ac tertio tomo, & vero etiam in secundo me abunde dedisse arbitror.

EDITORIS MONITUM
AD LECTOREM

MATHESEOS Elementa edenda curavimus Adolescentium rationibus accommodata, qui publicis in Scholis huic facultati dant operam: eorum scilicet, quibus plerumque ex hujusmodi disciplinis ea tantum delibare est animus, quæ & captu faciliora sint, & cum cæteris facultatibus arctius connexa. Si qui sunt igitur, quos paulo major & exquisitior harum rerum scientia delectet, ubi satis fuerint in his Elementis exercitati, privato studio a probatissimis Scriptoribus haurire poterunt, quæ communem discentium captum excedunt. Brevitati consulendum in primis esse duximus, ut liber evaderet qui & facile parari posset, & commodè circumferri. Licet autem perspicuitatis etiam ratio sit habita, tamen si cui quædam videbuntur aliquanto pressius dicta, & obscurius, Magistri voce aliquid præstandum 'esse meminerit. Arithmeticæ locum inter planam, & solidorum geometriam medium dedimus Eucli-

Euclidis exemplum magis sequuti, qua
quod id rerum natura postularet. Cæte
rum satius censemus eodem tempore i
utroque genere quantitatis, continu
nempe, & discretæ, tyronem exerceri
ob eamque rem nihil veriti sumus i
Geometriæ planæ decursu ad contrahen
das, aut clarius exponendas demonstra
tiones arithmeticam adhibere. Reliquo
rum ratio satis legentibus constabit. Vale

DOMINICUS FRANCHINI

SOCIETATIS JESU,

In Provincia Romana Præpositus Provincialis.

CUM Librum, cui titulus: *Elementorum Matheseos &c.* a noſtræ Societatis Sacerdote conſcriptum, aliquot ejuſdem Societatis Theologi, recognoverint, & in lucem edi poſſe probaverint; poteſtate nobis a R. P. Noſtro Ignatio Vicecomite Præpoſito Generali ad id tradita, facultatem concedimus, ut Typis mandetur, ſi ita iis, ad quos pertinet, videbitur. In quorüm fidem has litteras manu noſtra ſubſcriptas, & ſigillo noſtro munitas dedimus. Romæ 11. Decembris 1751.

Dominicus Franchini.

NOI RIFORMATORI

Dello Studio di Padova.

AVendo veduto per la Fede di Revisione, ed Approvazione del *P. F. Gio: Paolo Zapparella*. Inquisitor Generale del Santo Officio di *Venezia*, nel Libro intitolato *Elementorum Universæ Matheseos auttore P. Rogerio Josepho Boscovich Soc. Jesu*. Non v'esser cosa alcuna contro la Santa Fede Cattolica, è parimente per Attestato del Segretario Nostro, niente contro Principi, e buoni costumi concediamo Licenza ad *Antonio Perlini* Stampator *di Venezia* che possi essere stampato, osservando gli ordini in materia di Stampe, e presentando le solite Copie alle Publiche Librarie di Venezia, e di Padova.

Dat. li 18. Agosto 1756

(Barbon Morosini K. P. Ref.
(Alvise Mocenigo 4. K. P. Ref.

Registrato in Libro a Carte 46. al Num. 469.

Giacomo Zucrato Seg.

Adi 20. Agosto 1756.

Registrato nel Mag. Eccellentiss. degli Esecutori contro la Bestemia.

Francesco Bianchi Seg.

ELE-

ELEMENTA
GEOMETRIÆ.

Axiomata.

1. QUÆ eidem funt æqualia, inter fe funt æqalia: Et quod uno æqualium majus eft vel minus, altero quoque majus vel minus erit.

2. Si æqualibus æqualia demas vel addas, refidua in primo aggregata in fecundo cafu funt æqualia. Et fi æqualibus inæqualia demas, vel addas, ea quæ remanent funt inæqualia.

3. Quantitates quæ certam aliquam quantitatem tantundem continent, vel ab ea tantundem continentur, funt æquales ; unde quantitates æquales in eamdem quantitatem ductæ, vel per eamdem divifæ funt æquales.

4. Si ex duabus quantitatibus prima fit dupla, tripla, vel utcumque multiplex alterius, & a prima auferatur pars dupla, tripla, vel æquè multiplex ejus, quæ aufertur a fecunda ; erit refiduum primæ duplum, triplum, vel æquè multiplex refidui alterius.

5. Quæ fibi mutuò fuperimpofita perfectè congruunt funt æqualia.

6 Totum qualibet fui parte majus eft : eft autem omnibus fui partibus fimul fumptis æquale.

Definitiones.

1. Punctum eft, cujus nulla pars eft.

2. Linea eft longitudo latitudinis expers.

A

3. Sic

3. Superficies est longitudo, & latitudo profunditatis expers.

4. Solidum est extensio in longum, latum, & profundum.

Scholion.

D tres priores definitiones probè intelligendas, finge tibi tabulam KL affabrè expolitam (Fig. 1.'), cujus pars **A** alba sit, B nigra, D rubra, C cærulea, E I limes album colorem a nigro dirimens, nullam certè latitudinem habet; utcumque enim in alterutram partem inclines, vel in albo, vel in nigro consistes; limitem tamen hunc in longum partiri licet. Idem dic de limitibus I G, I H, I F. Et hæc est notio lineæ.

Concursus autem harum linearum I neque latitudinem, neque longitudinem habet, adeoque nec partes. Et hæc est notio puncti Mathematici, ex qua oritur axioma illud; lineam a linea secari in unico tantum puncto.

Quod si tabula KL aliquam habeat licet minimam profunditatem, limes interius dirimens partem albam A, a nigra B habebit longitudinem EI, tantamque latitudinem, quanta est tabulæ profunditas, ipse vero profunditatis expers erit. Et hæc est notio superficiei.

Si jam omnes colores uno obducantur, qui sit omnibus partibus communis, limes EF videri desinet; adhuc tamen erit in tabula, quandoquidem locus manet ubi & albus desierat color, & niger cœperat. Quare sublatis coloribus manet adhuc puncti, lineæ, & superficiei notio.

Duo hinc eruuntur. 1. hoc punctum, & hæc linea Physica non sunt; uti esset e. g. ferri filum tam tenue, quod neque latitudinem habeat, neque profunditatem, hoc enim fieri posse plerique negant.

2. Ejusmodi puncta, lineæ, superficies, posita corporum continuitate, non sunt res imaginariæ, quas sibi intellectus a rebus abstrahens confingat, sed verè existunt independenter ab ingenii nostri commentis. Corpora quidem non sunt, sed corporum affectiones, quæ

ab invicem distrahi non possunt. Hinc punctum est terminus lineæ, linea superficiei, superficies corporis.

Def. 5. Circulus est figura plana, unica curva linea comprehensa, quæ peripheria dicitur, sive circumferentia, ad quam omnes rectæ lineæ a puncto medio, quod centrum dicitur, ductæ, æquales sunt inter se.

6. Linea recta per centrum ducta, & utrinque in peripheria terminata diameter dicitur, quod circulum bifariam dividat.

Scholion.

In fig. 5. circulus est ADEB, sive FGLK; diameter est AB, sive FL, unde æquales sunt rectæ CA, CD, CE, CB, quæ semidiametri dicuntur, sive radii. Circulus dividi solet in partes æquales 360. quæ gradus dicuntur; singulos gradus partimur in 60. minuta prima, quodlibet minutum primum in 60 secunda, & sic in infinitum. Solent autem hæc designari quibusdam lineis numeris superimpositis, cum gradus per o designentur. Ita si forte occurrant 35°. 25'. 36". 42‴. lege 35 gradus, 25 minuta prima, 36 secunda, 42 tertia.

Si duo circuli idem habeant centrum, ac rectæ lineæ CD, CE comprehendunt in interiori circulo 30, aut 40 gradus, manifestum est, quod totidem gradus in exteriori comprehendent; quod probe notandum est ad angulorum notionem rite concipiendam.

Sed antequam de angulis dicere aggrediar, subjiciam hic postulata, quo nomine Geometræ operationes designant, quas Geometria ex Mechanicis mutuatur. Constat autem has perfici posse, & per circinum, & regulam facile perficiuntur.

Postulata.

1. A puncto ad punctum rectam lineam ducere.

2. Rectam terminatam producere, ita ut recta maneat.

3. Ex dato puncto tanquam centro, dato intervallo tanquam radio, circulum describere.

4. Ex recta majori partem auferre minori æqualem.

Sche-

Scholion.

Quidquid geometricè fit, per hæc postulata perficitur; aliter non dicetur geometricè factum.

Def. 7. Angulus est unius rectæ lineæ ad alteram inclinatio.

Scholion.

Anguli notio est omninò necessaria, & ope circuli facillime concipitur. Duæ rectæ lineæ HK, FL, quæ concurrunt in C, efficiunt angulos LCH, HCF, FCK, KCL, qui non ex eo majores fieri intelliguntur, quod producantur ipsorum latera; sed ex eo profectò quod latera ipsa, sive crura divaricentur: quandoquidem anguli naturam in majori, aut minori inclinatione unius lineæ ad aliam consistit. Hinc angulorum mensura sunt gradus, quos ipsorum latera comprehendunt in peripheria circuli ex anguli vertice tamquam centro descripti. Si arcus EB 60 gradus continet, angulus LCH erit graduum 60. Et quia eumdem numerum graduum continebit arcus HL, ad hunc angulum definiendum idoneus est quilibet circulus centro C descriptus.

Corollarium.

Hinc si ad punctum M. (Fig. 3.) rectæ datæ ON fieri debeat angulus æqualis angulo dato LCH, centro facto in C, & M, & quolibet intervallo, dummodo sit utrobique æquale, describatur arcus BE occurrens lateribus CL, CH, in B, & E; itemque arcus QP indefinitè: tum facto centro in P intervallo BE ducatur arcus alterius circuli, qui ex priori abscindet arcum PQ æqualem arcui BE, & ducatur recta MQR; patet angulum NMR æqualem fore dato angulo LCH.

Def. 8. Linea dicitur alteri lineæ perpendicularis, quando in ipsam incidens facit angulos hinc & inde æquales, cujusmodi sunt anguli GCL, GCF. Anguli hujusmodi dicuntur recti.

9. Angulus obtusus dicitur, qui est recto major, ut FCH.

10. Acutus, qui recto minor, ut HCL.

Co-

Coroll. 1.

Patet illum esse angulum rectum , qui quartam cir-culi partem , sive 90 gradus comprehendit ; illum esse acutum, qui pauciores, illum obtusum, qui plures con-tinet gradus.

Coroll. 2.

Manifestum est quoque , quod recta HC incidens in rectam FL vel duos angulos rectos facit (si videli-cet cùm perpendiculari coincidat) vel duobus rectis æ-quales: etenim anguli FCH, HCL simul sumpti totam semicircumferentiam, sive 180 gradus comprehendunt , totidem scilicet , quot duo recti.

Coroll. 3.

Hinc quotcumque sint lineæ rectæ , quæ concurrant ad punctum C, omnes , quos faciunt, anguli KCL , LCK, KCF &c. totam peripheriam, sive 360 gradus comprehendunt, adeoque 4 rectis æquales sunt.

Coroll. 4.

Si rectæ HC, LC producantur, manifestum est, quod in unam lineam coalescere non possunt , sed efficient angulos FCK , LCH, qui dicuntur ad verticem oppo-siti, æquales inter se: cum sit enim dimidia peripheria FKL æqualis dimidiæ peripheriæ HLK, sublata communi parte KL, erunt arcus reliqui FK, HL æquales inter se.

Def. 11. Triangulum æquilaterum illud est , quod habet omnia latera æqualia, ut ABC. (Fig. 4.)

12. Isoscele dicitur, quod duo tantum habet æqualia latera, uti sunt AB, BC. (Fig. 5.)

13. Scalenum est, quod omnia habet latera inæqua-lia, ut ABC. (Fig. 6.)

14 Triangulum rectangulum est quod unum habet angulum rectum, ut BAC. (Fig. 6.

15. Quadratum est figura quatuor lateribus constans, quæ & æqualia sint inter se, & ad angulos rectos jun-ctas. (Fig. 1.

16. Si autem angulos quidem habeat rectos, sed duo latera opposita reliquis duobus majora, dicitur simplici-ter rectangulum. (Fig. 7.)

17, Parallelæ dicuntur rectæ lineæ, quæ in in
tum productæ nuſquam ſibi occurrunt, nec magis
invicem accedunt,

Scholion,

Ex ipſo paralleliſmi conceptu, affectiones quæ
parallelarum deſcendunt, quibus in demonſtrandis
gnopere laborant Geometræ vel ex hoc ipſo, quod
ne ullo magiſterio natura ipſa de illarum veritate
edocet. Sunt autem hæ. Lineæ rectæ in eodem
no exiſtentes vel convergunt, uti (Fig. 8.) G I,
divergentes ex parte oppoſita GH, FC ; vel eodem
ter ſe ubique diſtant intervallo nuſquam invicem oc
rentes, uti ſunt AB, CD. Si æque ubique diſtent
invicem, ducta qualibet recta EO, quæ parallelas
cet in G, & F; ipſo naturæ lumine notum eſt, ea
dem fore parallelæ utriuſque inclinationem ad rect
EO, adeoque erit 1.º angulus OFD æqualis ang
QGB, quorum primus dicitur externus, ſecundus
tem internus & oppoſitus. 2.º cum angulus GFC
quetur angulo DFD ad verticem oppoſito (per Cor
4 Def. 10.) erunt etiam æquales anguli BGF, GF
qui dicuntur alterni. 3.º tandem anguli OFD, GF
cum æquentur duobus rectis (per Coroll. 2. def. 1
æquales item erunt duobus rectis anguli interni, &
eamdem partem poſiti DFG, FGB,

Pariter : quoties angulus OFD æqualis erit inter
& oppoſito FGB, erit eadem inclinatio rectarum C
AB ad rectam EO, ac proinde rectæ illæ neque co
vergunt, neque divergunt, ſed parallelæ ſunt inter
Rurſus quoties æquales erunt anguli alterni BGF, GF
vel duobus rectis erunt ſimul æquales interni ad ear
dem partem poſiti BGF, GFD ; ſemper angulus exte
nus DFO æqualis erit angulo interno & oppoſito BG
& rectæ AB, CD erunt parallelæ,

Coroll. I,

En igitur tres parallelarum neceſſarias affectiones
quarum ex una qualibet inferre licet rectas illas e
parallelas. 1.º Angulus externus æqualis eſt interno
oppoſito,

oppofito . 2.° Anguli alterni æquales funt inter fe : 3. Interni & ad eamdem partem duobus rectis æquantur.

Coroll. 2.

Si duæ rectæ AB, HK (Fig. 9.) parallelæ fint eidem rectæ CD, erunt etiam inter fe parallelæ. Etenim ducta recta EO illis occurrente in G, F, I, inclinatio rectarum KH, BA ad rectam EO, eadem erit atque inclinatio rectæ CD ad eamdem.

Coroll. 3.

Si per datum punctum F ducere oporteat rectam CD parallelam datæ rectæ AB; ex quolibet hujus puncto G ducatur recta GFO, & fiat (per Coroll. def. 7.) angulus OFD æqualis angulo OGB, eritque recta FD parallela ipfi AB.

Scholion.

His parallelarum affectionibus nititur methodus, qua Eratofthenes telluris ambitum menfus eft. Urbis Sienes puteos norat ille folftitii æftivi tempore folis radios in imo excipere, cum illis fol ad perpendiculum immineret. Porro Sienem, & Alexandriam in eodem meridiano fitas exiftimavit, ut eodem temporis momento meridies utrobique effet; ac præterea Sienem Alexandria abeffe ftadiis 5000. His pofitis en methodum, qua ufus eft. Sit T (Fig. 10.) telluris centrum, PAF meridiani circulus, utrique Civitati communis. Siene, cui fol imminet ad perpendiculum, fita fit in P; it quidem fi radius SP produci intelligatur, per centrum terræ tranfibit. Sit demum A Alexandria. In hac in collocavit hemifphærium cavum CAD, ut acies ftili AE in centro effet hemifpherii, ftilus vero ipfe perpendicularis effet horizonti, adeoque per terræ centrum tranfiret fi produci intelligeretur. Exinde in ipfa folftitii meridie aciem umbræ a ftilo projectæ AB diligenter notavit, reperitque eam comprehendere in hemifphærio quinquagefimam partem totius peripheriæ, feu 7°, 12'. Cum radii Solis SPT, sEB ob immanem folis diftantiam fint ad fenfum paralleli; æquales erunt anguli

alterni

alterni BET, ETP; quare erit etiam angulus ATP; adeoque arcus AP, quinquagefima totius circuli pars. Igitur cum hæc ex hypothefi contineat ftadia 5000, totus telluris ambitus continebit ftadia 250000, five paffuum millia 31250, fiquidem 8 ftadia fingulis paffuum millibus tribuantur. Et hæc quidem methodus de caufis minus eft idonea ad exactam telluris dimenfionem, ac perperam ab Eratofthene affumi cenfent, quod Sienes & Alexandria fub eodem jaceant meridiano, quod locorum intervallum ftadiorum fuerit 5000, & quod radii SP, sE pro parallelis haberi poffint. Nihilo tamen minus libuit hujus Aftronomi artificium exponere, ut vel hinc agnofcant Tyrones quantam & utilitatem, & voluptatem ex hoc ftudio fibi debeant polliceri, quantoque laboris in fructu Geometræ ex his levibus initiis, quæ nullius fere momenti videntur, gradum fibi fecerint ad ea cognofcenda, quæ longe ab oculis noftris natura fepofuit.

Def. 18. Parallelogrammum eft figura quadrilatera, cujus latera oppofita parallela funt. (Fig. 11.)

PROPOSITIO I.

IN omni triangulo fi latus unum producatur, angulus externus æqualis eft duobus internis & oppofitis: Et uniufcujufque trianguli tres anguli duobus rectis æquantur.

In Triangulo ABC (Fig. 12.) producto latere AC in D, angulus BCD externus dicitur. Dico igitur primò hunc angulum æquari duobus A & B internis & oppofitis.

Demonftr. Ducatur CE parallela lateri AB (per Coroll. 3. def. 17.) Erit angulus externus ECD æqualis interno & oppofito BAC (Coroll. 1. def. 17.): & angulus ECB æquatur alterno ABC: ergo totus angulus BCD æquatur duobus A, B: Q. E. D.

2. Tres anguli fimul fumpti trianguli ABC, hoc eft A, B, BCA æquantur duobus rectis. Nam (Coroll. 2. def. 10.

.def. 10.) anguli BCD, BCA æquantur duobus rectis ?
fed BCD æquatur angulis B, & A: ergo anguli B, A,
BCA æquantur duobus rectis. Q. E. D.

Coroll.

Hinc cujufvis trianguli tres anguli fimul fumpti æ-
quantur tribus angulis cujufvis alterius fimul fumptis :
quare fi in duobus triangulis duo anguli inveniantur
æquales, etiam tertius unius alterius tertio æqualis erit:
& fi unius trianguli duo anguli innotefcant, etiam tertius notus erit.

Scholion.

Hujus propofitionis ufus incredibilis dictu eft: Ex ea
Keplerus ambitum telluris metiri docuit fine ullo ad fo-
lem, & ftellas recurfu ∴ Sint T & M (Fig. 13.) duorum montium vertices fatis diffiti inter fe : fitque AB
arcus interceptus inter utriufque montis radices, quem
diligenter metiri oportet . Præterea quam fieri poterit
accuratiffimè notentur anguli CTM , CMT quos pen-
dulum efficiet per rectas TC, MC ad centrum telluris
conftanter vergens, & linea vifualis TM . Horum angulorum fummam ex 180. gradibus aufer, differentia
dabit Angulum ACB; ex quo cognofces quota portio
totius circuli fit arcus AB, cumque hujus dimenfio per
notas menfuras deprehenfa fuerit, ad eafdem licebit totius ambitus dimenfionem revocare. .

Ricciolius hanc methodum adhibuit , ut ipfe refert
Geogr. Ref. lib. 5, cap. 33, in Turri campanaria Mu-
tinenfi in vertice montis Paterni, qui Bononia non
longe abeft. Invenit angulum CTM 90°, 15', 7"; angulum verò CMT 89°, 26', 13", 27"', his ex 180°,
fubductis reliquus fuit angulus C 18', 39", 33"'. Cumque locorum intervallum AB repertum ab eo effet paf-
fuum Bononienfium 20016$\frac{1 \cdot 0}{5 \cdot 0 \cdot 4}$ facilè intulit gradum
telluris paffus continere 64363. ac totum proinde am-
bitum paffus 23 179680.

Accuratius multo quæfitæ funt a recentioribus Telluris dimenfiones, ex quibus conftat imminui gradus a

Polis ad Æquatorem, & contra. Ad usus tamen præsentes, ubi Tellurem pro sphæra habere possumus, retinebimus cum Cassino Picardi mensuram, ut singuli gradus exapedas habeant 57060; hoc est, Milliaria Parisiensia 68, ac præterea passus 472. Unde totus telluris ambitus continebit milliaria 24649, passus 920. Minor proinde quam qui a Ricciolio inventus fuerat, ut patet si pes Parisiensis ad Bononiensem revocetur, qui ad illum est ut 1682 $\frac{2}{5}$ ad 1440.

PROPOSITIO. II.

SI duo triangula duo latera habuerint æqualia, & angulos ab his lateribus interceptos æquales; & basim æqualem habebunt, & aream, & angulos æqualibus lateribus oppositos æquales.

In triangulis ABC, DEF (Fig. 14. 15.) sint AB, & BC unius latera æqualia alterius lateribus DE, EF, & angulus B æqualis angulo E; dico basim AC æqualem esse basi DF. Angulos A & C angulis D & F, & totum triangulum ABC toti triangulo DEF. Etenim si latus AB ejus æquali lateri DE superimponi intelligatur cum illo congruet, & ob angulum B æqualem angulo E etiam latus BC cadet super sibi æquale EF, & punctum C in F. Ergo basis AC congruet cum basi DF, angulus A cum D, C cum F, & totum triangulum cum toto. Ergo æqualia erunt (Ax. 4.) Q. E. D.

Coroll. 1.

Rectæ igitur, quæ rectas lineas parallelas, & æquales jungunt, ipsæ quoque parallelæ sunt, & æquales. Nam si BC (Fig. 16.) parallela est, & æqualis rectæ AD, ductâ AC erunt (Coroll. 1. def. 7.) anguli alterni BCA, CAD æquales. Quare in duobus triangulis BCA, DAC erunt latera BC, AC æqualia lateribus AD, AC, & anguli ab his lateribus intercepti æquales. Ergo & bases æquales erunt, & anguli alterni DCA, CAB; adeoque rectæ AB, CD parallelæ sunt, & æquales.

Co

Coroll. 2.

Si triangulum ABC (Fig. 17. 18.) fit ifoscele , habens nempe duo latera AB, BC æqualia, eodem pacto oftenditur angulos A , C ab basim æquales habere. Intelligatur enim ejusmodi triangulum bis positum , & triangulum BAC superimponi triangulo *b a c* situ inverso . Ob æqualitatem laterum inter se , latus AB superimpositum lateri *b c* cum illo congruet , & ob æquales angulos B & *b* jacebit BC super sibi æquale latus *a b*, quare punctis A & C abeuntibus in *c* & *a* basis cum basi congruet, angulus A cum angulo *c*, & C cum *a*. Æquantur igitur hi anguli inter se , adeoque angulus A angulo C.

Coroll. 3.

Cum fit triangulum æquilaterum quaquaverfus ifoscele, omnes ejus anguli funt æquales inter se, ac proinde erunt finguli 60 graduum . Si vero triangulum ifoscele duobus æqualibus lateribus rectum angulum comprehendat , erunt duo reliqui femirecti , graduum finguli 45. (per Prop. 1.)

Coroll. 4.

Si ACB (Fig. 19.) fit diameter circuli ADF, cujus centrum in C, & centro B intervallo BC defcribatur alter circulus priorem fecans in D, & F, ducanturque rectæ CD, DB erunt hæ (def. 5.) æquales femidiametro CB, ac proinde æquales inter se . Ergo triangulum BCD erit æquilaterum, & angulus DCB itemque arcus DB graduum 60, five fexta pars peripheriæ ADF. Quare fi iterum centro facto in A intervallo AC abfcindantur arcus AE, AG, conftabit ratio , qua exagonum regulare (hoc eft figura fex æqualibus Lateribus & angulis conftans) in dato circulo inscribi poffit. Illud quoque manifeftum eft, quomodo per gemini circuli defcriptionem fuper data recta CB triangulum æquilaterum defcribi poffit .

PROPOSITIO III.

SI duo triangula habuerint duos angulos aequales, & latus his angulis interjectum aequale, habebunt & reliqua latera, & aream aequalem.

Sint anguli A, C (Fig. 14. 15.) aequales anguli D, F, & latus AC lateri DF, dico fore latera AB BC aequalia lateribus DE, EF, & totum ABC, toti DEF. Nam si latus AC lateri aequali DF superimponi intelligatur, anguli A & C congruent cum aequalibus D & F, ac proinde latera AB, BC cum lateribus DE, EF positione congruent. Quod autem etiam terminatione congruant patet ex eo, quod si punctum B lateris AB non caderet in punctum E, sed supra, vel infra, tunc latus BC necessario caderet vel extra, vel intra latus EF, adeoque angulus C major, vel minor foret angulo F contra hypothesim. Ergo punctum B cadit in E, & latera lateribus perfecte congruunt, & angulus B angulo E, & totum triangulum ABC cum toto DEF. Q. E. D.

Coroll. 1.

Si praeter latera AC, DF aequentur anguli A, B angulis D, E; etiam C aequatur F (per Coroll. pr. 1.) ac proinde & reliqua latera, & tota triangula aequalia. Quoties igitur in duobus triangulis aequantur ita duo anguli, & unum latus: tota sunt aequalia.

Coroll. 2.

Si triangulum ABC (Fig. 17. 18.) habet angulos ad basim A, C aequales, aequalia etiam habet latera his opposita. Nam si triangulum ejusmodi bis positum intelligatur, & ABC situ inverso superimponi triangulo *abc*; ob aequalitatem angulorum inter se angulus A superimpositus angulo *c* cum illo congruet, & ob AC aequalem *ac* puncto C abeunte in *a*, angulus C congruet cum *a*, ac proinde AB cum *bc*, CB cum *ab*. Unde AB aequatur ipsi BC.

Coroll. 3.

Si in triangulo rectangulo acutorum unus fuerit semi-

mire-

mirectus, alter quoque semirectus erit (Coroll. 1. pr. 1.). & triangulum proinde erit isoscele.

Scholion.

Hinc eruitur ratio omnium expeditissima ad turrium, aliorumve ædificiorum altitudines investigandas. Paretur ex aliqua materia satis spissa triangulum MCN (Fig. 20,) rectangulum in C, & isoscele. Ita oculo applicetur in M, ut alterum latus NC situm verticalem constanter obtineat (id quod ope penduli ex N suspensi facile perficitur) ac tamdiu ad turrim accedas, vel ab eadem recedas, donec radius visualis secundum latus MN directus in turris TR vertice T terminetur. Notetur punctum Q, in quem desinit radius MC, eritque altitudo QT æqualis intervallo MQ. Cum enim parallelæ sint lineæ NC, TQ, ac proinde angulus TQC, æqualis externo NCM (Coroll. 1. def. 17.) erit TQM rectus. Quare cum sit angulus M semirectus (Coroll. 3. pr. 2.) etiam T semirectus erit, & triangulum MQT isoscele ; & latus TQ æquale lateri MQ, & tota turris altitudo TR æqualis rectis MQ, QR, quas metiri licet.

Coroll. 4.

Ex eadem propositione tertia eruitur, quod in omni parallelogrammo latera, & anguli oppositi sunt æquales, & totum parallelogrammum bifariam dividitur a diametro, sive diagonali AC. (Fig. 16.) Nam in triangulis ABC, ACD, præter basim AC communem, æquantur anguli alterni DCA, CAB, & DAC, ACB (Coroll. 1. def. 17.) ac proinde & reliquus angulus, & latera, & tota triangula æqualia sunt.

PROPOSITIO IV.

SI in duobus triangulis tria latera æqualia sint ; & anguli æqualibus lateribus oppositi, & tota triangula erunt æqualia.

In triangulis ABC, DEF (Fig. 21. 22.) æqualia sint latera AB, BC, CA lateribus DE, EF, FD; dico etiam an-

angulos A, B, C æquales fore angulis D, E, F. Nam
si latus DF concipiatur superimponi lateri æquali AC,
vertex E cadet in B. Cadat enim, si fieri potest, extra verticem B in aliquod punctum G. Quoniam ex
hypothesi AB æquatur lateri AG, & BC ipsi GC; ducta BG, erunt isoscelia triangula BAG, BCG, ac
proinde angulus ABG æqualis erit angulo AGB,
(Coroll. 2, prop. 2.) qui cum sit minor angulo CGB,
pars toto, etiam ABG minor erit eodem angulo BGC.
Jam vero cum sit etiam triangulum BCG isoscele, erit
idem angulus CGB æqualis angulo CBG : ergo prior
ille ABG minor esset etiam hoc ultimo GBC, totum
parte, quod est absurdum. Igitur non possunt esse latera AB, BC æqualia lateribus AG, GC, quin punctum G cadat in B. Quare [si triangulum DEF triangulo ABC superimponatur, uti dictum est, perfecte
congruent, angulique, & areæ æquales erunt. Q.E.D.

Coroll.

Duo igitur circuli nonnisi in duobus punctis se mutuò intersecant. Nam si recta AC (Fig. 23 .) centra
jungat duorum circulorum se mutuò secantium in B &
H; ductis rectis lineis AB, BC, sequitur ex modo demonstratis inveniri non posse ex parte ipsius B punctum
aliud G, ad quod ductæ lineæ AG, GC æquentur duabus AB, BC: quod tamen necesse esset, si punctum G
in utriusque circuli peripheria situm esset, adeoque si in
eo puncto iterum se circuli intersecarent.

PROPOSITIO V.

DAtum angulum rectilineum bifariam dividere.
Oporteat bifariam dividere angulum rectilineum
HCI. (Fig. 24.) Centro facto in C, quolibet intervallo CA describatur circulus EAL secans alterum latus in
B, ac deinde centris A & B, eodemque intervallo ne-
tentur arcus circulorum sibi mutuo occurrentium in K,
& ducta KC, dico quod hæc datum angulum bifariam
secabit. Etenim in triangulis ACK, BCK ex constructio-

ne latera AC, AK æquantur lateribus CB, BK, & bafis CK utrique communis eft: ergo (prop. 4.) anguli æqualibus lateribus oppofiti æquales funt, adeoque angulus ACK æquatur angulo KCI: Q. E. F.

Scholion.

Anguli trifectio, five methodus, qua quivis angulus in tres partes æquales dividi poffit, fruftra a Geometris quæfita eft per circinum & regulam. Francifcus Vieta folutionem hujus problematis mechanicam dedit, fed elegantem, & expeditam. Sit angulus HCI (Fig. 25.) quem oporteat in tres partes dividere. Centro facto in C quovis intervallo C A defcribatur circulus ABD fecans latus CI in B, & latus HC indefinite productum verfus F in A & D. Regula BF circa punctum B moveatur, donec ita occurrat rectæ AD in F, ut fegmentum EF inter hoc punctum, & peripheriam interceptum circino inveniatur æquale rectæ CA (id autem eft, quod geometricè fieri nequit): tùm fumptis arcubus AG, GK æqualibus arcui DE, ducantur rectæ CG, CK; eritque angulus HCI in tres æquales partes divifus. Etenim ducta CE, erit hæc æqualis radio CA, cui per conftructionem æqualis eft recta EF; erit ergo ifofcele triangulum CEF, ac propterea æquales anguli ECF, EFC (Coroll. 2. prop. 2.). Quare cum angulus externus CEB horum quolibet duplus fit (Prop. 1.) cumque fit etiam triangulum BCE ifofcele, erit etiam angulus CBE duplus angulo F. Ergo angulus externus BCH æqualis duobus internis oppofitis B & F, triplus erit angulo F, five ECD, qui eft illi æqualis; ac propterea triplus erit tam angulo ACG, quam angulo GCK. Unde etiam KCB tertia pars eft totius HCB, & HCB in tres æquales partes divifus eft: Q. E. F.

Coroll. 1.

Si puncta AB, (Fig. 24.) jungantur recta AB, quæ occurret rectæ CK in D, in triangulis ACD, BCD, præter latera AC, CB æqualia, & latus CD commune, anguli ACD, BCD ab æqualibus lateribus interceptii æqua-

les

les sunt : ergo etiam basis AD basi DB æqualis erit
(Prop. 2.). Quare si rectam terminatam AB bifariam
dividere oporteat, vides quid facto opus sit. Nempe
centro facto in A, & B quolibet intervallo, dummodo utrobique idem sit, satis erit notare arcus circulorum sibi mutuo occurrentium in punctis C & K, &
hæc puncta jungere recta CK, quæ datam lineam bifariam secabit in D.

Coroll. 2.

Ex eadem prop. 2. constat æquari angulos CDA,
CDB: ac propterea CD perpendicularis est rectæ AB.
Ergo si ex puncto C demittere oporteat perpendicularem lineam in rectam indefinitam FG, satis erit centro C, & quolibet intervallo CA notare arcum circuli AB, & invento, uti supra dictum est, puncto K,
rectam ducere CK, quæ ad perpendiculum insistet rectæ datæ in puncto D.

Coroll. 3.

Quod si in ipsa recta FG detur punctum D, ex quo
perpendiculum oporteat excitare, sumptis ad arbitrium
AD, BD hinc & inde æqualibus; centro facto in A
& B, eodem intervallo notentur arcus circulorum, qui
se mutuò intersecant in C, ducaturque CD, quæ erit
perpendiculum quæsitum. Nam in triangulis CDB,
CDA latera omnia æqualia erunt, ac propterea anguli
CDB, CDA æquales (per Pr. 4.)

Coroll. 4.

Ex iisdem demonstrationibus patet, quòd in circulo
EABL recta CD per centrum transiens, si bifariam secat chordam AB, secat etiam ad angulos rectos: & si
secat ad angulos rectos bifariam secat.

Schol. 2.

Ex perpendicularium doctrina, ac præcipuè ex prop.
3. ratio pendet ictus reflexi in ludo trudiculari, sive
unica reflexione opus sit, sive duplici.

Præmittere tamen oportet tamquam experientia
notum, globum perfecte elasticum A (Fig. 26.) cujusmodi ferè sunt eburnei, obliquè occurrentem plano

immo-

immobili CD in B ita refilire verfus F, ut fiat angulus reflexionis DBE æqualis angulo incidentiæ CBA: quam legem in luminis reflexione natura conftanter fervat.

Sit igitur MCDF (Fig. 27.) menfę luforię portio , in qua fphæram eburneam A trajicere oporteat per anulum ferreum E ex parte ipfius , quæ refpicit punctum N . Producatur EN ad CD perpendicularis in I, donec fuerit IN æqualis ipfi NE . Sphęra impellatur verfus punctum I, quæ occurrens repagulo immobili in B refiliet per BE, anulumque trajiciet. Etenim in triangulis EBN , IBN æquantur latera EN , NI, & BN utrique commune ; quare cum æquentur anguli recti BNE , BNI ab his comprehenfi , tota æqualia funt (Prop. 2.), & anguli EBN, IBN æquales. Sed angulus IBN æquatur angulo CBA ad verticem oppofito (Coroll. 4. def. 10.); ergo etiam angulus NBE æquatur angulo CBA , & fphæra impulfa per rectam BA refiliet per rectam BE.

Si in linea AB alia fphęra jaceat quę motum per AB impediat, id ipfum duplici reflexione poterit hoc pacto obtineri . Ex A ducatur in repagulum CM perpendiculum AM, quod producatur in L , donec fuerit LM æqualis ipfi AM. Ex L infpiciatur idem, de quo fupra, punctum I, & notentur puncta K , H, quibus in utroque repagulo linea vifualis occurret. Dico, quod fi fphera impingat in K, inde refiliet per KH , & iterum impingens in H refiliet per HE, anulumque rrajiciet . Nam demonftrabitur ut fupra æquari angulos AKM, LKM, CKH, itemque KHC, IHN, NHE.

Si recta LI tota jaceret extra angulum C , cafus effet impoffibilis . Sæpe etiam continget , ut repagula MC, CD vel fuperficiem habeant inæqualem , vel non fatis firma fint, in quo cafu angulus reflexionis angulo incidentiæ æqualis non erit . Ad hęc ipfa fphæræ moles , cujus nullam habuimus rationem , fi fatis magna fit, aliquem producet errorem, prefertim in angulis valde acutis.

B

PROPOSITIO VI.

PArallelogramma super eadem basi, & intra easdem parallelas constituta aequalia sunt inter se.

Super eadem basi AD (Fig 28.) , & intra easdem parallelas AD, BF, sint parallelogramma ABCD, AEFD. Dico hęc aequalia esse.

Dem. In triangulis ABE, DCF aequantur latera AE, DF, & AB, DC (Coroll prop. 3.), itemque EF, & BC aequales eidem AD, aequales erunt inter se : itaque addito communi segmento CE, erit quoque latus BE aequale lateri CF, & tota triangula aequalia (Prop. 4.) Dempto igitur communi triangulo CLE, erit quadrilaterum BCLA aequale quadrilatero DLEF, & addito communi triangulo ALD erit parallelogrammum ABCD aequale parallelogrammo AEFD. Q. E. D.

Coroll. 1.

Ductis AC, AF erunt triangula ACD, AFD parallelogrammorum dimidia (Coroll. 4. pr 3.) Ergo etiam triangula super eadem basi, & intra easdem parallelas constituta aequalia sunt.

Coroll. 2.

Si non eidem basi; sed aequalibus tamen basibus intra easdem insistant parallelas, & triangula , & parallelogramma erunt aequalia. Etenim si parallelogramma DB, HE habent aequales bases AD, GH, ductis rectis lineis AE, DF ob AD & EF parallelas, & aequales eidem GH: adeoque & inter se , erunt AE, DF parellelę, & aequales (Coroll. 1. pr. 2.), eritque AEFD parallelogrammum, quod cum sit aequale parallelogrammis ABCD & EGHF erunt hęc aequalia inter se.

Coroll. 3.

Igitur parallelogrammum duplum est trianguli super eamdem vel aequalem basim , & intra easdem parallelas constituti.

Scholion.

Multa ex hac propositione & mira, & utilia descendunt. Ac primo quidem ostenditur, nullam esse quanti-

titatem ita tenuem, qua minor dari non possit. Cum
enim recta BF in infinitum produci possit, puncto F
magis ac magis recedente a puncto B, dummodo sumatur EF æqualis rectæ BC, sive AD, semper parallelogrammum AEFD utcumque productum æquale erit
parallelogrammo ABCD, unde apparet nullum in eo
producendo, vel attenuando limitem inveniri. Quod
si hæc parallelogramma sint corporum superficies, quæ
ex. gr. habeant unius digiti grassitudinem, poterit idem
corpus in infinitum attenuari, & produci.

Secundò: licebit metiri planam quamlibet superficiem
in plura divisam triangula, & agrorum dimensiones ad
invicem comparare; in qua re cum veterum Geome-
trum potissimùm se exerceret industria, inde facultas
ista & nomen habuit, & ortum. Nam in primis quodlibet rectangulum BD (Fig. 29.) tot unius pedis quadrata, sive, ut ajunt, quadratos pedes continebit, quot
prodeunt, si unum latus per alterum multiplicetur;
quandoquidem si latus AD quatuor continet pedes,
AB, verò quinque; ductis totidem lineis adjacenti lateri parallelis, quatuor erunt ordines quadratorum pedum, & in singulis ordinibus quinque pedes quadrati; quare ut omnium summam habeas, duc 4 in 5, &
habebis 20 pedes quadratos totius areæ dimensionem.
Jam verò triangulum AED super eadem basi, & intra
easdem parallelas ejus rectanguli dimidium est; & demissa perpendiculari EF in basim AD productam, si
opus fuerit, erit hæc æqualis lateri AB. Unde ad habendam aream trianguli, dimidia basis in ejus altitudinem ducenda erit, vel dimidia altitudo in basim. Sic
in eadem hypothesi dimidia basis duorum pedum, ducta in altitudinem EF quinque pedum, dabit 10 pedes
quadratos, qui erunt ejus trianguli dimensio.

Igitur si metiri oporteat superficiem polygoni ABCDE
(Fig. 30.) dividatur in triangula, ductis rectis DB,
DA ab uno angulorum in alios, & habebitur singulorum dimensio ex basis, & altitudinis dimensione, quæ
in singulis fuerit inventa. Contineat ex. gr. basis BD

pedes 30, altitudo CF 20, duc 30 in 10, five 15 in 20 ; habebis pedes quadratos 300, dimensionem trianguli BCD . Quod si idem in reliquis triangulis facias , habebis ex omnium summa totius polygoni dimensionem.

Eadem ratione areæ circularis dimensio obtinetur . Cum enim circulus ABE (Fig. 31.) divisus possit intelligi in infinitos sectores BCD, qui nullam ferè habeant curvitatem in arcu infinitè parvo , hi pro triangulis haberi possunt, quorum basis sit arcus BD , altitudo verò radius CB; itaque singulorum dimensio habetur ducendo radium BC in dimidium arcum BD; adeoque omnium summa, seu, quod perinde est , areæ circularis æquatur facto ex dimidia peripheria in radium. Itaque si circularis areæ mechanica dimensio quæratur , peripheriam, & radium metiri oportet, & hunc in dimidiam ducere peripheriam.

PROPOSITIO VII.

IN omni triangulo rectangulo quadratum lateris angulo recto oppositi æquatur quadratis reliquorum laterum simul sumptis.

Sit triangulum BCD (Fig. 32.) rectangulum in C . Dico quadratum BAGD hypothenusæ, seu subtensæ DB (sic enim vocant latus angulo recto oppositum) æquari quadratis reliquorum laterum DHIC, CKLB simul sumptis. Ducatur enim CF parallela lateribus BA, DG (per Coroll. 3. def. 17.) , & rectæ BH , CG . In duobus triangulis CDG, HDB latera DG, DC æquantur lateribus DB, DH (per def. 15.) anguli verò ab his lateribus comprehensi GDC, BDH æquales sunt , cum ambo coalescant ex angulo recto, & angulo CDB utrique communi. Ergo tota triangula æqualia sunt (per prop. 2.) Sed triangulum GCD habet eamdem basim cum rectangulo DGFE, & intra easdem parallelas GD, CF continetur ; ergo hoc rectangulum hujus trianguli duplum est (per prop. 6.). Similiter quadratum DCIH duplum est trianguli DBH , sunt enim super eamdem basim HD, & intra easdem parallelas HD, IB constitura

mas; ergo cum æqualia sint triangula, erit etiam quadratum HICD æquale rectangulo GDEF. Eadem demonstratione ostenditur quadratum CBLK æquari rectangulo FEBA: ergo quadratum subtensæ DB æquatur quadratis laterum rectum angulum comprehendentium: Q. E. D.

Coroll.

Quod si quadrata duorum laterum in triangulo simul sumpta æqualia sint tertii lateris quadrato, facile ostenditur angulum huic lateri oppositum rectum esse. Nam si in triangulo ACB (Fig. 33.) quadrata laterum AC, CB simul sumpta æquentur quadrato lateris AB, a puncto C erigatur super CB perpendicularis CD (per Coroll. 3. pr. 5.) quæ fiat æqualis lateri CA, & ducta BD, erit hujus quadratum æquale quadratis laterum BC, CD, sive BC, CA per construct. adeoque etiam quadrato AB ex hypothesi. Igitur recta AB æquatur rectæ BD, & (per prop. 4.) triangula ACB, BCD æqualia sunt, & Angulus ACB æqualis angulo BCD, qui rectus est per constructionem.

Scholion.

Per hanc propositionem, cujus auctor fertur Pithagoras, datis in triangulo rectangulo duobus lateribus, tertius invenitur. Nam si unum latus ex. gr. 3. palmorum sit, alterum 4; quadratum primi 9 quadratos palmos continebit, quadratum alterius 16; igitur horum summa dabit quadratum lateris angulo recto oppositi palmorum 25, cujus radix erit ipsa lateris extensio, quinque scilicet palmorum. Contra si detur latus angulo recto oppositum 5 palmorum, & alterutrum latus 3 palmorum, ex primi quadrato 25 aufer quadratum secundi 9, & differentia 16 erit quadratum lateris quæsiti, cujus radix 4. est ipsum latus.

Porrò sicuti factum ex numero in seipsum ducto numeri quadratum dicitur, ita numerus qui in seipsum ductus datum efficit numerum hujus radix quadrata dicitur. Ita quadratum 3 est 9, & radix 9 sive $\sqrt{9}$ (sic enim radices designantur) est 3. Igitur datis in triangulo rectangulo lateribus duobus, utriusque quadra-

dra-

dratum, ac propterea quadratum tertii lateris numquam non licebit obtinere. At non semper ipsius quæsiti lateris exacta habebitur dimensio , quandoquidem non omnis numeri quadrata radix inveniri potest nisi per approximationem. Sic Radix 1 est 1 , & $\sqrt{}$ 4 est 2 , at ipsius 2 non potest accurate radix inveniri, cum nullus sit numerus vel integer vel fractus, qui in seipsum ductus efficiat 2. Definiunt Arithmetici $\sqrt{}$ 2 quamproximè: æqualem nempe 1. 4 1 4 2 &c. hoc est, unitati, quatuor decimis partibus unitatis, uni centesimæ , quatuor millesimis, duabus denismillesimis ; verum superfunt adhuc ad exactam radicem obtinendam plus quam duæ, & minus quam tres denæ millesimæ partes unitatis, & numquam ea radix determinabitur, quin aliqua quantitate vel a vera deficiat, vel veram excedat. Si itaque latera rectum angulum comprehendentia æqualia fint, subtensa latus unum continebit , ac præterea quatuor decimas ipsius partes , 1 centesimam 4 millesimas, 2 denas millesimas , & sic in infinitum , ita ut aliquid semper superfit , nec ullo possit vel integro vel fracto numero exactè definiri ; ex quo quantitatum divisibilitas in infinitum colligitur.

Hinc etiam quantitatum incommensurabilium notitia pendet . Mensura quantitatis dicitur quantitas, quæ aliquoties sumpta illam adæquat . Ita pes est passus mensura, qui quinque pedibus constat ; digitus est mensura pedis Parisiensis, qui duodecim digitis constat ; at ejusmodi digitus pedem Romanorum non metitur, nam decies sumptus ipsum non adæquat , & undecies sumptus ipsum excedit, siquidem pes Romanus decem continet digitos Parisienses ac præterea 11 partes ipsius duodecimas, posita ratione pedis Parisiensis ad Romanum, ut 144 ad 131.

Quantitates commensurabiles dicuntur illæ , quæ aliquam habent communem mensuram: Ita pes Romanus, & Parisinus commensurabiles sunt, communemque mensuram habent Lineam sive duodecimam digiti partem , siquidem Parisinus ejusmodi Lineas continet 144, Romanus 131.

Contra incommensurabiles sunt, quæ nullam habent mensuram communem.

Quod dentur ejusmodi quantitates incommensurabiles etiam Geometria demonstrat, cum geometricè demonstretur in triangulo rectangulo & Isoscele ABC (Fig. 34.) nullam esse communem mensuram lateris AB, vel BC, & subtensæ AC. Duo tamen præmittere oportet axiomata, quæ ex data Mensuræ definitione per se patent.

I. Quod metitur totum, & ejus partem, etiam residuum metitur.

II. Quantitas major minorem metiri non potest.

Sit igitur, si fieri potest, BM communis mensura basis AC, & laterum. Bifariam dividatur angulus BAC (per prop. 5.) per rectam AE, quæ occurrat in E lateri BC, & ex E ducatur in basim perpendiculum EF (per Coroll. 2. prop. 5.), ducaturque EG basi parallela (per Coroll. 3. def. 17.) In duobus triangulis AEB, AEF præter basim AE communem, & angulos ad B & rectos, æquales erunt anguli ad A: ergo etiam latera AF, FE æquantur lateribus AB, BE (per Coroll. 1. prop. 3.) Præterea ob parallelas GE, AC facilè ostenditur esse etiam isoscele triangulum GBE (Coroll. 1. def. 17. & Coroll. 2. prop. 3.) cumque duobus triangulis rectangulis EFC, ABC communis sit angulus C: erit (Coroll. pr. 1, & Coroll. 2. pr. 3.) isoscele etiam triangulum EFC: Quare ob æqualia latera EB, EF, erunt etiam æqualia BG, FC, eruntque æqualia (per prop. 2.) triangula rectangula EBG, EFC, & æquales bases EG, EC. Quod si iterum bifariam secetur angulus BGE per rectam GH, & demittatur HL perpendicularis in GE, & HI eidem parallela, eadem demonstratione invenientur æquales rectæ lineæ GB, GL; BH, HL; BI, LE, ac demum HI, HE: eademque omninò contingent, si hæc operatio continuari intelligatur donec recta respondens ipsi GH cadat alicubi in D supra M.

Jam verò si BM metiebatur & latera AB, BC, & basim AC, metietur quoque AF æqualem ipsi AB, er-

go per primum axioma ex paulo ante traditis metieti
quoque ipsius residuum PC, & GB, BE ipsi æquales
sed metiebatur totam BC, ergo etiam residuum EC, <
ipsi æqualem GE. Eodem argumento ostenditur eam
dem BM metiri rectas GL, LE, IB, BH, HE, HI &
unde patet eo demum deveniri ut eadem BM metiatr
quoque BD se minorem, quod implicat per axioma fi
cundum. Ergo nequit inveniri communis mensura late
rum AB, BC, & basis AC, licet minor & minor i
infinitum inquiratur.

PROPOSITIO VIII.

IN omni triangulo majori lateri major angulus oppo
nitur.

In triangulo ABC (Fig. 35.) fit latus AB majus la
tere AC; dico etiam angulum ACB majorem fore an
gulo ABC.

Demonst. abscindatur ex majori latere segmentum A
D æquale lateri AC, & ducta CD erit triangulum A
CD isoscele, adeoque (Coroll. 2. prop. 2.) angulus ADC
æqualis erit angulo ACD: sed CBA minor est externo
CDA (prop. 1.) ergo minor est angulo ACD, & ad-
huc minor angulo ACB, Q. E. D.

Coroll. 1.

Hinc sequitur in omni triangulo majori angulo ma
jus latus opponi. Sit enim angulus ACB major angulo ABC; latus AB non erit lateri AC æquale, nam
triangulum esset isoscele, & anguli prædicti essent æ-
quales (Coroll. 2. prop. 2.): sed neque latus AB minor est
latere AC, nam angulus ABC major esset angulo ACB
ex demonstratis, reliquum ergo est, ut AB majus sit latere AC.

Coroll. 2.

Quod si igitur in duobus triangulis ABC, ABD (Fig.
36.) fuerint duo latera AB, BC, æqualia duobus AB,
BD, anguli vero ab his lateribus comprehensi fuerint
inæquales, erit basis AD quæ majorem angulum subtendit,

tendit, major quam AC minori angulo oppofita. Nam
fi intelligatur unius trianguli latus AB lateri alterius fibi æquali fuperimponi, ut hic factum fupponitur, congruent quidem ifta latera, fed latus BD cadet extra latus BC ob angulum ABC majorem angulo ABC. Jam
verò centro facto in B intervallo BD defcribatur circulus, qui tranfibit per C ob æquales BD, BC, ducaturque CD. Erit CBD ifofcele, in triangulo verò AC
D angulus ACD major eft angulo BCD, ac proinde
angulo quoque CDB (per Cor. 2. pr. 2.) ergo multo
major erit angulo CDA; adeoque latus AD oppofitum
angulo majori majus eft latere AC, quod minori opponitur.

Coroll. 3.

Contra verò fi duo triangula, duo latera habuerint
æqualia, unius vero bafis alterius bafi major fit, erit
angulus bafi oppofitus in illo major quàm in hoc. Nam
fi hos angulos æquales effe dicas, bafes quoque æquales effe oportebit (per prop. 2.) quod eft contra hypo-
thefim; fi vero dicas angulum minori bafi oppofitum
majorem effe, ex modo facta demonftratione conftabit
hunc angulum a majori bafi fubtendi, quod hypothefi
item repugnat.

Coroll. 4.

Omnium rectarum, quæ ab aliquo puncto C (Fig.
37.) duci poffunt ad rectam indefinitè productam KL,
breviffima eft, perpendicularis CB; nam fi ducatur alia
quævis CA in triangulo rectangulo CBA erunt anguli
C & A fimul fumpti recto æquales (Coroll. 3. prop. 2.):
ergo angulus A minor eft recto ABC, adeoque latus
AC majus eft latere CB; id quod etiam ex præcedenti
conftat, fiquidem quadratum lateris AC æquatur quadratis laterum AB, BC fimul fumptis.

Coroll. 5.

Quod fi igitur centro facto in C intervallo CB circulus defcribatur, hic rectam CA alicubi fecabit in G
ita ut abfcindat CG æqualem CB. Ergo quodlibet punctum A rectæ AL, extra circulum cadet, qui propterea
tan-

tangitur ab hac recta in unico puncto B, in quo per
pendicularis est diametro BC. Recta igitur, quæ ab extrema circuli diametro eidem perpendicularis ducitur,
circuli tangens est.

Coroll. 6.

Si ducatur BF sub angulo quantumvis tenui ABE,
sique fiat æqualis angulus BCA, in triangulo EBC,
erunt duo anguli EBC, & BCE simul sumpti æquales
recto ABC: ergo tertius angulus CEB rectus erit (prop.
1.), & recta CE erit per hanc minor recta CB, sive
CG. Quare punctum E erit intra circulum. Ex quo
sequitur inter tangentem AB & arcum circuli nullam
duci posse rectam lineam BEF; & angulum, quem arcus circuli efficit cum tangente minorem esse quolibet
rectilineo, licet hic in infinitum minuatur.

Coroll. 7.

Si duo circuli FGB, IOB (Fig. 38.) eamdem habent
tangentem, recta PB eidem in eodem puncto perpendicularis per utriusque centrum C, D transibit, id quod
ex Corollario quarto facilè deducitur. Quod si ducatur
CG, & DG, quæ producta secabit in O circulum IOB,
& in N tangentem AB, erit semper in triangulo GDC
latus DG minus duobus reliquis GC, CD simul sumptis (quod etiam facilè ostenditur per hanc, & Coroll.
2. prop. 2; & per se patet); Quare cum radii CG, CB
æquales sint, erit recta DG minor quàm DB, sive DO,
quæ item ut DB radius est circuli IOB. Ergo quodlibet punctum G circuli FGB erit intra circulum IOB,
ac propterea illi circuli in unico puncto B se mutuo
contingent ubi rectam tangunt AH.

Scholion.

Hinc quoque divisibilitas in infinitum, & admirabi-
lis infiniti natura deducitur. Nam si adhuc supra punctum D centro facto in L describatur circulus QMB,
ille quoque dictos circulos, & communem tangentem
AH in unico puncto B continget, ac proinde rectam
DN alicubi secabit in M inter O & N, & si alii &
alii in infinitum majori semper radio describantur circuli,

minus femper abfcindent fegmentum MN, illud-
in totidem partes fecabunt; cumque incrementa ra-
diculorum nullum habeant limitem, nullum pari-
bebunt decrementa rectæ MN. Quod vdrò ma-
habet admirationem, & magnas omni tempore
rationes excitavit, angulus contactus, quem fci-
cit arcus FGB cum tangente AB in infinitas par-
tiditur ab arcubus illorum circulorum, licet ipfe
à angulo rectilineo minor fit ex Coroll. 4. Hujus
non illa videtur effe caufa, quam anguli rectilinei
à diverfa ab ea quam habet angulus curvilineus in
contactus: ita ut, quemadmodum infinitæ lineæ
unam fuperficiem efficiant, nec ulla inter has quanti ratio poteft affignari licet in infinitas partes di-
poffint; ita etiam infiniti anguli contactus quovis
eo minores fint, licet fint divifibiles in infinitum.
Et id majorem habeat admirationem; tamen Geo-
à demonftrationes percipienti erit evidens angu-
contactus & minorem effe quovis rectilineo, & in
curvilineos dividi poffe.

PROPOSITIO IX.

circulo angulus ad centrum duplus eft angulo ad
peripheriam, fi eidem arcui infiftant.
dem arcui AB (Fig. 39. 40. 41.) infiftant anguli
ad centrum, & ADB ad peripheriam: dico primum
hoc altero duplum effe.
Nam fi alterutrum latus DA per centrum tranfeat
(in Fig. 39.) cum æquales fint anguli CDB, CBD
angulo ifofcele BCD, erit externus BCA æqualis
his internis oppofitis CDB, CBD (prop. 1.) ac du-
ipforum utrovis D.
Quod fi centrum C cadat vel intra angulum, ut in
40., vel extra, ut in Fig. 41., ducta DCE, erit ut
in angulus externus ACE duplus interno oppofito
DE, itemque ECB duplus angulo EDB: quare angulus

ACB

ACB, qui eſt angulorum ACE, ECB ſumma in
differentia in ſecundo caſu, duplus eſt angulo ⅃
qui angulorum ADE, BDE eſt item ſumma in ｜
differentia in ſecundo caſu: Q. E. D.

Coroll. 1.

Quare ſicut anguli ad centrum menſura eſt to
cus, cui inſiſtit, erit anguli ad peripheriam m
dimidium illius arcus. Angulus igitur ADB (Fig
diametro AB, hoc eſt ſemiperipheriæ AFB inſi
quique angulus in ſemicirculo dicitur, menſuram
quartam circumferentiæ partem, ac rectus proind
angulus EDB in minori ſegmento exiſtens, ac p
rea arcui majori EFB inſiſtens obtuſus, ac demu
gulus FDB in majori ſegmento acutus eſt.

Coroll. 2.

Si ex dato puncto A (Fɪɢ. 43.) ducere op
rectam lineam, quæ datum circulum tangat, du
C ad centrum dati circuli C, eaque bifariam divi
B (Coroll. 1. pr. 5.) centro facto in B, intervall
deſcribatur circulus priorem ſecans in D & E, dr
turque rectæ AD, AE, quæ circulum tangent (
roll. 5. prop. 8.). Junctis enim punctis E, C, ⅃
ctus erit tam angulus AEC, quam ADG, cum ute
in ſemicirculo exiſtat.

Coroll. 3.

Hinc quoque manifeſtum fit in omni quadril
ABCD (Fig. 44.) circulo inſcripto angulos oppoſito
mul ſumptos duobus rectis æquari. Etenim menſur
guli ABC eſt dimidius arcus ADC, & menſura
guli ADC eſt dimidius arcus ABC. Quare utriuſqu
mul menſura eſt ſemicirculus, ſive 180°. Unde et
facilè deducitur, quod quadrilineum, in quo an
oppoſiti duobus rectis æquantur, in eodem cir
exiſtit.

Coroll. 4.

Menſura anguli ABC (Fig. 45.), quem efficiunt ct
dæ CD, AE intra circulum concurrentes, erit ſemiſ
ma arcuum interceptorum AC, DE : menſura vero
guli

AC, quem efficiunt chordæ AE, CG extra circu-
concurrentes erit semidifferentia arcuum interce-
AC, EG. Ducta enim EC erit angulus exter-
BC (Prop. 1.) æqualis duobus internis oppositis B
BCE, quorum alterum metitur dimidius arcus A
rum dimidius arcus DE; horum igitur summam,
gulum ABC metitur semisumma eorumdem ar-
Pariter cum angulis externus AEC æquetur in-
oppositis ECF, EFC, erit angulus AEC dempto
ECG æqualis angulo F, sed anguli AEC mensura
dius arcus AC, & anguli ECG dimidius arcus E
mensura anguli F est dimidius arcus AC dempto
arcu EG, sive semidifferentia eorumdem arcuum.

Coroll. 5.

chordæ circuli AB, CD (Fig. 46.) parallelæ sint,
CB, erunt anguli alterni DCB, CBA æquales
1. def. 7.) ac proinde arcus quoque AC, DB
sunt, cum ipsorum dimidia æquales angulos me-
Ergo lineæ in circulo parallelæ æquales utrin-
us intercipiunt.

Coroll. 6.

gulos ABE, ABF (Fig. 47.) quos efficit chorda
tangente EF metiuntur arcus dimidii BA, B
Etenim cum sit diameter DB tangenti perpendicu-
(Coroll. 3. prop. 8.) & ducta AD angulus in semi-
DAB rectus sit, erunt anguli reliqui ejusdem
li ADB, ABD simul sumpti æquales recto EBD
oll. 3. prop. 2.). Quare sublato communi ABD erit
us ADB æqualis reliquo EBA, ac proinde hujus
a eadem erit quæ anguli ADB, dimidus nem-
us AB. Præterea anguli ABE, ABF duobus re-
æquantur, (Coroll. 2. def. 10.) & mensuram habent
circulum, quare cum angulum ABE metiatur dius arcus AB, anguli ABF mensura erit dimidium
bi ADB.

Scholion.

leræque propositionum, quas Euclides in secundo
demonstravit, vel etiam in tertio, facilius de-
mon-

monstrantur ; præmissis aliquibus ex sexto , qui
portionum doctrinam supponunt : Hanc ab Eucl
sius traditam & obscure in quinto breviter hic &
cide exponemus.

Nosse oportet in primis notarum quarumdam
ficationem, quarum usus in Algebra frequens. et
teræ *a* , *b* , *c* &c. denotant quamlibet quantit
& ut a cognitis incognitæ discriminentur has de
solent postremis alphabeti litteris *x* ; *y*, *z*, &c.

Signum additionis est $+$, effertur autem pl
3 $+$ 3 legitur , duo plus tria , ac denotat utri
illius numeri summam.

Signum subtractionis est $-$, effertur autem m
Sic 5 $-$ 2 ; legitur , quinque minus duo , ac d
tat id quod relinquitur , si e priori numero post
auferatur.

Signum æqualitatis est $=$, sic 2 $+$ 3 $=$ 5 d
tæ summam duorum numerorum tertio æqualem.

$>$ est signum excessus unius quantitatis super al
$<$ verò est signum defectus unius quantitatis ab
Sic 10 $>$ 8 denotat denarium numerum majorem
se quam 8, & 7 $<$ 9 denotat 7 esse minorem quam

Si quantitati quantitas interposita lineola subjicit
quotum denotat ex superiori per inferiorem divi
Sic $\frac{a}{b}$ denotat quotum ex *a* divisa per *b* , seu qu
inferior terminus *b* qui denominator dicitur , in s
riori, seu numeratore contineatur. Sic $\frac{8}{2} = 4$. Desig
ti etiam solet divisio unius quantitatis per aliam d
bus punctis litteris interjectis, sic *a* : *b* $= \frac{a}{b}$

Demum signum multiplicationis est $\times$, & efferi
let in: sic *a* $\times$ *b* legitur *a* in *b*, & denotat factum
multiplicatione ipsius *a* per *b*. Sic 2 $\times$ 3 $= 6$; hoc
2 ter sumpta efficiunt 6. Cæterum multiplicatio qu
titatum per litteras communiter designari solet per
mediatam ipsarum litterarum conjunctionem. Sic
deno

denotat factum ex *a* in *b*, five *a* toties fumi, quot uni-
nitates continentur in *b*, fi *b* numerus eft integer.
Quod fi quantitas fe ipfam multiplicet, denotatur factum apponendo litteræ ad partem ejus dextimam numerum, qui aliquantulum fupra ipfam litteram affurgat.
Sic *aa*, five quadratum *a* fcribitur *a²*, & *aaa*, five
cubus ipfius *a* fcribitur *a³*, & fic deinceps.

Proportio alia eft Arithmetica, alia Geometrica. A-
rithmetica eft quæ inter quatuor terminos invenitur,
quorum duo primi æque differunt inter fe, ut duo reliqui, ita ut fi primus fecundo major eft, etiam tertius
major fit quarto, & contra. Indicatur autem hæc proportio punctis quibufdam hoc pacto 3. 5.. 7. 9. Sunt
nempe hæ quantitates arithmeticè proportionales, quia
eadem quantitate differunt 3 & 5, 7 & 9, duabus fcilicet unitatibus. Ex quo fit, ut in Arithmetica proportio-
tione fumma extremorum femper æqualis fit fummæ mediorum, cum quartus terminus tertium contineat, atque id præterea, quo fecundus differt a primo fic 3 ┼
9 = 5 ┼ 7 = 12.

Proportio Geometrica eft quæ inter quatuor terminos
intercedit, quorum primus toties fecundum continet,
vel aliquam ejus partem, quoties tertius continet
quartum, aut fimilem ejufdem partem: vel etiam generalius, quorum primus ita continet fecundum, quemad-
modùm tertius continet quartum. Hæc autem ipfa con-
tinentia dicitur ratio unius termini ad alium, quorum
primus dicitur *antecedens*, fecundus *confequens*, & illo
aucto, hoc imminuto ratio crefcit. Hæc proportio punctis ita indicatur *a. b :: c. d*; nempe, ita eft *a* ad *b*;
ut *c* ad *d*. Sic 4. 2 :: 6. 3, quia ficut antecedens primæ rationis 4 bis continet fuum confequentem 2, ita
antecedens fecundæ rationis 6 bis continet fuum confequentem 3: & 3. 7. :: 6. 14, quia ficut numerus 7
bis continet 3, ac præterea tertiam ipfius partem 1, ita
14 bis continet 6, ac præterea tertiam ipfius partem 2.
Et in genere ut fit *a. b :: c. d*, fi *a = m b*, oportet ut
etiam fit *c = m d*.

Ex

Ex data rationis explicatione duo inferuntur.

I. Ratio est ille ipse numerus *m*, qui exprimit relationem termini primi ad secundum: unde si primus bis continet secundum, dicitur *duplam* ad hunc rationem habere, si ter, *triplam* &c. Si vero continet ejus dimidium, dicitur habere ad illum rationem *subduplam*, si tertiam partem *subtriplam* &c. Quare ratio *a* ad *b* scribi potest tamquam si fractio esset $\frac{a}{b}$, aut *a: b*.

II. Termini æquales eamdem habent ad alium rationem, & si eamdem habeant ad alium rationem æquales sunt.

PROPOSITIO X.

IN terminis geometricè proportionalibus factum extremorum æquatur facto mediorum: & contra, si factum sub extremis terminis æquatur facto sub mediis, ipsi termini sunt geometricè proportionales.

Sit *a. b :: c. d* & si *m* exprimat quomodo, aut quoties *b* contineatur in *a*, ita ut sit *a = mb*, erit etiam ex proportionum notione *c = m d*: est ergo *a d = m b d*, & *cb = m d b*, sunt autem *m b d*, & *m d b* idem factum ex *b* in *d* iterum ductum in *m*, ergo *a d = c b*: sive factum ex primo in quartum æquale facto ex secundo in tertium, quod erat primum.

Sit jam *a d = c b*, dico esse *a. b :: c. d*. exprimat *m* rationem *a* ad *b*, sive sit *a = m b*. Erit *a d = m b d*, sed *a d = b c*, ergo *cb = m b d*, sive dividendo per *b c = m d*, hoc est, idem numerus *m* exprimet etiam rationem *c* ad *d*: Q. E. D.

Coroll. I.

Primæ hujus propositionis parti nititur regula, quam auream vocant Arithmetici, sive trium. Emit aliquis 15 frumenti modios aureis 95, quærit quanti stabunt modii 45. Exprimat *x* hunc numerum ignotum aureorum, eritque 15. 95 :: 46 . *x*. Unde 15*x = 95 × 45 = 4275*, & dividendo per 15, erit *x = 285*. Obtinetur igitur quæsitus numerus, si tertius terminus in

secun-

secundum ducatur, & factum dividatur per primum.

Coroll. 2.

Ex altera propositionis parte quilibet, quod quoties fit $a. b :: c. d$, erit quoque *alternando*, ut ajunt, $a. c ::$ $b. d$, & *invertendo* $b. a :: d. c$, & *componendo* $a \longrightarrow b$. $b :: c \longrightarrow d. d$, & *dividendo* $a - b. b :: c - d. d$, nam semper productum extremorum æquale invenitur producto mediorum. In primis enim duabus permutationibus habentur $a d$ & $b c$ æquales quantitates ex supposita proportione. In tertia habentur $a d \longrightarrow b d$, & $b c \longrightarrow b d$, in quarta $a d - b d$, & $b c - b d$, quæ item quantitates æquales utique inter se sunt, quandoquidem æqualibus $a d$, & $b c$, in primo casu adjicitur, in secundo adimitur eadem quantitas $b d$. Quinimmò regula quoque universalior ex eadem ratione deducitur. Nempe in terminis geometricè proportionalibus est, ut summa, sive differentia primi & secundi ad primum vel secundum, aut contra, uti primus vel secundus ad summam vel differentiam primi & secundi: ita summa, vel differentia tertii & quarti ad tertium vel quartum; sive tertius vel quartus ad summam vel differentiam tertii & quarti. Qui Canon nil fere differt ab axiomate quarto. Porro omnes has permutationes quivis poterit in numeris experiri.

PROPOSITIO XI.

Rationem compositam explicare.

DIfficilius intelligitur ratio ex pluribus rationibus composita, quam alii aliter definiunt. Nos illam dicemus rationem ex pluribus compositam rationibus, quæ intercedit inter productum ex omnibus illarum rationum antecedentibus, & productum ex omnibus earumdem consequentibus. Sic ratio composita ex rationibus 2 ad 3, & 4 ad 5, est ratio 2 X 4 ad 3 X 5, sive 8 ad 15. Et in genere ratio composita ex rationibus a ad b, & c ad d, e ad f est ratio $a c e$ ad $b d f$.

Coroll. 1.

Hinc ratio duplicata dicitur quæ intercedit inter quadrata, & triplicata quæ inter cubos , & sic deinceps. Cum enim quadratum sit quantitas quævis in se ipsam ducta ; & cubus sit idem quadratum in eandem ductum quantitatem , manifestum est rationem compositam ex a ad b, iterumque ex a ad b esse rationem aa ad bb, hoc est unius quadrati ad aliud , & sic de reliquis.

Coroll. 2.

Sequitur etiam rationem a ad b componi ex rationibus ejusdem a ad quemlibet aliud terminum c, & hujus ipsius c ad ipsum b ; nam ratio ex his composita est ac ad cb, quæ non alia est quam ratio a ad b. Etenim si quantitas a est tripla , centupla &c. quantitatis b, erit eadem quantitas a in aliam quamlibet c ducta dupla pariter centupla &c. quantitatis ipsius b in eandem c ductæ. Immò in genere ratio a ad b componitur ex rationibus a ad quamlibet c, & c ad quamlibet d, & d ad quamlibet e &c. & postremi termini ad b : etenim ratio ex his omnibus composita est ratio $acde$ &c. ad cde &c. b, sive (ob cde &c. commune terminorum coefficiens) eadem ratio ipsius a ad b. Id vero probe tenendum est cum quantitatis incognitæ ratio ad notam quantitatem inquiritur, cujus ratio ad aliam pariter notam quantitatem habetur, & hujus ad aliam &c. & tandem postremi termini ad quantitatem quæsitam . Non ratio quantitatis datæ ad quæsitam erit factum ex omnium illarum rationum antecedentibus , ad factum ex omnibus consequentibus.

Coroll. 3.

Facile etiam deducitur fractiones esse inter se in ratione composita ex directa numeratorum, & inversa denominatorum; ex. gr. ratio $\frac{a}{b}$ ad $\frac{c}{d}$ componitur ex ratione directa numeratoris a ad numeratorem c, & inversa denominatoris b ad denominatorem d; sive (quod perinde est) ex ratione d ad b. Est enim $\frac{a}{b} \cdot \frac{c}{d} :: ad \cdot bc$,

quando-

quandoquidem factum sub extremis terminis invenitur
æquale facto sub mediis. Nam $\frac{c\,aa}{a} = \frac{c\,d}{b}$ cùm utrumque sit $c\,n$. Item patet in numeris.

PROPOSITIO XII.

IN triangulis æquales habentibus angulos latera æqualibus angulis opposita sunt proportionalia.

Sint triangula ABC, FGH (Fig. 48. 49.) æquiangula: dico latera FG, GH lateribus AB, BC æqualibus
angulis oppositis esse proportionalia.

Demonstr. Fiat BE = FG, BD = GH, & ducta ED
ob æquales angulos B, G erunt æqualia (Prop. 2.) triangula FGH, EBD; & trianguli ad basim E, D æquales angulis F, H, hoc est (ex hypothesi) angulis A & C. Ergo
ED, AC parallelæ sunt (Coroll. 1. def. 17.), ac propterea ductis rectis AD, EC erunt triangula EDA, EDC
super eadem basi, & intra easdem parallelas æqualia
(Coroll. 1. prop. 7.) Addito ergo communi triangulo EBD,
erunt tota triangula ABD, CBE æqualia. Sed triangula,
quæ eamdem habent altitudinem, & æqualibus basibus
insistunt æqualia sunt (Coroll. 2. prop. 6.), ergo triangulum CEB ita continebit triangulum DEB, quemadmodum basis CB basim BD; pariterque triangulum ADB ita
continebit idem triangulum EDB, quemadmodum basis
AB continet basim EB. Jam verò idem triangulum EBD
æquè continetur ab æqualibus triangulis CEB, ADB;
ergo etiam CB ita continet BD sive HG, quemadmodum AB continet EB sive FG, eritque AB. BC :: FG.
GH, sive alternando AB. FG :: BC. GH: Q. E. D.

Coroll. I.

Eadem methodo facilè ostenditur ipsa triangula æ-
quiangula esse inter se in ratione duplicata laterum homologorum, hoc est, ut quadrata laterum quæ angulis
æqualibus opponuntur. Etenim triangulum DEB est ad
triangulum CEB, ut basis DB ad basim CB, & triangulum CEB est ad triangulum CAB ut EB ad BA, si-

te iterum ut BD ad BC. Ergo ratio trianguli DEB ad CAB (Coroll. 2. prop. 11.) componitur ex rationibus DB ad CB, atque iterum ejusdem DB ad eamdem CB erunt-que triangula ut quadrata ipsarum DB, CB. Itaque si fuerit DB dimidia ipsius CB, adeoque etiam BE dimidia AB, erit triangulum DEB dimidium trianguli CEB, & CEB dimidium trianguli CAB, ac proinde triangulum DEB erit dimidium dimidii, sive quarta pars trianguli CAB.

Coroll. 2.

Si in triangulis FGH, ABC anguli B & G fuerint æquales, & latera FG, GH proportionalia lateribus AB, BC, erunt triangula æquiangula. Fiat enim BE $=$ GF, ducaturque ED parallela AC. Æquiangula erunt triangula BED, BAC (Coroll. 1. def. 17.) ac proinde AB. B C :: EB. BD. Est autem ex hypothesi AB. BC :: FG. GH, ergo EB. BD :: FG. GH, & alternando EB. FG :: BD. GH. Cum sit igitur EB $=$ FG, erit etiam BD $=$ GH : & ob angulos B & G æquales erunt æqualia tota triangula EBD, FGH (Prop. 2.). Sunt vero EBD, ABC æquiangula, ergo etiam FGH & ABC æquiangula sunt.

Coroll. 3.

Quod si triangulorum FGH, ABC tria latera tribus sint lateribus proportionalia, etiam hæc eadem demonstratione erunt æquiangula. Sumpta enim EB $=$ FG, & ducta ED parallela AC, erit EB. ED :: AB. BC :: F G. GH : & alternando EB. FG :: BD. GH, hoc est, in ratione æqualitatis. Eodem pacto ostendetur FH $=$ ED : quare triangula FGH, EBD habent tria latera æqualia singula singulis, adeoque æqualia sunt (Prop. 4.) Cumque EBD, ABC æquiangula sint, erunt etiam FGH, ABC.

Coroll. 4.

Cum sit, ex demonstratis in propositione, AB. BE :: BC. BD, erit dividendo (Coroll. 2. prop. 10.) AE. BE :: DC. BD, ex quo sequitur rectam BD, (Fig. 50.) quæ bifariam dividit angulum B in triangulo ABC basim dividere in ratione laterum. Etenim producto latere AB

donec

donec fiat BE = BC, ductaque EC, erunt æquales anguli ad basim in triangulo isoscele EBC (Coroll. 11 prop. 2.); quare angulus externus ABC duobus internis & oppositis æqualis (Prop. 1.) duplus erit angulo E, & ejus dimidium ABD = BEC. Cum igitur in rectis BD, EC externus angulus ABD sit interno opposito BEC æqualis, erunt ipsæ parallelæ inter se, ac proinde AD. DC:: AB. BE, sive BC; quæ per constructionem ipsi BE æquatur.

Coroll. 5.

Pariter si duæ rectæ AB HR (Fig. 51.) occurrant utcumque parallelis EC, FD, GK, ab his secantur in partes proportionales, ut sit EF. CD:: FG. DK. Ducta enim CLM, quæ sit parallela ipsi AB, erunt CL, LM æquales ipsi EF, FG (Coroll. 4. prop. 3.): sunt vero in triangulis MCK, LCD, LC. LM:: CD. DK, ergo etiam EF. FG:: GD. DK.

Coroll. 6.

Si datis tribus rectis quæratur quarta proportionalis, fiat quilibet angulus CAB (Fig. 50.), & in alterutro latere sumantur AE, AB duabus primis datis æquales, tertiæ vero æquale fiat latus AC, & ducta EC ducatur ex puncto B recta BD ipsi EC parallela; eritque AD quarta proportionalis quæsita: erit enim AE. AB:: AC. AD. Si vero rectam AC in data ratione dividere oporteat, sumantur AB, BE æquales terminis datæ rationis, & eadem constructio dabit AB. BE:: AD. DC. Ex quo etiam divisibilitas in infinitum deducitur. Cum enim esse possit AE utcumque multiplex ipsius AB in infinitum, poterit etiam esse AD quantum libuerit submultiplex AC pariter in infinitum.

Scholion.

Figuræ similes dicuntur, quarum omnes anguli æquales sunt singuli singulis, & latera circa æquales angulos proportionalia. Hinc patet similia esse triangula æquiangula, quorum proprietates, quas exposuimus, incredibile dictu est quanti sint usus in Mathematicis. Earum ope facillime solvuntur problemata omnia, quæ

C 3 ad

ad Trigonometriam, hoc est ad triangulorum dimensionem, pertinent. Hinc & altitudines, & distantias metimur, & alias hujusmodi quantitates per quadrantem in gradus divisum, & eam quam scalam vocant.

Quadrantis constructio non est admodum difficilis. Fiat in aliqua solidiori materia rectus angulus ABC (Fig. 58.) & centro facto in B mediocri intervallo BA describatur quadrans ADEC, ac duo alii interius paulo minori intervallo. Centris A & C intervallis AB, CB inveniantur puncta D, E, eritque tam AE, quam CD graduum 60. (Coroll. 4. prop. 2.); quare cum graduum 90 sit totus quadrans, erit tam AD quam CE, & DE graduum 30. Si igitur in tres partes aequales secentur arcus AD, DE, EC (Schol. prop. 5.), dividetur quadrans in novem arcus aequales, quorum singuli denos gradus contineant. Quod si hi rursus bifariam dividantur (Prop. 5.), quinos quosque gradus obtinebis. Demum singuli gradus haberi poterunt, eorum mensuram per attentationem inquirendo, vel per Coroll. 6. hujus, cum arcus ejusmodi parum differant a rectis lineis. Haec figura rectis lineis CB, BA, & arcu CA comprehensa, quadrans dicitur.

Scala quoque facile costruitur hoc pacto. Sub angulo quocumque B (Fig. 59.) ducantur rectae AB, BD. A puncto B ad E sumantur decem partes aequales, & fiat BD quintupla ipsius BE in decem partes aequales divisa, quarum prima est a B ad 10, sumptisque a B ad A 20 partibus aequalibus, compleatur Parallelogrammum ABDC, & ab omnibus divisionum punctis rectae AB, itemque rectae BD (excepto primo quod jacet inter B & E) ducantur rectae parallelae lateribus parallelogrammi: tum divisa quoque AF in decem partes aequales, quarum prima sit AI, agantur oblique a singulis divisionum punctis BI, & reliquae, quarum postrema desinit in F, quaeque parallelae erunt inter se (Coroll. 1. pr. 2.) cum aequales, & parallelas lineas includant. Numeris, ut in figura factum est, distributis, manifestum est rectam BD quinquaginta particulas EO

continere, quarum decem in EB continentur; partem-
que EO in viginti æquales partes gradatim divisam esse ob latus EF trianguli OFE in totidem æquales partes divisum. Harum particularum unam prima post verticem F parallela continet, duas secunda, tres tertia,
& sic deinceps, inter rectas FO, FE interceptas. Itaque recta BD continebit ejusmodi particulas 20 X 50
= 1000, ac proinde inveniri poterunt ipsius rectæ BD
in eadem scala partes millesimæ quotcumque.

Metiri jam oporteat locorum A & B (F. 52. 53.)
distantiam BA eorum accessu vel a flumine, vel ab alia
quavis causa intercluso. Assumpto quolibet loco C, cujus distantiam a B metiri liceat, ope quadrantis & linearum visualium AC, BC notentur anguli B & C.
Tum in charta probe complanata assumatur ex scala bc
totidem partium, quot pedes in intervallo BC continentur, fiantque anguli b, c ope quadrantis ejusdem
æquales angulis B, C. Lateribus ba, ca in aliquo puncto a coeuntibus exploretur quotnam in scala particulas contineat latus ba, totidemque pedes intervallum
AB continebit. Nam cum in triangulis BAC, bac, anguli B, C æquentur angulis b, c per constructionem,
ac propterea A quoque & a æquales sint (Coroll. prop.
1.), erunt triangula similia, & latera proportionalia.

Si BAC campus sit, cujus mensura in quadratis pedibus inquiritur, demittatur in basim bc perpendiculum
ad, & inveniantur particulæ, quæ ab illo in scala continentur. Tot enim pedes continebit perpendiculum AD
ob similitudinem triangulorum ADB, adb, ejusque dimidium in basim ductum dabit aream ABC in pedibus
quadratis (Schol. prop. 6.)

Eadem ratione altitudinem Montis A (Fig. 54.) metiri licebit, si in subjecta planitie duæ dentur stationes
B, C, quarum distantiam metiri possimus.

Et ita quidem inveniuntur latera, & area in triangulo, cujus unum detur latus cum duobus angulis. Si
vero tria dentur latera, & quærantur anguli, sumptis
ex scala tribus rectis bm, bc, cn (Fig. 52. 53.) toti-

dem

dein partium, quot in datis lateribus pedes contineantur, centris b, c, intervallis bm, cn describantur arcus circulorum se mutuo interfecantium in n, & ductis nb, nc, erit triangulum bnc dato triangulo æquiangulum (Coroll. 3. hujus) ob latera proportionalia; unde & altitudo, & area innotescet: Sed de his planius in Trigonometria constabit.

PROPOSITIO XIII.

SI duæ chordæ sive intra circulum, sive extra circulum se mutuo intersecent, factum sub unius segmentis erit æquale facto sub segmentis alterius.

Secent se mutuo chordæ AC, DE (Fig. 55. 56.) sive intra, sive extra circulum; dico esse ABXCB = DB X BE.

Dem. Ductis AD, CE; erit in primo casu in duobus triangulis ADB, BCE angulus ABD æqualis angulo EBC ad verticem (Coroll. 4. def. 10.), ac præterea æquantur anguli ADB, ECB, ut qui eidem insistunt arcui AE (Coroll. 1. prop. 9.): ergo æquiangula sunt triangula & similia, ac proinde (Prop. 12.) BA. BD:: BE. BC.

In secundo autem casu quadrilinei circulo inscripti anguli oppositi ACE, ADE æquantur duobus rectis (Coroll. 3. prop. 9.), & duobus item rectis æquantur ACE ⟶ BCE (Coroll. 2. defin. 10.), quare ADE æquatur ipsi BCE; & cum angulus B sit utrique communis, æquiangula & similia erunt triangula BAD, BEC. Ergo in utroque casu erit BA. BD:: BE. BC, ac proinde BAXCB = BDXBE (Prop. 10.): Q. E. D.

Coroll. 1.

Si fuerit AC (Fig. 57.) circuli diameter, & chorda DE ad illam perpendicularis, ac propterea bifariam divisa in B (Coroll. 4. pr. 5.); erit ABXBC æqualis DE² ; nam in hoc casu EBXBD = BD² . Est igitur AB. DB:: DB. BC (Prop. 10.). Quare si inter AB & BC quæratur media proportionalis; bifariam divisa AC in F,

ac defcripto femicirculo erigatur in B perpendiculum
BD donec circulo occurrat; eritque BD media proportionalis quæfita.

Coroll. 2.

Ducto radio FD erit, ob angulum rectum B, FB^2
$+$BD^2 $=$ FD^2 $=$ FC^2 (Prop. 7.) Quare cum fit DB^2 $=$
AB$\times$BC, erit AB $\times$ BC $+$ FB^2 $=$ FC^2 : Hoc eft, fi re-
cta AC fecta fuerit bifariam in F, & non bifariam in
B, erit quadratum dimidiæ æquale rectangulo fub inæ-
qualibus fegmentis una cum quadrato intermedii.

Coroll. 3.

Si ducantur præterea AD, DC, erit angulus ADC
in femicirculo rectus (Coroll. 1. prop. 9.) quare
AC^2 $=$ AD^2 $+$ DC^2 : fed ob angulos rectos in B,
AD^2 $=$ AB^2 $+$ BD^2 $=$ AB^2 $+$ AB$\times$BC & DC^2 $=$
BD^2 $+$ BC^2 $=$ BC^2 $+$ AB$\times$BC : ergo AC^2 $=$ AB^2 $+$
BC^2 $+$ 2AB $\times$ BC. Hoc eft, utcumque fecetur recta AC
in B, quadratum totius AC æquatur quadratis fegmentorum AB, BC una cum rectangulo bis comprehenfo
fub ipfis fegmentis.

Coroll. 4.

Cum fit autem AD^2 $=$ AB^2 $+$ AB $\times$ BC, erit (Prop
10.) AB. AD :: AD. AB $\times$ BC : hoc eft, chorda eft
media proportionalis inter fegmentum AB, totamque
diametrum AC, & illius quadratum æquatur rectangulo AB $\times$ AC.

Coroll. 5.

Si figura 56 mutetur in 60, ita ut BD tranfeat per
centrum F, & BCA accedat ad circumferentiam, donec evanefcente AC evadat BC tangens; erit BC^2 $=$
BE $\times$ BD, & ducta FC, quæ tangenti occurret ad angulos rectos (Coroll. 5. prop. 8.) erit in triangulo rectangulo FCB, FB^2 $=$ FC^2 $+$ CB^2 $=$ FE^2 $+$ EB$\times$BD.
Hoc eft, fi recta DE bifariam dividatur, eique in directum adjiciatur recta quævis EB, erit quadratum compofitæ ex dimidia & adjecta æquale quadrato dimidiæ
una cum rectangulo ex tota & adjecta fimul fumptis
in adjectam.

Scho-

Scholion.

Ex hoc postremo corollario definiri potest quam longè pateat prospectus in maris superficiem ex data altitudine: sed telluris diametrum prius definire oportet ex ipsius circumferentia, quam in annotationibus ad primam propositionem invenimus. Id autem fiet si proximæ ratio circumferentiæ ad diametrum inveniatur, in quo etiam circuli quadratura veræ proxima sita est, qua contenti esse possumus cum exactam habere non liceat. Archimedes ad rem conficiendam polygonis usus est inscriptis & circumscriptis.

Concipiatur radius AC (Fig. 61.) in partes 1000000 aut plures etiam, ut libuerit, divisus & tangenti AD occurrat in D recta CD angulum rectum ECA, & quadrantem AE bifariam dividens. Erit ob angulum ACD semirectum, & angulum CAD rectum (Coroll. 3. prop. 8.) angulus quoque ADC semirectus, & triangulum isoscele (Coroll. 3. prop. 3.) Quare $DA \rightrightarrows CA \rightrightarrows$ 1000000, & $DC^2 \rightrightarrows DA^2 + AC^2 \rightrightarrows$ 2000000000000. cujus radix DC major est quam 1414212, & minor quam 1414213. Bifariam diviso angulo DCA recta CH, quæ occurrat tangenti in H, erit DC. CA:; DH. HA (Coroll. 4. prop. 12.); & componendo $DC + CA$ (2414211 $\frac{2}{3}$). CA (1000000):: DA (1000000). HA.

Unde invenitur HA major quam 414213, minor quam 414214. Hinc eruitur HC, & secto iterum bifariam angulo HCA invenietur nova portio tangentis AD, atque aliæ deinceps, ut libuerit. Quod si chorda IL parallela fuerit tangenti HAM, ac proinde radio CA perpendicularis, & bifariam secta in K (Coroll. 4. prop. 5.), erit CH. HA:: CI. IK (Prop. 12.). Cumque tres priores quantitates notæ sint, quarta quoque IK innotescet & major & minor vera, ac propterea etiam ipsius dupla IL, & ducta CLM, quæ tangenti occurrat in M, erit tota HM dupla ipsius AH.

Sit jam circulus APT (Fig. 62.) primò in quatuor partes æquales divisus, deinde in 8, in 16, in 32, in
64,

64, in 128. &c. prout cuique libuerit, & concipiamus per ea divisionum puncta tangentes, & chordas alternatim ductas, habebimur, ut patet, duo polygoni, quorum alter inscriptus circulo est, alter circumscriptus, ambo autem triangulis constant æqualibus triangulis HCM, ICL; cumque haberi possint HM & IL quantumlibet veris proximè, & numerus laterum habeatur, omnium quoque summa innotescet, hoc est, perimeter inscripti proximè minor vera, & perimeter circumscripti proximè major vera, ita ut hic defectus vel excessus quantum cuique libuerit tenuis sit, cum radius in quemlibet partium numerum dividi possit. Jam vero manifestum est perimetrum polygoni circumscripti circuli peripheria majorem esse, perimetrum verò inscripti minorem, ac propterea intra hos limites ipsam peripheriam contineri. Isti limites quantum quisque velit contrahentur aucto laterum numero. Etenim ob triangulorum HCA, ICK similitudinem cum sit CA. CK ∷ AH. KI, erit quoque dividendo AC. AK ∷ AH. AH—KI, & in eadem ratione erit tota perimeter polygoni circumscripti ad ejus differentiam ab inscripto (Axiom. 4.) Quod si laterum numerus augeatur minuitur quantumlibet IK, & multo magis AK, adeoque minuitur quantumlibet polygonorum differentia, & contrahuntur limites, intra quos situs est valor peripheriæ circuli.

· Hinc quoque accuratius demonstratur aream circuli factum esse ex radio in dimidiam peripheriam. Nam triangulum HCM est factum ex radio AC in dimidiam basim HM (Schol. prop. 6.), ac proindè totum Polygonum habetur ducendo radium AC in dimidiam perimetrum. Est autem area polygoni circumscripti major quam area circuli, ita tamen ut ejus excessus supra aream circuli minor sit quam excessus supra polygonum inscriptum. Verum ita potest laterum numerus in infinitum augeri, ut differentia perimetri polygoni circumscripti a circuli peripheria, & illius areæ ab area polygoni inscripti minor sit data qualibet quantitate. Quamobrem factum quoque ex radio in dimidiam peripheriam

riam

riam ab area circuli differet differentia que minor fit
data qualibet quantitate, ac proinde nulla.

Hac methodo Archimedes invenit diametrum ad peripheriam effe in ratione 7 ad 22, ita ut tenuiſſimus
fit exceſſus peripheriæ fic inventæ fupra veram.

Hæc eadem ratio fubtilius ab aliis quæfita eſt, in quibus Ludolphi Colonienſis eminet induſtria, qui eam ad
cifras ufque 60 promovit. Ex Leibnitio in Actis Lip-
ſienſibus tom. 1. habetur ratio diametri ad quartam pe-
ripheriæ partem, ut 1 ad $1 - \frac{1}{3} + \frac{1}{5} - \frac{1}{7} + \frac{1}{9}$ &c.pro-
ducendo hanc feriem quoufque libuerit per figna con-
traria, & numeros impares; eandemque rationem habet quadratum circulo circumfcriptum ad aream circuli.
Sed omnium eſt elegantiſſima ratio diametri ad peripheriam, quam exprimunt tria paria trium primorum
numerorum imparium, videlicet 113 ad 355.

In re noſtra contenti effe poſſumus Archimedis ratione, cumque peripheria maximi telluris circuli (Schol.
prop. 1.) paſſus Parifinos contineat 14649910; fiat ut
22 ad 7 ita prædictus ille paſſuum numerus ad telluris
diametrum, quæ obveniet paſſuum 7843156; ac proinde milliaria continebit 7843, ac paſſus 156.

Sit jam HI montis altitudo ad mille paſſuum aſſur-
gens, & quæratur intervallum HA quoufque patet in
maris fuperficiem oculi profpectus; erit HS paſſuum
7844156, ergo $AH^2 =$ IH $\times$ HS $=$ 1000 $\times$ 7844156
$=$ 1844156000; cujus radix 88567 milliaria dabit 88,
ac paſſus præterea 567; intra quod fpatium continentur
objecta ex hoc monte confpicua, cùm cætera omnia ob
ipfam telluris rotunditatem ex oculis fefe fubducant.
Refractio tamen, vi cujus radius AH inflectitur, nonnulla adhuc objecta deteget, quæ aliquanto longius diſtent. At fi HI fit unius paſſus, quantum ferè è folo
aſſurgit hominis oculus ſtantis in littore, erit HS paſſuum 7844157, & IH $\times$ HS erit pariter 7844157; cujus radix paſſus dabit 2800 7. Quare fi duo homines
fex paſſuum millibus diſtent in eodem maris littore

ob

ob telluris rotunditatem se invicem videre non poterunt,

PROPOSITIO XIV.

OMnes figuras similes rectilineas in eumdem similium triangulorum numerum partiri licet.

Sint duæ figuræ similes rectilineæ ABCDE , *abcde*
(Fig. 63. 64.), & ductis BE, CE; *be*, *ce*, dico similia esse triangula ABE , *abe*; BEC , *bec* &c. : nam in
triangulis EAB , *eab* anguli A & *a* æquales sunt , ut
ipsa notio figurarum similitudinis indicat, eruntque latera proportionalia; hoc est AE. *ae* :: AB . *ab* . Ergo
(Coroll, 2. prop. 12.) similia erunt triangula ABE ,
abe, ac proinde (Prop. 12.) anguli ABE , *abe* æquales
sunt; cumque essent æquales anguli ABC , *abc*, erunt
etiam æquales EBC, *ebc*. Erant autem latera circa æ-
quales angulos ABE, *abe* proportionalia, hoc est BE. *be* ::
AB. *ab* :: BC. *bc* (ob figurarum similitudinem) ergo iterum
in triangulis BCE, *bce* latera circa æquales angulos EBC,
ebc proportionalia sunt, ac propterea ipsa triangula similia. Eadem methodo si progrediaris, reliqua quoque
triangula similia esse comperies, easque figuras in eumdem similium triangulorum numerum divisas esse : Q.
E. D.

Coroll. 1.

Eodem pacto ostenditur similes esse figuras illas rectilineas, quas similia triangula eodem numero , eodemque ordine partiuntur.

Coroll. 2.

Cum duo quælibet similia triangula sint inter se ut
quadrata laterum homologorum (Coroll. 1. prop. 12.),
latera autem sint in eadem ratione constanti , erunt
(Ax. 4.) perimetri similium figurarum ut duo quælibet
ipsarum latera homologa ; & areæ totæ erunt ut quadrata eorumdem laterum. Id etiam circulis convenit ,
ut patet ex his quæ adnotavimus ad Prop. 13. : quare
si unius circuli radius alterius radio duplus sit , illius

lius quoque peripheria dupla erit, area vero quadrupla.

Scholion.

Possunt etiam alia quadam ratione similia triangula in similibus figuris considerari. Nempe si fuerint similes figuræ ABCDE, *abcde* (Fig. 65. 66.) ducanturque ex duobus angulis æqualibus A & *a*, B & *b*, ad reliquos angulos rectæ lineæ AD, BD, AC, &c. *ad, bd*; *ac* &c. simili methodo demonstrabitur similia esse triangula AEB, *aeb*, ADB, *adb* &c. id quod in agrimensura maximum habet usum. Etenim si alicujus fundi aut agri ichnographiam describere oporteat, ac dimensiones accipere ex duobus locis A, B: metire prius locorum distantiam AB, & oculorum aciem in objecta conspicua dirigens, quibus ager terminatur in E, D, C, probè observa angulos BAE, BAD, BAC, itemque ABC, ABD, ABE: tum in charta aut tabula duc rectam *ab* tot particulis e scala desumptis constantem, quot inventi sunt pedes in intervallo AB, & ope quadranti fiant in *a* & *b* anguli æquales inventis in A & B. Linearum ita ductarum concursus in *e*, *d*, *c* determinabunt perimetrum figuræ *a e d c b*, quæ similis est agro describendo ut ex demonstratis constat. Itaque quot fuerint particularum inventæ rectæ lineæ *ae, ad, de, be* & totidem pedibus constant intervalla AE, ED, DC, CB &c. area vero invenietur ex dictis ad propos. 13, & 6.

Eadem ratione, ut patet, distantiam DC utrinque inaccessam metiri licet. Etenim sumptis duabus stationibus A & B, quarum intervallum metiri liceat, & angulis in A & B triangulorum ADB, ACB, fiat ut antea simile quadrilineum *dabc*, & quot particulas in scala continebit recta *dc*, totidem pedes, vel decempedas continebit distantia quæsita DC.

Scholion.

Cum Euclidis Elementa passim ab auctoribus citentur, non erit inutile indicem subjicere, unde constare possit ubinam in his nostris elementis eorum demonstratio

ftratio quærenda fit, quæ Euclides in fex prioribus libris complexus eft, quibus planam geometriam abfol-
vit. Ufu autem conftabit nullam fere ejus propofitio-
nem paulo frequentius adhiberi in geometricis quæ non
fuerit a nobis demonftrata, aut non facile ex his de-
monftretur. Cæterum libri 5 & 6 propofitiones præci-
puas complectitur Scholion ad prop. 9, & propofitiones
10, 11, 12 cum fuis Corollariis, quod cum femel no-
taffe fatis fuerit, fupervacaneum duximus has cum noftris comparare. Sed & rationum theoriam uberiorem
dabimus in Arithmetica.

Euclidis Lib. I.	Nobis eft	Euclidis Lib. I.	Nobis eft
Pr. 1	Cor. 4. pr. 2.	Pr. 26	Pr. 3. & Cor. 1. ejufd.
4	Pr. 2.		
5	Cor. 2. pr. 2.	27)	Scol. def. 17., &
6	Cor. 2. pr. 6.	28)	Coroll. 1. ejuf-
7	Coincidit cum pro-	29)	dem.
	pof. 4.	30	Cor. 2. ejufd.
8	Pr. 4.	31	Cor. 3. ejufd.
9	Pr. 5.	32	Pr. 1.
10	Cor. 1. pr. 5.	33	Cor. 1. pr. 2.
11	Cor. 3. pr. 5.	35	Cor. 4. pr. 3.
12	Cor. 2. pr. 5.	36	Pr. 6.
13	Cor. 2. def. 10.	36	Cor. 2. pr. 6.
15	Cor. 4. ejufd.	37	Cor. 2. ejufd.
18	Pr. 8.	38	Ibidem.
19	Cor. 1. pr. 8.	39)	Ex iifd. facillimè
22	In fch. pr. 12.	40)	dem.
23	Cor. def. 7.	41	Cor. 3. pr. 6.
24	Cor. 2. pr. 8.	47	Pr. 7.
25	Cor. 3. ejufd.	48	Cor. ejufd.

Euclidis Lib. II.		Euclidis Lib. III.	Nobis est
Pr. 4	Cor. 3. pr. 13.	Pr. 17	Cor. 2. pr. 9.
5	Cor. 2. pr. 13.	20	Pr. 9.
6	Cor. 5. ejusd.	21	Patet ex ead.
Lib. III.	.	22	Cor. 3. ejusd.
Pr. 3	Cor. 4. pr. 5.	31	Cor. 1. ejusd.
10	Cor. pr. 4.	32	Cor. 6. ejusd.
13	Cor. 7. pr. 8.	34	Pr. 13.
16	Cor. 5. 6. 7. ejusd.	35	Cor. 5. ejusd.

ELEMENTA
ARITHMETICÆ.

CAPUT PRIMUM.

De fundamentalibus Arithmeticæ operationibus:

1. **E**Æ funt notatio, additio, fubtractio, multiplicatio, divifio, & extractio radicum, quas omnes hoc capite breviter expediemus.

§. I.

Notatio.

2. **N**Umeros omnes in vulgari arithmetica decem notis defignamus, quarum Arabes feruntur auctores; funt autem, 0, 1, 2, 3, 4, 5, 6, 7, 8, 9. Harum notarum varia eft fignificatio non folum ex diverfa ipfarum forma, fed etiam ex diverfo loco, quem occupant. Nam quæ ante punctum poftremæ legenti occurrunt unitates defignant, quæ proxime præcedunt unitatum decades; exinde contenarii fequuntur, millenarii, & fic deinceps in decupla proportione. Atque huic potiffimum ufui cyphra, feu 0 deftinatur, cum enim ipfa nullum defignet numerum, auget tamen reliquarum notarum fignificationem longius illas a puncto removens; fic unitatis nota, quæ punctum proxime præcedens unicam defignaret unitatem, beneficio unius vel duplicis cyphræ in fecundum aut tertium locum rejecta denas unitates, ant centenas defignabit.

3. Breviores numeri facilè leguntur, nemo enim non videt numerum A (Tab. 1.) ducentas quadraginta feptem unitates exprimere; at in numeris longioribus aliquo opus eft artificio. Numerum B, quem legere oporteat,

teat, ita divides a poſtremis notis exorſus, ut ternos ſingulis partibus numeros attribuas . Tres poſtremos a præeuntibus divides puncto ſuperius appoſito: tribus ſequentibus appones 1; & ſic deinceps reliquis ternariis punctum alternatim appones, vel numerum, ita tamen ut numeri unitate ſemper augeantur, quemadmodum in appoſito ſchemate factum vides. His peractis quamlibet notarum claſſem perinde leges, ut ſi ſola eſſet, & ubi punctum invenies dic mille , ubi 1 dic decies centena millia, ſeu, ut vulgo loquimur, millionem; ubi 2, dic milliones millionum, ſive Billiones ; ubi 3 , dic Trilliones, & ſic deinceps. Sic itaque numerus B legendus erit. Ter mille ac ducenti quadragintaduo Trilliones , quingenta ſeptuaginta octo millia ac quingenti ſexaginta duo Billiones , nongenta quatuordecim millia , ac viginti Milliones, quadringenta ſexaginta ſeptem millia, bis centum, ac duodecim.

4. Quod ſi notæ eædem punctum ſubſequantur, fractos exprimunt decimales; ita quidem, ut quæ primum occurrit decimas unitatis partes deſignet , ſecunda centeſimas, tertia milleſimas, & ſic deinceps. Has autem notas vel ſingulas ſeorſim efferre licet , vel omnes ſimul denominatione a poſtrema deſumpta, quæ denominatio ex numero deſumitur , quem exprimit unitas tot cyphris aucta quot ſunt poſt punctum notæ . Sic numerus C deſignat viginti tres unitates , & duas decimas partes unitatis, quatuor centeſimas, nullam milleſimam, ſex denas milleſimas , vel bis mille quadringentas ſex denas milleſimas. Numerus D denotat ducentas triginta duas unitates , nullam decimam, duas centeſimas, tres milleſimas , ſeu 23 milleſimas partes unitatis. Demum numerus E nullam exhibet unitatem, nullam decimam, nullam centeſimam, ſed tantum duas milleſimas, & ſex denas milleſimas, ſive 26 denasmilleſimas partes unitatis.

5. Fractiones aliæ duobus numeris exprimuntur, quos lineola interjecta dirimit, ita ut alter ſupra lineam ſcribatur, alter infra lineam. Qui inferior eſt denomina-

tor

dicitur, qui superior est numerator. Ille denotat in partes unitas divisa sit, hic autem ejusmodi partium numerum designat. Sic numerus F duas tertias suis partes exprimit, numerus C quinque octavas, rursus H septem duodecimas. Fractiones quoque sunt illæ, quibus horas, & gradus circuli partiri consuevit: nam & horas & gradus singulos in 60 minuta prima dividimus, singula minuta prima in 60 secunda, singula secunda in 60 tertia, & sic deinceps. Quasdam fractiones peculiaribus quibusdam notis denotant, nam horas integras exprimit numerus cui apponitur littera *h*, gradus integros numerus cui superius scribitur o: & in utroque casu unica lineola numeris imposita minuta prima designat, duæ lineolæ minuta secunda, tres tertia, & sic deinceps: unde numerum sic leges: 23 horas, 46 minuta prima, 52 secunda, 37 tertia. 41 quarta.

§. II.

Additio in numeris integris.

Numeri his notis expressi, si integri sunt, in unam summam facile colliguntur. In exemplo, quatuor numeros, quos addere oportet, ita alios adscribe serie descendente, ut unitates unitatibus jungantur, decades decadibus, & sic de reliquis; tum omnes numeros ducta linea, & a postrema columna exorsus dic: 1 & 8 efficiunt 9, 9 & 2 efficiunt 11 & 1 efficiunt 12. Colligis ergo ex hac columna decadem unitatum, ac præterea duas unitates: quare scribe 2 in loco unitatum, & decadem illam rejice in sequentem decadum summam dicens: 2 efficiunt 3, 3 & 6 efficiunt 9, 9 & 9 efficiunt 18 & 6 efficiunt 24, hoc est duas decades decadum sive duo centenaria, & 4 decades: scribe ergo 4 in loco decadum, & duo centenaria in sequentem columnam rejice, eodemque pacto in hac & reliquis operare,

rare,

tare, & tandem invenies numerum K, qui quatu
merorum erit quæsita summa. Eodem pacto, in l
trium numerorum summa colligitur numerus L, qu
nota supra numeros datos est auctus, quod in
columna quæ postrema est operanti, 12 colligunti
unitas illa in sequentem locum rejicienda fuit.

7. Notandum est autem quod uniuscujusque colt
numeri ita colliguntur tamquam si essent unitates
eaque summa tot unitates in proximè sequentem
ciuntur, quot in præcedente decades supra unitatel
lectæ sunt.

8. Totius autem operationis ratio constat, quia
progredimur ab unitatum columna ad reliquas,
quælibet in ordine subsequente decuplo majorem
valorem quam in proximè præcedente.

§. III.

Subtractio in numeris integris.

9. UT numerum datum a dato numero subdu
subducendum numerum illi subjicies, a quo
trahi debet, ita ut unitates unitatibus respondeant,
eades decadibus, & sic de reliquis. Tum ab unitat
exorsus quamlibet inferiorem notam a superiori su
he, & residuum scribe infra lineam & habebis n
rum qui sit datarum quantitatum differentia. Quo
alicubi occurrat inferiorem notam superiori majo
esse, hanc augere oportebit decem unitatibus, ea
mutuas accipies a proximè sequenti nota, quam
pterea deinceps habebis tamquam unitate mulctatam

10. In Ex. 3. numerus M est inter datos num
differentia quæsita, quia auferendo 5 ex 7 relinqui
2, auferendo 4 ex 9 relinquitur 5 &c. At in Ex
cum numerus 8 ex 7 subduci nequeat, adjice huic
nas unitates, & auferendo 8 ex 17 residuum habe
9; tum vero notam superiorem proximè sequentem u
tate mulctabis, hanc enim ab ea mutuam accepisti,
deni

denis unitatibus præcedentem augeres. Aufer ergo 4 ex
5 & habebis refiduum 1. Eodem pacto in reliquis duabus notis operare, & habebis numerum N differentiam
quæfitam. Haud abfimili ratione invenitur differentia O
in Ex. 5°, ubi cum ex o nequeat auferri 6, aufertur
ex 10, & refiduum 4 infra lineam ponitur: tum quia
iterum fequitur o ex quo nequit auferri 4, aufertur
non quidem ex 10 fed ex 9, quandoquidem denarius
numerus, qui eo loco fubftituitur ex proxime fequenti
9, jam in anteceffum unitate mulctatus eft; atque ita
fieret fi plures effent o, cum tamen numerus qui primo
occurrit unica tantum unitate minor fiat.

11. Si nota inferiori ex fuperiori fublata nihil reliqui fit, eo loci notari debet o, quod tamen non fit,
fi nullus præterea fequatur numerus, qui in differentia
quæfita ante cyphram fit adfcribendus, ut factum vides
in Ex. 6°, in quo præter duas poftremas notas reliquæ
omnes fe mutuo elidunt.

12. Operationis ratio fatis per fe conftat, cum unitates ab unitatibus auferantur, denarii a denariis &c.
Nam quod in Ex. 4°: numerus 7 decem augeatur unitatibus, & numerus infequens 6 una mulctetur, ratio
in promptu eft. Hæc nempe unitas in numero 6 decem
valet earum quibus conftat numerus 7, eique refpondens 8, quare etfi unam ille amittat huic tamen decem
acquiruntur. Similiter in Ex. 5°, unitas e 9 fublata
decem valet unitates fi in locum rejiciatur, cui fubeft
auferendus numerus 4, & rurfus una ex his decem unitatibus in locum tranflata cui fubeft numerus 6, decem
valet unitates ejufmodi, quibus nota auferenda conftat.
Quare his fublatis ex 10, relinquitur numerus 9, ex
quo auferas 4, & deinceps 8, ex quo 2 auferre oportebit.

13. Si explorare velis utrum fubductio rité peracta
fit, differentiam inventam adde numero fublato, &
quantitas redibit, ex qua fubductio facta eft.

14. Si tota quantitas auferenda illam excedat, ex
qua debet auferri, adhuc minor numerus è majori fub-

duci-

ducitur; sed differentia quæsita erit quantitas negativa, & minor nihilo. Sic si quis expensas faceret, quæ suas opes excederent, has subduceret ab expensis, & differentia ostenderet quanto deterioris conditionis sit factus, quam si nihil haberet, vel quid sibi desit, ut ære alieno expeditus nihil habere incipiat. Unde vides æs alienum congrue dici quantitatem negativam & nihilo minorem. Innumera sunt ejusmodi, ex quibus Tyrones oportet negativæ quantitatis notionem probè concipere.

§. IV.

Multiplicatio in numeris integris.

15. QUantitas data per numerum integrum multiplicatur cum toties sumitur, quoties unitas in numero continetur, per quem debet multiplicari. Tum verò per numerum fractum multiplicari dicitur, cum tot illius partes sumuntur, quot fractio indicat, in quam ducitur. Augetur itaque numerus cum in integrum ducitur: minuitur si in fractum ducatur.

16. Singulæ notæ in singulas facile ducuntur, si numeri breviores sint. Sic nemo non videt 3 in 4, sive 4 tèr sumptum 12 efficere. Si numerorum alter denarius sit, factum ex multiplicatione emergens tot erunt decades, quot alter numerus habet unitates; at si quinarius fuerit, tot erunt decades sumendæ, quot in alterius dimidio sunt unitates: demum si uterque numerus quinario major sit, in altera manu, reliquis compressis, tot digiti erigantur, quot alter numerus habet unitates supra quinarium, itemque in altera manu tot erigantur, quot unitatibus alter numerus quinarium excedit. Tùm verò tot decades sumantur quot sunt erecti digiti, iisque adjiciatur quod prodit invicem ducendo digitos in utraque manu compressos, atque ita habebis factum ex utriusque dati numeri multiplicatione. Sic si ducere oporteat 7 in 9, erunt erecti digiti in altera quidem manu 2, in altera 4, unde sex decades sumen-

dæ

dæ funt; compreſſi verò erunt in illa 3, in iſta 1, ex quorum multiplicatione emergunt tres unitates; factum ergo ex 7 in 9 ſunt 6 decades, & 3 unitates, ſive 63.

17. Idem facile abſolvitur per tabulam, ut vocant, Pytagoricam. Rectanguli ACDB latus AC in novem partes æquales dividè, latus verò CD in decem. Per utriſque diviſionis puncta duc rectas lineas his lateribus parallelas, ac diviſum erit rectangulum in decem columnas, quarum ſingulæ novem continent rectangula. Scribe in prima columna novem primos numeros, in ſecunda eorum duplos, in tertia triplos, & ſic deinceps. In decima verò columna nonniſi cyphras conſcribes ad uſus poſtea indicandos. Interim habebis, ut vides, productum cujuslibet numeri in alium quemlibet ab 1 ad 9, quod facile invenies ſi alterum numerum in prima columna inquiras, alterum in primo ordine rectangulorum; nam ſi ab hoc deſcendas ad ordinem uſque, in quo primus invenitur, ibi erit productum quæſitum. Sic ſi factum quæratur ex 9 in 6, ſume in prima columna 6, in primo autem ordine ſume 9, & deſcende uſque ad ordinem ſextum, in quo 6 invenitur, & numerus 54 erit factum ex 6 in 9.

18. Idem productum invenitur ſi in prima columna aſſumas 9, & in primo ordine 6: ex quo patet nihil omninò intereſſe ſive primum numerum per ſecundum multiplices, ſive ſecundum per primum. Idipſum in genere de numeris omnibus oſtenditur, unde ſi tres aut mille numeri invicem debeant multiplicari, undecumque incipias, aut quocumque ordine progrediaris unum ducens in alterum, & factum ex his duobus in tertium, & ſic deinceps, ſemper idem poſtremo loco factum emerget.

19. Si numeros pluribus notis conſtantes multiplicare oporteat, horum alterutrum infra alterum ſcribe ita, ut unitates unitatibus ſubjiciantur; deinde notas omnes ſuperioris numeri per ſingulas inferioris multiplica initio utrobique a poſtremis facto. Decades quæ inter multi-

pli-

plicandum colliguntur sepone adjiciendas facto ex eadem numeri inferioris nota in proxime sequentem superioris, si qua supersit. Facta quæ emergunt ex singulis notis inferioris in omnes superioris infra lineam seorsim notentur, ita ut uniuscujusque unitate subjiciantur numero per quem multiplicatio peragitur. Quod si horum omnium summa colligatur, ea erit productum quæsitum.

20. In Ex. 7° quæritur factum ex 235 in 43. Scribe 43 sub 235, uti dictum est, tum ducta linea dic: 3 in 5 efficiunt 15. Scribe quinque sub numero multiplicante 3, & unam decadem sepone adjiciendam facto sequenti ex 3 in 3, quod est 9, cui si 1 addas, habebis unam decadem, & nullas præterea unitates: scribe igitur o, & facto ex 3 in 2 adjiciens 1 scribe 7. Rursus dic: 4 in 5 efficiunt 20; scribe o ita ut multiplicatori 4 subjaceat, & facto sequenti 4 in 3, quod est 12, adjiciens 2 habebis 14: scribe igitur 4, & 1 servans dic: 2 in 4 efficiunt 8, & adjecto 1, scribe 9. Demum ducta linea collige in unam summam hos numeros ita dispositos, eritque numerus Q factum ex datis numeris.

21. Demonstratio facilè eruitur ex ipsa numeralium notarum natura, quæ in anterioribus locis decuplo plus valent, quam in posterioribus, & ex eo principio quod partes simul sumptæ totum adæquant.

22. Ipse verò usus docebit, quod si vel alteruter vel uterque numerus in cyphras desinit, poterunt hæ in multiplicatione omninò negligi, dummodò producto tot in fine cyphræ apponantur, quot erant in coefficientibus. Sic in Ex. 8 idem prodit numerus R ex 52300 in 8420. Sive per ipsas cyphras multiplicationem instituas, sive his neglectis ducas 523 in 842, & producto tres cyphras apponas. Similiter si intra notas ipsas multiplicatoris aliqua cyphra occurrit, poterit ea negligi, dummodo factum ex numero subsequenti sub ipso multiplicante numero notari incipiat, ut in Ex. 9°.

23. Si explorare velis utrum multiplicatio rite peracta sit, jubent eosdem numeros iterum multiplicare, sed ordine
inver-

inverſo; ita nempe ut qui prius multiplicator fuerat, fiat multiplicandus, & contra. Sed hoc valde moleſtum accidit ubi numeri longiores ſunt. In his caſibus ad calculi moleſtiam levandam, & ad erroris periculum longius amovendum ſatius erit artificium adhibere, quod Neperus excogitavit. Tabulam Pythagoricam ita ſcribe ut numeri, qui duabus notis conſtant tranſverſa lineola dirimantur, uti factum eſt in rectangulo ACDB, deinde tabulæ columnas divide ut ordine quolibet diſponi poſſint, ac plures ejuſdem numeri tabellas compara, ut tot præſto eſſe poſſint, quot ejuſdem numeri notas in numero multiplicando eſſe contingat. Quin etiam cum fieri poſſit ut inter numeri multiplicandi notas cyphræ occurrant, lamellas quoque habere neceſſe eſt in quibus ſolæ cyphræ notentur. His poſitis ſi detur in Ex. 10° numerus T, quem per V. multiplicare oporteat tabellas ſelige, quarum ſingulæ ſingulas notas numeri T habeant in fronte, eaſque eodem ordine diſpone, quo in dato numero diſponuntur. Quoniam T per 8 multiplicare oportet, numeros omnes in ordine octavo occurrentes initio a poſtremis facto ſcribe infra lineam ita ut poſtremus jaceat ſub numero 8, hoc tamen animadverte quod qui in eodem rhombo includuntur colligi debent in unam ſummam, & decades, ſi quæ occurrunt, proxime ſubſequenti adijciendæ. Habebis ea ratione factum ex numero T in 8. Rurſus nota eodem pacto ſub numero 9 numeros, quos lamellæ exhibent in ordine nono, & habebis factum ex T. in 9. Idem in reliquis præſta, & omnium ſumma dabit numerum X, quod eſt productum ex numero T in V. Totius operationis ratio facile intelligitur ex dictis.

§. V.

Divisio in numeris integris.

24. CUM quantitas data per aliam datam quantitatem dividenda proponitur, eo demum quæstio reducitur ut inveniatur quoties in dividenda quantitate dividens quantitas contineatur; unde numerus ex divisione resultans, per quem scilicet huic quæstioni satis fit, quotus dicitur.

25. In Ex. 11° proponatur numerus 10105 per 43 dividendus. Dividendo numero divisorem præfige lineola interjecta: tum operationem instituens in notis initialibus dividendi, quæ quantitatem exhibeant divisori æqualem, vel proxime majorem, dic: quoties 43 contimentur in 101? Resp. 2. Scribe ergo 2 ex altera parte dividendi, lineola pariter interjecta, & factum ex 2 in 43, five 86, aufer ex 101, & residuo 15 notam appone, quæ in dividendo proxime sequitur quantitatem jam divisam 101. Dic iterum: quoties 43 continentur in 150? Resp. 3. Scribe 3 in quoto & factum ex 3 in 43, feu 129 aufer ex 150. Residuo 21 adnecte sequentem notam dividendi 5, & dic iterum: quoties 43 continentur in 215? Resp. 5. scribe 5 in quoto, & aufer ex 215 factum ex 5 in 43, five 215. Cum nihil ex ea divisione superfit, constat numerum 235 illum præcise esse qui oritur ex divisione 10105 per 43.

26. Demonstrationem habebis, si animadvertas in ejusmodi quæstione ita prorsus se rem habere ut si quæreretur quota pars totius quantitatis singulis hominibus obveniret, si eam ex æquo tot hominibus distribui oporteret, quot habet divisor unitates. Nam in singulis operationibus illud scilicet inquirimus, quot unitates, decades &c. singulis dari possint; iisque datis, quæ dari possunt, quot adhuc distribuendæ superfint. Rem transfer in quæstorem regium, qui 10105 nummos aureos a

Rege

Rege acceperit militibus 43 ex æquo largiendos, &
adhuc res magis in aperto erit.

27. Facile vides post quamlibet 'subtractionem pera-
ctam id quod relinquitur, antequam notam ulteriorem
ex dividendo adjicias, divisore minorem esse oportere:
nam si residuum æquale foret vel majus, jam divisor
pluries contineretur in quantitate jam divisa, quam
numerus indicet in quotum relatus.

28. Postquam residuo ulteriorem divisoris notam ad-
jeceris, si adhuc quantitas manet divisore minor, qui
proinde nusquam in ea contineatur, cyphram scribes in
quoto, & adhuc ulteriorem divisoris notam residuo
adjicies ut divisionem promoveas. Sic in Ex. 12° quia
sublatis 1641 ex 1684, residuum 43 actum nota 7 adhuc
minus est divisore 547, ponitur ò in quoto, & nota 6
apposita numero 437, quæritur quoties divisor in 4376
continuetur.

29. Si divisione peracta, cum nulla reliqua est in
dividendo nota, adhuc aliquid residui ex postrema subtractione supersit, quoto adjicienda est fractio, cujus denominator est divisor, numerator vero residuum illud
postremum. Sic in Ex. 13° cum 182 superfuerint, quo-
to adjecta est fractio $\frac{1}{8}\frac{6}{3}\frac{2}{5}$ Nempe si nummos 43602
partiri deberes ex æquo hominibus 853, singuli accipe-
rent nummos 52, & præterea 182 partes ejusmodi, qualium in singulis nummis 835 continentur. Poteris etiam divisionem promovere si postremo residuo cyphram
adjicias puncto interposito, ut unitates ad decimas partes unitatis redigantur, nam si puncto item interposito
quoto notas adscribas, quæ deinceps obveniunt, ex divisione (quam per novas subinde cyphras residuis adjectas continuare poteris ut libuerit) habebis partes unitatis decimas, centesimas, millesimas &c. integris notis
addendas, eadem prorsus methodo, qua notæ integræ
inventæ sunt, ut videre est in Ex. 14°. Continget interdum ut ad ultimum divisionis limitem hoc pacto per-
tingas, plerumque tamen fiet ut in seriem incidas abe-
untem

untem in infinitum, cujus termini ferius ocius iidem redeant, numquam tamen ferius, quam poft totidem terminos, quot habet divifor unitates. In hoc cafu producitur divifio, donec valor obtineatur tam vero proximus, quantum quæftio, de qua agitur, requiret.

30. Cum numeri longiores funt, omnis difficultas in eo fita eft; quod non fatis pateat, quoties divifor in affumptis dividendi notis contineatur. Qui fatis fuerit in ejufmodi calculis exercitatus facile videbit ex primis ipfis utriufque numeri notis, quoties unus fumendus fit, ut altero fiat proximè minor; at qui ufu careat facilè in eo decipietur. Tutius incedet, fi divifionem aggreffurus eam prius, quam fcalam vocant, fibi confecerit. Divifor nempe per numeros omnes ab 1 ad 9 multiplicandus eft, omnefque producti ex ea multiplicatione numeri divifori ex ordine fubjiciendi, ut in Ex. 14° factum eft; hoc enim pacto fi hos numeros compares cum dividendi notis, in quibus divifionem inftituis, ftatim videbis quinam ex illis fit proxime minor : pones in quoto numerum, in quem ductus divifor eam efficit quantitatem, quantitatem vero ipfam ex dividendi notis fubduces.

31. Verum ea res admodum molefta accidit, & animus defatigatione victus facilius quam credi poffit impinget ubi cæteroquin nulla eft difficultas. Quare in his præfertim cafibus Neperianis lamellis uti præftat. In Ex. 15° (Tab. 2.) tabellas felige, & difpone ut earum in fronte numeri exhibeant diviforem 37895. Deinde refectis ad dexteram dividendi notis, quibus numerus fiat divifori par, vel eodem proxime major, quære in lamellarum ordinibus, numerum 94076, vel proxime minorem, probe animadvertens quod diximus, hos numeros in lamellis ita legendos ut qui eodem rhombo includuntur in unam fummam colligantur, denariis, fi quæ occurrunt, in anteriores notas de more translatis. Invenies hoc pacto in ordine fecundo numerum proxime minorem prædicto, 75790: fcribe ergo 2 in quoto, & dendo fubtrahe, refiduo adjice numerum inventum a divi

proxi-

sequentem dividendi notam, & sic porro per onec vel divisionem absolvas, vel quotum habeas tum libuerit vero proximum.

32. Divisionis rite peractæ argumentum habebis si divisorem in quotum ducas, redeatque divisus numerus; tum si non redeat, manifestum est alicubi errorem esse admissum. Nota tamen quod si divisorem exactum habere non licuit, facto ex divisore in quotum addere oportet residuum ex ultima divisionis subtractione, ut redeat divisa quantitas. Sic in Ex.15 si ducas 37895 in 2481, & facto addas postremum residuum 21138, habebis divisum 94076528.

§. VI.

Additio & subtractio in numeris fractis.

ET hæc quidem in numeris integris ita peraguntur, at in fractis aliam fere rationem inire oportet. Fractiones ejusdem speciei dicuntur, si eundem habent denominatorem, diversæ si diversum. Quæ ejusdem speciei sunt facile in unam summam adduntur, vel ab invicem subtrahuntur addendo vel subtrahendo numeratores: qua in re illud est animadvertendum, quod quoties ex numeratoribus colligitur numerus denominatori æqualis, toties unitas ad integros est reijcienda: itemque in subtractione si subtrahenda fractio illa major est unde subtrahitur, unitas ex integris, si qui sunt in quantitate mulctanda, mutua est accipienda, ex qua fractio fiat eumdem habens cum subtrahenda denominatorem, ac numeratorem ut minori fractioni adijciatur.

34. In exemplo 16 si fractionum numeratores colligas bis pervenies ad 5 partes unitatis quintas, quare duæ unitates integris sunt adjiciendæ, & summam colliges $64\frac{1}{5}$ At in Ex.17 quoniam fractio $\frac{4}{8}$ xe $\frac{2}{5}$ auferri

ferri nequit, ex 23 unitas fumitur quæ valet $\frac{5}{5}$ & $\frac{4}{5}$ att
fertur ex $\frac{7}{5}$, tum 8 auferuntur ex 22, & reliqua eft
differentia 14. $\frac{3}{4}$

35. Licet etiam in unam fummam feorfim colligere
numeratores, & numerum exinde provenientem per denominatorem dividere: quotus enim integros dabit numeros, & refiduum erit numerator fractionis adjiciendæ. Sic in Ex.18' fumma numeratorum eft 94, quem
numerum fi dividas per 24, quotus eft 3. $\frac{2\ 2}{2\ 4}$ quem
integrorum fummæ addere oportet. Et hac quidem methodo uti præftat ubi numeris majoribus fractiones conftant.

36. Cum pondera & menfuræ, aut alia ejufmodi in
unam fummam colliguntur, vel ab invicem fubtrahun-
tur, quorum majores partes certum minorum partium
numerum continent, eadem methodo in his pertractan-
dis uti debemus, qua in reliquis ejufdem fpeciei fractionibus ufi fumus: nam & hæ re ipfa fractiones funt,
quibus denominator idcircò non apponitur, quia jam
conftat quot ex illis requirantur ut unam ex partibus
proximè majoribus efficiant. Sic in Ex.29° cum 18 octavæ colligantur duæ tantum hærent loco fuo, reliquæ
vero 16 cum duas uncias efficiant, earum numerum
duabus augent unitatibus: & fimiliter cum unciæ colligantur 32, duas ex his libras conficimus, & in uncia-
rum loco 8 tantum, quæ fuperfluunt, notari debent.
At in Ex.20° cum 4 octavæ a 3 auferri nequeant, mutuam accipe unam unciam, quæ 8 continet octavas, &
ex 11 fublatis 4, fuperfunt feptem. Similiter cum ex 5
reliquis unciis 9 auferri nequeant, mutuam accipimus
unam ex libris, quæ duodecim unciis conftat, & 9 unciis fublatis ex 17, fuperfunt 8: ac denique ex libris
40 fubducimus 17 & reliquas habemus 23.

§. VII.

Fractiones ad eundem denominatorem redigere.

FRactiones diversæ speciei addi nequeunt vel subtrahi, nisi prius ad eundem denominatorem redigantur. Potest autem quælibet fractio salva quantitate diversum habere denominatorem, si numeratorem per eandem quantitatem multiplices, vel dividas, per quam denominator multiplicatur, aut dividitur; Sic $\frac{1}{2}$, $\frac{2}{4}$, $\frac{6}{8}$, $\frac{4}{8}$ &c. eadem quantitas sunt, licet diversi sint numeri, quia unius numerator numeratoris alterius æque multiplex vel submultiplex est, ut denominator denominatoris. Itaque si duæ dentur fractiones diversæ speciei, ut alia ratio non suppetat qua redigi possint ad eandem speciem, numeratorem unius duces in denominatorem alterius, & viceversa; denominatores vero ipsos invicem duces, ut in Ex. 21° factum est. Nam factum ex denominatoribus erit novarum fractionum communis denominator, & duo priora producta novos dabunt numeratores. Et eadem ratione progredi licebit si plures sint ejusmodi fractiones ad eandem speciem revocandæ. Nam ubi priores duas addideris, vel invicem subduxeris, prout res postulat, summa, vel differentia, ad eundem denominatorem redigetur, quo tertia afficitur, & sic deinceps.

38. Dixi, *ut alia ratio non suppetat,* nam multoties idem obtineri potest una tantum immutata fractione, si nempe hujus denominator ad eundem numerum revocari possit cum denominatore alterius, sive per integrum multiplicetur (in quem numerator etiam ducendus erit) sive per integrum dividatur, quo etiam numerator dividi possit. Sic si dentur duæ fractiones $\frac{1}{3}$, $\frac{9}{6}$, nemo non videt primam revocari posse ad denominatorem secundæ duplicando ipsius denominatorem, ac numeratorem:

rem: & si dentur $\frac{2}{3}$, $\frac{6}{18}$, secunda ejusdem evadit speciei cum prima, si per 6 uterque illius numerus divi-
datur. Verum non id semper licebit, nam $\frac{1}{5}$ & $\frac{8}{7}$ Ex:
gr. non possunt ad eumdem denominatorem adduci, nisi
utroque denominatore immutato per traditam methodum; cum nullus sit integer, in quem ductus 5 evadat 7, & nullus sit integer per quem 7. divisus evadat 5.

§. VII.

Inventio divisorum.

39. **G**Eneratim loquendo, nusquam licebit unam fractionem ad eamdem speciem cum altera revocare, nisi utraque immutata, quoties denominatores
numeri erunt vel in se primi, vel inter se. Numeri in
se primi dicuntur, quos sola unitas metitur, cujusmodi
sunt 1, 5, 7, 11, 19. Inter se primi dicuntur, qui
praeter unitatem nullum habent inter se communem divisorem.

40. His opponuntur numeri compositi, quos nempe
praeter unitatem alii quoque numeri metiuntur : sic
12 componitur ex 2 & 6, itemque ex 3 & 4, unde
2, 3, 4, 9 metiuntur 12, seu (quod perinde est) aliquoties sumptis 12 adaequant. Quod si igitur alicujus
fractionis denominator sit numerus compositus, & resolvi possit in alterius fractionis denominatorem divisione instituta per numerum, ex quo numerator etiam
componatur, licebit per divisionem fractionem hanc ad
alterius denominatorem deprimere.

41. Et in minoribus quidem numeris facile dignosci-
tur utrum, & quos communes habeant divisores, at in
majoribus aliquo artificio opus est, quo etiam utimur
cum fractionem ad minimos terminos deprimere volu-
mus. Etsi autem methodus tradi solet, qua communes
ejus-

ejufmodi divifores inveniantur, libet tamen docere quomodo omnes dati numeri divifores inveniendi fint,
quod & ad rem facit, de qua loquimur, & alias etiam
in arithmetica præftat utilitates.

42. Quærantur omnes divifores numeri 148. Ducta
linea horizontali (Ex. 12°) fuper illam aliam erige
tranfverfam lineam, cui ex alterutra parte numerum
datum, & quotos ex divifione emergentes adfcribas, ex
altera vero divifores inveniendos. Quæratur primò minimus dati numeri divifor, qui in cafu noftro eft 2, ut
vel ex eo poteft intelligi, quod numerus datus eft par.
Scribe ergo 2 in diviforibus, & ex altera parte quotum
ex hac divifione 74. Rurfus cum hic quotus fit numerus par, dividi poterit per 2 : quare fcribe iterum 2 in
diviforibus, & quotum 37 ex alia parte. Tum duc 2
in 2, & factum 4 adjice diviforibus inventis. Nam fi
148 dividi poteft per 2, & quotus hujus divifionis iterum dividitur per 2, manifeftum eft, quod totus numerus etiam per 4 dividi poteft. Quoniam verò poftremus
quotus 37 numerus eft primus, qui per fe ipfum tantummodo dividi poteft, aut per unitatem, nam alii ipfius
divifores fruftra inquiruntur : fcribe 37 in diviforibus, &
unitatem in quotis, deinde ob rationem jam dictam duc
37 in divifores antea inventos 2 & 4, & qui inde fiunt
numeri 74, 148 diviforibus adjiciantur, habebifque o-
mnes dati numeri divifores 2, 4, 37, 74, 148. Quod fi
igitur revocanda effet ad minimos terminos fractio $\frac{37}{148}$,
ex his intelligeres dividendam effe per maximum diviforem communem 37, ut evaderet $\frac{1}{4}$; & fi ad eamdem
denominationem revocare oporteret fractiones $\frac{1}{3\cdot 7}$,
$\frac{8}{148}$, hanc ad illam redigendam effe intelligeres divifione inftituta per 4, qui numeratorem etiam dividit,
& evadent $\frac{2}{3\cdot 7}$.

43. Notandum hic eft, quod numeri etiam integri ad-

ad quamlibet fractionis speciem revocari poffunt, fi per numerum multiplicentur, qui denominator eft fractionis datæ, & facto idem fubjiciatur denominator,

Sic 7 & $\frac{2}{5}$ ad eamdem fpeciem rediguntur fi 7 ducatur in 5, exinde conficiatur fractio $\frac{3}{5}$ 5 . Ratio in promptus eft ex dictis, fi numeri integri pro fractis habeantur, quorum denominator eft unitas.

§. VIII.

Fractiones multiplicare, & dividere.

44. NUlla reductione opus eft, ubi fractiones multiplicare oportet; fatis eft enim numeratores, & denominatores invicem ducere, ut novus exiftat numerator & denominator fractionis, quæ eft factum ex datis fractionibus emergens. Sic factum ex $\frac{2}{6}$ in $\frac{4}{8}$ eft $\frac{8}{48}$. Contra vero fi fractio per aliam fractionem dividenda fit, dividendæ numerator per alterius denominatorem eft multiplicandus, & illius denominator in hujus numeratorem ducendus eft . Sic quotus ex $\frac{3}{6}$ per $\frac{2}{16}$ eft $\frac{48}{12}$, five 4 . Nec mirum effe debet, fi fractio per fractionem divifa dat numerum integrum, cum revera una fractio bis, ter, quater &c. in alia contineri poffit. Itaque fractionis valor per multiplicationem minuitur, augetur per divifionem, & ratio conftat, fi ipfa divifionis, & multiplicationis natura attendatur. Quod fi numerus compofitus ex integro & fracto per numerum ex fracto & integro pariter compofitum multiplicandus fit aut dividendus, uterque integer ad eamdem cum fracto fuo fpeciem revocandus eft, & in unam fummam cum eodem colligendus, ubi enim hoc feceris eadem prorfus methodo res abfolvitur; ut in puris fractio-

ctionibus factum est . Atque ita etiam si diverſæ ſpeciei quantitates ſut puta, libræ, unciæ, octavæ per ſimiles quantitates multiplicandæ eſſent, aut dividendæ, utrasque prius oporteret ad infimam ſpeciem redigere .

Sic ut habeatur factum ex $2.\frac{4}{5}$ in $3.\frac{5}{6}$, prior quantitas ad eandem ſpeciem redacta dat $\frac{14}{5}$, ſecunda vero $\frac{23}{6}$, & factum ex utraque $\frac{322}{30}$, ſive $10 . \frac{22}{30}$, aut $10 . \frac{11}{15}$, fractione ad minimos terminos depreſſa.

§. IX.

De iiſdem in fractionibus decimalibus.

45. FRactiones decimales eadem omnino ratione qua integri , pertractantur . Solum habenda eſt maxime ratio puncti, quo ab integris dirimuntur . Hoc enim punctum in eadem verticali linea jacere debet cum plures quantitates vel in unam ſummam colligendæ ſunt, vel ab invicem ſubducendæ . Ubi vero multiplicatio inſtituitur, eum locum in facto occupare debet, ut totidem poſt ſe notas relinquat quot erant in utroque coefficiente. Demum ſi diviſio peragitur, diviſi numeri decimales notæ probe notandæ ſunt computando in his etiam cyphras, quæ ad diviſionem continuandam adjectæ eſſent ; nam in quoto , & diviſore ſimul totidem eſſe debent poſt punctum notæ , quot erant in dividendo. Additionem , ſubtractionem, multiplicationem, & diviſionem ejuſmodi exhibent exempla 23, 24, 25, 26.

46. Notandum eſt tamen quod interdum vacantia loca cyphris ſupplenda ſunt. In ſubtractione, ſi numerus ſubtrahendus plures habet notas quam is unde ſubtrahitur, huic adjicere oportet tot cyphras , quot in illo notæ ſuperfluunt, Sic in Ex. 27 ſubtractio peragitur

non aliter quam si vacantia superioris numeri loca cyphras continerent.

47. At si quantitates se mutuo destruant antequam ad punctum pervenias, quæ vacant in differentia loca ad punctum usque cyphris supplenda sunt, sive etiam integri numeri omnino se destruant, ut in Ex. 28°, sive aliquam relinquant differentiam, ut in Ex. 29".

48. In multiplicatione, si non tot fuerint in facto notæ, quot in utroque coefficiente decimales, tot illi sunt cyphræ anterius apponendæ, donec hunc notarum numerum adæquent. Ita factum est in Ex: 30.

49. Demum in divisione instituenda, si dividendus non tot habet notas quot requiruntur ut divisorem superet vel adæquet(tot in fine cyphræ adjiciantur, quot opus fuerit ad hunc defectum supplendum . Quod si divisione peracta, plures sint in diviso numero decimales notæ quam in divisore simul, & quoto , huic erunt apponendæ anterius tot cyphræ quot in diviso notæ superfluunt. Utrumque contingit in Ex. 3 1° . Nam si divisor est 356. 27, & dividendus sit 2. 314, huic erunt duæ cyphræ apponendæ, ut divisio possit institui, quæ cum deinde per duplicem cyphræ adjectionem continuetur, numerabit dividendus septem decimales notas, cum duæ tantum sint in divisore . Quinque igitur ejusmodi notæ esse debebunt in quoto , & ut totidem sint duæ illi cyphræ erunt anterius apponendæ.

§. X.

Extractio Radicum.

50. VEniendum est jam ad extractionem radicum ; qua in re illud in primis est animadvertendum quod si numerus in se ipsum ducitur, productum dicitur quadratum , sive potentia aut dignitas secunda ejusdem numeri, cum numerus ipse potentia prima dicatur . Si quadratum iterum ducitur in suum numerum, factum dicitur cubus, sive potentia tertia. Si cu-

bus

bus in eumdem ducatur numerum factum dicitur potentia quarta. Si hæc iterum ducatur in eumdem numerum, factum erit potentia quinta, eodemque modo fexta, feptima &c. ejufdem numeri potentiæ gignuntur.
Sic 3 eft fui ipfius potentia prima, 9 fecunda, 27 tertia, 81 quarta, 243 quinta, & fic deinceps.

51. Contraria prorfus ratione 3 dicitur radix quadrata, aut fecunda, five fine ullo addito radix numeri 9,
radix cubica aut tertia numeri 27, Radix quarta 81,
quinta 243 &c.

52. Dati numeri potentiam quamlibet invenire facil-
limum eft ope multiplicationis; at radicem inveftigare
longe difficilius: immo infiniti numeri nullas habent radices veras, quas numeris liceat exprimere, fed tantummodo veris proximas, quæ fcilicet fractionum ope ad
veras quantum libuerit accedant, quin ufquam ad exactum earumdem valorem pertingant. Sic potentia fecunda binarii eft 4, ternarii eft 9, adeoque Radix 4 eft 2,
radix 9 eft 3: fed nullus numerus inter 4 & 9 radicem habet exactam in numeris vel integris vel fractis.
Non in numeris integris quia major effe debet quam
2, minor quam 3: non in fractis vel in integris fimul
cum fractis, quia numerus fractus, vel compofitus ex
integro & fracto, in fuo quadrato fractionem aliquam
femper habet.

53. Radices extrahere dicimur cum ejufmodi radices
veras, vel veris proximas inveftigamus. Methodum hic
dabimus expeditam ad radices quadratas extrahendas, de
altioribus dicemus in arithmetica fpeciofa, ubi formu-
læ algebraicæ ipfam hujus operationis rationem facile
demonftrabunt. Ante tamen in promptu habere neceffe
eft quadrata novem primorum numerorum, quæ funt,
4, 9, 16, 25, 36, 49, 64, 81, ut ftatim affignari
poffit radix vera, vel proxime minor vera cujuslibet
numeri minoris quam 100.

54. Detur in Ex. 32° numerus 18190225 cujus radicem quadratam extrahere oporteat. Numerum datum
in claffes divide, quarum fingulæ duas notas conti-

neant, initio a postremis facto, nihil enim refert sive unica tantum nota prima classis constet, sive duabus, ut in hoc casu contingit, & quot erunt ejusmodi classes, totidem radix quaesita habebit notas. Hinc dicta linea transversa ad calcem numeri, ut divisione fit,

55. Quaere radicem veram, aut proxime minorem vera notarum primae classis, quae in nostro casu est 4, scribe 4 ubi in divisione quoti numeri notari solent, & ejus quadratum 16 aufer ex 18. Residuo 2 adnecte notas classis proxime sequentis & hujus novi numeri postrema nota contempta, quaere quoties duplum radicis hactenus inventae, sive 8, contineatur in 21? Resp. 2. scribe ergo 2 in radice & ex 219 aufer productum ex 2 in 82, hoc est, in numerum compositum ex duplo radicis prius inventae in decadum ordinem translato, & ex radice postremo inventa. Quod si contingeret factum ex 2 in 82 majorem esse, quam ut ex 219 subduci posset, pro 2 scribendus esset in radice numerus proxime minor & in eo tota operatio esset reformanda. Sed in casu nostro id minime contingit, quare ex 219 aufer 2 in 82, sive 164, & residuo adnecte notas classis proxime sequentis. Rursus contempta novi numeri postrema nota dic: quoties duplum radicis hactenus inventae, sive 84 contineatur in 550? Resp. 6, & quoniam factum ex 6 in 846 est ejusmodi ut auferri possit ex 5502, scribe 6 in radice, & ea subtractione peracta residuo adnecte postremas duas dati numeri notas. Dic ergo iterum quoties duplum radicis hactenus inventae, sive 852 continetur in 4262? Resp. 5: & quoniam factum ex 5 in 8535 auferri potest ex 42625, scribe quinque in radice, & subtractione peracta quoniam nihil reliqui sit, id erit indicio radicem exactam dati numeri esse 4265.

56. Quod si post ultimam subtractionem aliquid supersit, punctum residuo apponitur, & duae cyphrae adjiciuntur, ut operatio continuetur in partibus decimis unitatis. Exinde eadem ratione progredimur ad centesimas, & sic deinceps quantum libuerit, ut videre est in Ex. 33°.

57. Idem hic quoque notare oportet quod est in divisione animadversum. Nempe si post adjectas alicui residuo notas duas classis proxime sequentis duplum radicis inventæ nusquam contineatur in numero, qui per illud dividendus est postrema hujus nota contempta, cyphra ponenda est in radice, & classis sequentis duabus notis demissis operatio continuanda.

58. Denique hæc operatio divisioni est perquam simillima, in qua radix sit quotus, divisor vero sit duplum radicis postremo inventæ auctum nota, quæ deinceps inquiritur. Hoc unum interest, quod in divisione divisor semper est idem, hic autem semper augetur; ibi totus divisor cognoscitur, hic autem ignota est novi divisoris nota, quæ inquiritur; quod in causa est, cur in hac divisione instituenda postrema quantitatis dividendæ nota prætereatur.

59. Si numerus, unde radix extrahenda est, fractiones habeat decimales, classium divisio hinc & inde a puncto exordium sumit, ut videre est in Ex. 34 : ubi nota quod cum decimalium classes desinant in unam notam, ubi hæc postremo residuo est adjicienda, apposita cyphra ad binas adducitur.

60. Hujus operationis rite peractæ argumentum habebis, si radicis inventæ quadratum quæras, & huic residuum addas, si aliquid peracta operatione superfuit, redibit enim numerus, unde radix extracta est. Quod si radix extracta est ex quantitate composita ex integris & decimalibus, ubi operationis periculum facies numerus emerget, qui præter dati numeri notas aliquot in fine cyphras contineat; ne tamen putes alicujus erroris indicium hoc esse, nam cyphræ decimalibus in fine numeri adjectæ nihil mutant quantitatem, quemadmodum nihil eamdem mutant in integris cyphræ anterius appositæ.

§. XI.

De numeris surdis.

61. MUltoties ab extrahenda radice superfedemus, ubi veram invenire non licet , & numero ex quo esset extrahenda signum radicale præfigimus $\sqrt{}$ sic $\sqrt{}$ 3 significat radicem quadratam numeri 3 , $\sqrt[3]{}$ 10 denotat radicem cubicam denarii & $\sqrt[4]{}$ 28 denotat radicem quartam 28 . Et hi sunt quos Arithmeti vocant numeros surdos, sive irrationales.

62. Ubi plures dantur ejusmodi numeri surdi , ac duntur, vel subtrahuntur facillime, si & ejusdem sint o dinis & idem sit ubique sub signo radicali numerus præfigendo scilicet numerum , qui denotet quoties e surda quantitas sumenda sit; sic $7\sqrt{2}$ est summa $2\sqrt{}$ & $5\sqrt{2}$, & $5\sqrt{2}$ est differentia inter $7\sqrt{2}$, & $2\sqrt{2}$ At ubi numeri sub signo radicali positi diversi sunt no aliter fere addi possunt, aut subtrahi quam connecten do quantitates per additionis , aut subtractionis signa de quibus dictum est in Scholio post prop. 9. Geom. 8 iterum dicetur in §. I. Elem. Algebræ.

63. Contingit tamen interdum ut quantitates surda ad eumdem numerum revocari possint; in quo casu li cebit post reductionem easdem addere , aut subtrahere uti dictum est. Reducuntur autem eadem ratione, qua a minimos terminos revocantur. Numeri sub signo radi cali positi quære omnes divisores, & inspice an inter il los sit aliquis, ex quo liceat radicem extrahere ejus or dinis, cujus est surda quantitas . Si aliquem ejusmodi divisorem invenias , ejus radicem præfige signo radi cali , sub quo hærebit tantummodo alter dati numeri coefficiens. Sic $\sqrt{8}$ resolvitur in radicem facti ex 2 in 4 unde æqualis invenitur $2\sqrt{2}$, & $\sqrt{32} = \sqrt{16\sqrt{2}}$ æquatur $4\sqrt{2}$. Eadem ratione $\sqrt{16}$ æquatur $2\sqrt{2}$, quia

16

16 refolvitur in coefficientes 8 & 2 , quorum ille habet

radicem cubicam 2, & $\sqrt[4]{96}$ æquatur $2\sqrt[4]{6}$, quia 96 refolvitur in 16 & 6, quorum prior habet radicem quartam 2.

64. Demum multiplicantur, & dividuntur numeri irrationales, quemadmodum reliqui numeri , & facto vel quoto idem quod prius erat fignum radicale præfigitur, quod quidem in utroque numero fit ejufdem ordinis ; nam fi fint ordinis diverfi, prius ad eumdem ordinem quantitates erunt ejusmodi revocandæ, de qua re commodius dicetur ubi de potentiarum exponentibus & logarithmis agemus . Interim factum ex $\sqrt{2}$ in $\sqrt{8}$ eft $\sqrt{16}$, five 4, & quotus ex $\sqrt{8}$ divifa per $\sqrt{2}$ æquatur $\sqrt{4}$, feu 2. Factum vero ex $\sqrt{2}$ in $\sqrt{3}$ eft $\sqrt{6}$, & quotus ex $\sqrt{5}$ per $\sqrt{3}$ æquatur $\sqrt{\frac{3}{3}}$. Quod fi quantitates irrationales per rationales multiplicare oporteat aut dividere, non alia re opus eft quam has illis præfigere , aut fubjicere fic factum ex 10 in $\sqrt{3}$ eft $10\sqrt{3}$, & quotus ex divifione $\sqrt{3}$ per 5 eft $\sqrt{\frac{3}{5}}$, feu $\frac{1}{5}\sqrt{3}$; fic enim fcribere præftat ne diviforem radicali figno affectum effe quis putet.

CAPUT II.

De Rationibus , & Proportionibus.

§. I.

De ratione fimplici.

1. ET fi de his in Geometriæ Elementis aliqua diximus quantum eo loci res poftulabat, non tamen erit inutile aliqua hic repetere, ubi ea doctrina plenius tradenda eft; tum ne fæpius lectorem ad fuperiora remittamus, tum quia tantu refert animo hæc altius imprimere

re, ut operę prætium fit ea fæpiús Tyronibus inculca-
re. Utemur interdum arithmeticæ fpeciofæ notis ad
proportionum affectiones vel generalius exprimendas,
vel brevius demonſtrandas. Itaque antequam hoc caput legere aggrediantur, recolant quæ de his ibidem adnotavimus, aut §. I. & II. Algebræ, quos a reliquis no-
luimus divellere, attente perlegant.

2. *Ratio* dicitur ea duarum quantitatum habitudo,
qua ad invicem referuntur in ordine ad ipfam quantitatem. *Geometrica* eft fi in ea relatione fpectemus quomodo una quantitas alteram contineat: *Arithmetica*,
fi exceſſum tantummodo unius fupra aliam confidere-
mus. Si referas 10 ad 5 quatenus prior quantitas fecundam bis continet, ratio erit geometrica: at fi referas 10 ad 5 quatenus prior quinque unitatibus fecundam
excedit, ratio erit arithmetica. Rationis autem nomine, nifi quid additur, femper Geometrica defignatur.

3. In omni ratione quantitas, quæ ad aliam refertur, antecedens dicitur, ea vero ad quam refertur, confequens.

4. Ratio Geometrica dicitur dupla, tripla, decupla
&c. Si antecedens bis, ter, decies &c. confequentem
continet: contra vero fubdupla, fubtripla fubdecupla
&c. Si bis, ter, decies &c. antecedens in confequen-
ti continentur.

5. Exponens rationis Geometricæ dicitur quotus ex
antecedenti per confequentem divifo: Exponens vero
arithmeticæ eft differentia confequentis ab antecedenti.
Sic exponens rationis Geometricæ 10 ad 5 eft 2, exponens arithmeticæ 10 ad 7 eft 3: Exponens Geometricæ 6 ad 9 eft $\frac{2}{3}$, exponens arithmeticæ 5 ad 8
eft 8 — 3: & in genere fi dentur quantitates a & b, earum rationem geometricam exponet $\frac{a}{b}$ five $a : b$ (nam
ita quoque ea divifio defignatur) arithmeticam $a — b$.
Hinc ratio geometrica ad inſtar fractionis fcribitur, arithmetica ad inſtar fubtractionis.

6. To-

6. Tota rationum doctrina ab hoc generali theoremate pendet: si antecedens & consequens rationis geometricæ per eamdem quantitatem multiplicentur aut dividantur eadem manet ratio: & eadem pariter manet ratio arithmetica si illius antecedentem, & consequentem eadem augeas quantitate, vel imminuas. Res demonstratione non indiget, patet enim ex ipsis terminis esse $6 : 2 = 6 \times 4 : 2 \times 4 = 24 : 8$, & $a : b = ac : bc$: itemque $6 : 3 = \frac{6}{2} : \frac{3}{2}$, & $a : b = \frac{a}{d} : \frac{b}{d}$ Similiter $8 = 5 \;(8 + 4) - (5 + 4) = 12 - 9$, & $8 - 5 = (8 - 2) - (5 - 2) = 6 - 3$.

7. Quantitates æquales æqualem habent ad eamdem quantitatem rationem, & contra: duarum vero inæqualium quantitatum quæ major est majorem habet ad tertiam quantitatem rationem, quam minor. Hæc & his similia satis per se manifesta sunt, & inter axiomata reponenda.

8. Duarum rationum æqualitas proportio dicitur Geometrica vel Arithmetica pro rationum ipsarum qualitate: quare ad habendam proportionem quatuor quantitates requiruntur, & prima ad secundam esse dicitur, ut tertia ad quartam. Quòd si eadem quantitas bis assumatur, ut proportio in tribus tantum quantitatibus consistat, quod videlicet fit cum primæ rationis consequens idem est cum antecedente secundæ, proportio dicitur continua, quæ alias discreta diceretur. Designatur Geometrica Proportio sic: $a . b :: c . d$, vel $a : b = c : d$, vel $\frac{a}{b} = \frac{c}{d}$: Arithmetica vero $a - b = c - d$.

9. In proportione Geometrica factum sub extremis terminis, æquatur facto sub mediis: & si quatuor quantitates sint ejusmodi, ut factum sub extremis æquetur facto sub mediis, eæ sunt geometricè proportionales. Id ipsum contingit in extremarum, & mediarum summa, si de Arithmetica proportione sermo fit. Si rem in numeris experiaris, ita se habere liquido deprehendes, at si demonstrationem directam inquiris, primam, &

secun-

secundam partem demonstravimus in Elem. Geom. prop. 10. Tertia verò & quarta ex dictis num. 6., & 7. facile demonstratur. Nam si fuerit $a - b = c - d$, erit (*per n. 6.*) $(a + c) - (b + c) = (a + c) - (a + d)$; ergo (*per num. 7.*) $b + c = a + d$ Rursus si fuerit $b + c = a d$, erit (*per num. 5.*) $(a + c) - (b + c)$ $= (a + c) - (a + d)$ Ergo (*per num. 6.*) $a - b =$ $c = d$.

10. In omni proportione geometrica datis tribus terminis quartus facile invenitur. Nam si unus est ex extremis, æqualis erit facto sub mediis per alterum extremum diviso; & si est unus ex mediis æquabitur facto sub extremis per alterum medium divisio. In Arithmetica vero proportione idem invenitur eadem ratione si multiplicationi additionem substituas, & divisioni subtractione. Descendit ex præcedentibus, nam si est $a. b :: x, c$, erit $a \times c = b \times x$, atque adeo $x =$ $\frac{ac}{b}$ similiter si fuerit $c. d :: e. x$ erit $cx = de$, adeoque $x = \frac{de}{c}$ At in Arithmetica si fuerit $a - x = b - c$, erit $a + c = x + b$, unde $x = a + c - b$. Hinc regula aurea, sive trium, descendit, in qua datis prioribus tribus terminis geometricæ proportionis, tertius duci jubetur in secundum, & factum dividi per primum, ut quartus habeatur.

11. Ex nono numero deducitur quod utcumque ordinentur quatuor termini proportionales, manet proportio dummodo qui semel fuerant extremi, vel ambo maneant extremi, vel medii, aut vice versa. Cum enim sint proportionales, factum sub extremis æquabitur facto sub mediis, & ordine, uti dictum est, immutato eadem manebit æqualitas. Et idem valet de summa in proportione Arithmetica. Quoniam vero quilibet ex quatuor terminis primum locum occupare potest ejus coefficiente in postremum locum rejecto, & ex aliis duobus uterque mediorum primus esse potest altero secundo existente; terminorum ordo octies mutari potest

eſt, ut patet in A , & B (Tab. pag. 110.) ubi ejus rei exemplum tam in Geometrica proportione poſitum eſt, quam in Arithmetica.

12. Ex prima terminorum ordinatione reliquæ omnes inferuntur , quarum illationum duæ tantum propriis nominibus deſignantur a Geometris , ſecunda ſcilicet, & quinta earum quæ ſunt in A; nam argumentari dicimur *alternando* cum primus infertur eſſe ad tertium, ut ſecundus ad quartum : *invertendo*, ſi infertur eſſe ſecundus ad primum, ut quartus ad tertium . Cæterum omnes ejuſmodi mutationes non incongrue uno vocabulo *permutando* fieri duci poſſent.

13. In proportione geometrica eſt ſumma vel differentia terminorum primæ rationis ad primum vel ſecundum, ut ſumma vel differentia terminorum ſecundæ rationis ad primum vel ſecundum ; & contra primus vel ſecundus terminus primæ rationis eſt ad ſummam vel differentiam terminorum ejuſdem , ut primus vel ſecundus terminus rationis ſecundæ ad ejuſdem terminorum ſummam vel differentiam . Rurſus ſumma terminorum primæ rationis eſt ad eorumdem differentiam, ut ſumma terminorum ſecundæ ad ipſorum differentiam : & contra differentia terminorum primæ rationis ad eorumdem ſummam eſt ut differentia terminorum ſecundæ ad ipſorum ſummam . Hinc decem inferuntur proportiones , quæ diſpoſitæ ſunt in C , quarum poſteriores quinque ex quinque prioribus fiunt *invertendo*. Harum omnium legitimam illationem in numeris explorabunt Tyrones , quos litteris in prima proportione ſemel ſubſtitutos iiſdem in omnibus reliquis ſubſtituent , permagni enim intereſt per hanc numerorum ſubſtitutionem algebraico , ut ita dicam , ſermoni aſſueſcere eumque ſibi familiarem efficere ; in noſtro autem caſu quantitates ſemper proportionales obtinebunt . Cæterum generalis horum demonſtratio patet in D ubi harum omnium illationum extremi & medii termini invicem ducti dant æquales quantitates , cum ſit ex hypoteſi

a a

$ad = bc$, & his æqualibus quantitatibus ubique addantur vel adimantur æquales.

14. Ex his decem proportionibus cum secundam inferimus, in qua summa terminorum ad secundum refertur, argumentari dicimur *componendo*; si vero eorumdem differentia ad secundum refertur, argumentari dicimur *dividendo*: Quod si demum utriusque rationis prior terminus ad primi & secundi differentiam referatur, ut in octava fit, hoc argumentandi genus dicitur *conversio rationis*. Reliquæ illationes propriis nominibus carent. Cæterum in Arithmetica proportione harum illationum nulla locum habet.

15. In qualibet proportione eadem manebit rationum æqualitas, si per eandem quantitatem multiplicetur aut dividatur, vel primus & secundus terminus; vel primus & tertius; vel tertius & quartus; vel secundus & quartus, vel aliquod ex his binariis; vel omnia simul, sive per eandem omnia, sive per singulas singula binaria quantitates. Etenim in his omnibus casibus invenietur factum sub extremis terminis æquale facto sub mediis, ut patet in exemplo apposito in E ubi hos casus expressimus, in iisdem quantitatibus $a \cdot b :: c \cdot d$ per eamdem m successive multiplicatis, aut divisis. Et in quatuor quidem prioribus casibus factum sub extremis est ubique $m\,a\,d$; factum sub mediis $m\,b\,c$; in quatuor vero posterioribus, illud est $\frac{ad}{m}$, hoc $\frac{bc}{m}$; quæ omnia æqualia sunt inter se ob $ad = bc$. Porro cum maneat proportio sive dividatur per eandem quantitatem sive multiplicetur unumquodlibet ex prædictis binariis; manifestum est eandem manere sive in pluribus successive, sive in omnibus simul idem fiat. Rem in numeris experiri Tyronibus erit in primis utile, ut monuimus; tum ad exercitationem, tum ad res altius animo defigendas.

§. II.

De ratione composita.

16. RAtio composita ex pluribus geometricis rationibus illa dicitur, quam habet factum ex earum antecedentibus ad factum ex consequentibus ; ratio autem ex Arithmeticis composita est illa, quam habet summa antecedentium ad summam consequentium.
In F & H duæ sunt ex una parte rationes geometricæ,
tres ex alia, & rationes ex his compositæ in G & K
inveniuntur. Similiter duæ sunt rationes Arithmeticæ in
L, & ex his compositæ in M.

17. Ratio composita est factum ex componentibus in
geometricis, summa in arithmeticis. Nam quod ad pri-
mum attinet ratio $a : b$ est fractio $\frac{a}{b}$, & ratio $c : d$

est $\frac{c}{d}$ cum sit per num. 5. valor rationis quotus ex an-

tecedenti per consequentem diviso . Sed $\frac{a}{b} \times \frac{c}{d} = \frac{ac}{bd}$

exprimit rationem $ac : bd$ ex simplicibus compositam :
ergo ratio composita est factum ex componentibus. Sic
ratio 4 : 2 erat dupla, ratio 9 : 3 tripla, ratio composita 36 : 6 est sextupla. Similiter ex ratione 4 : 2 dupla, 9 : 3 tripla, 20 : 5 quadrupla, oritur ratio 720 :
30, cujus exponens est 24, factum scilicet ex 2 $\times$ 3
$\times$ 4. Secunda pars evidens est , nam summa antecedentium est $a + c$, summa consequentium $b + d$, unde ratio ex his composita $(a + c) - (b + d)$. Patet etiam in rationibus 6 — 2 = 4, 7 — 5 = 2, ex quibus componitur ratio 13 — 7 = 6 = 4 + 2.

18. Si plures sint geometricæ proportiones & primi
seorsim termini invicem multiplicentur ; tum secundi ,
tum tertii, tum quarti; facta erunt proportionalia : &
idipsum continget in proportionibus arithmeticis si multiplicationi summa terminorum substituatur. Patet, quia
qua-

quatuor termini, qui inde efficiuntur, duas conftituent rationes ortas ibi ex multiplicatione, hic ex fumma rationum æqualium adeoque & ipfæ æquales erunt inter fe. Exempla habes in Q, R, S, T.

19. Si in pluribus rationibus geometricis vel arithmeticis eumdem terminum alicubi effe contingat tum in antecedentibus, tum in confequentibus ; eadem erit ratio compofita etiamfi terminus ille fupprimatur. Exempla habes in V & X, ubi *am*: *nc*, & *a*: *n* funt rationes compofitæ ex tribus fuperioribus fuppreffo termino *b* in prima, & *be* in fecunda, quod hi antecedentibus, & confequentibus communes funt. Eadem exempla exhibent numeri in Y, Z. Quod fi quis in arithmeticis quoque rationibus exempla defideret, facillime per fe ponet. Demonftratio pendet ex eo quod in his cafibus terminus fupprimitur, qui multiplicaret in geometrica, & augeret in arithmetica utrumque terminum rationis, quare eadem manet ratio (*per num. 6.*) five abjiciatur ille terminus, five inducatur in rationem compofitam. Inde etiam facile eruitur quod toties in confequentibus idem terminus prætermitti poteft quoties in antecedentibus fuppreffus eft, ut in AA: ubi cum *b* femel in antecedentibus occurrat, bis in confequentibus, in his non nifi femel fupprimi poteft.

20. Ratio five geometrica, five arithmetica uniufcujufvis termini ad alium quemvis componitur ex rationibus intermediis, quæ oriuntur ex quovis numero terminorum interjacentium. Sic ratio *a*: *b* æquatur rationi compofitæ ex *a*: *m*, *m*: *p*, *p*: *r*, *r*: *c*, *c*: *b*, initio facto in *a*, & definendo in *b*, fumptis terminis intermediis quot libuerit. Sic in numeris ratio 36: 2 eft ratio compofita ex 36: 18, 18: 6, 6: 12, 12: 4, 4: 2. Demonftratio in promptu eft, quia quantitates illæ intermediæ in antecedentibus & confequentibus occurrunt, unde ratio compofita ex *a*: *m*, *m*: *p*, *p*: *r*, *r*: *c*, *c*: *b* eadem eft ac ratio *amprc*: *mprcb*, in qua fuppreffis communibus terminis remanet ratio *a*: *b*.

21. Hinc duplex oritur argumentandi ratio, quarum
alte-

altera dicitur *ex æqualitate ordinata*, altera *ex æqualita-*
te perturbata. Sint, ut in AB & AC, tres quantitates
ex una parte, & tres ex alia, ita ut eadem fit utrobique ratio primæ ad fecundam, & fecundæ ad tertiam;
erit etiam utrobique eadem ratio primæ ad tertiam, &
hoc eft argumentari ex æqualitate ordinata. Si vero
fuerit ex una parte prima quantitas ad fecundam ut fecunda ad tertiam ex alia, & contra; argumentabimur
ex æqualitate perturbata fi inferamus eamdem effe utrobique rationem primæ ad tertiam. Exempla pro ratione arithmetica funt in AD & AE, demonftratio autem
pendet ex eo quod ultimæ rationes ex præcedentibus
æqualibus componantur.

22. Hinc etiam intelligitur cur Euclides rationem
compofitam definiens ex duabus *a* : *b*, *c* : *d*, fieri ju-
beat ut antecedens fecundæ *c* ad fuum confequentem *d*,
ita confequentem primæ *b* ad novam quantitatem *e*,
ut fit *a* : *e* ratio ex duabus prædictis compofita. Id in-
quam, intelligitur ex noftra etiam definitione, nam
ratio *a* : *e* componitur ex rationibus *a* : *b*; *b* : *e*; quare cum fit *b* : *e* ⌐ *c* : *d*, erit ratio *a* : *e* compofita ex
rationibus *a* : *b*, *c* : *d*.

23. Ratio inverfa, feu reciproca dicitur, quam habet confequens ad fuum antecedentem. Sic ratio inverfa 3 ad 6 eft ratio dupla, eadem fcilicet, quam habent 6 ad 3.

24. Fractiones funt in ratione compofita ex directa
numeratorum, & reciproca denominatorum. Exemplum
numericum habes in AF, & ibidem oftenditur univer-
fim in litteris, revocando fractiones ad eumdem denominatorem.

25. Ratio ex duabus æqualibus compofita dicitur duplicata, ex tribus triplicata, ex quatuor quadruplicata,
& fic deinceps.

26. Hinc ratio Geometrica, quam habet quadratum
unius quantitatis ad quadratum alterius eft ejus duplicata, quam habent ipfæ quantitates ad invicem, ratio
cuborum triplicata, & fic aliarum potentiarum rationes

F   æque

æque multiplices funt, & dicuntur rationis, quam habent inter fe radices, quot habent potentiarum exponentes unitates. Et contra ratio quam habent inter fe
radices quadratæ, cubicæ, quartæ &c. dicitur fubdupli-
cata, fubtriplicata, fubquadruplicata &c. rationis potentiarum correfpondentium: at ratio quæ intercedit inter

radices quadratas cuborum, hoc eft ratio $a^{\frac{3}{2}}$ & $b^{\frac{3}{2}}$, dicitur fefquiplicata, cum fint $\frac{3}{2} = 1 + \frac{1}{1}$.

27. Facile intelligitur in omni progreffione five geometrica, five arithmetica primum terminum ad tertium
habere rationem duplicatam primi ad fecundum, primum ad quartum habere rationem triplicatam, & fic
deinceps: nam eæ rationes componuntur ex omnibus
intermediis, quæ æquales funt inter fe. Euclides definit
rationem ejus duplicatam, quam duæ quantitates habent
inter fe, illam quæ intercedit inter primum terminum
& tertium proportionalem poft primum & fecundum:
triplicatam quæ intercedit inter primum & quartum,
& fic de reliquis, quod cum noftra definitione coinci-
dere nemo non videt.

28. Si duæ fint variabiles quantitates ita connexæ
inter fe, ut fi una dupla, tripla, vel utcumque multiplex evadat, altera etiam æque multiplex fiat; dicitur
effe prima in ratione directa fimplici alterius. Sic in
motu uniformi fpatium eft in ratione fimplici directa
temporis. At fi prima in eadem ratione decrefcit, in
qua altera augetur, tunc illa effe dicitur in ratione inverfa, five reciproca iftius. Sic ubi res aliqua in partes
æquales dividitur divifionibus diverfis, magnitudo partium eft in ratione inverfa numeri ipfarum partium.
Quod fi iftæ duæ variabiles quantitates ita fint invicem
connexæ, ut altera crefcat in eadem ratione qua primæ
quadratum, aut cubus, aut potentia quarta &c. tunc illa effe dicetur in hujus ratione duplicata, triplicata,
quadruplicata &c. Sic in fphæris fuperficies funt in ratione duplicata radiorum, moles vero in ratione triplicata

cata eorumdem. At si in eadem ratione decrescit, qua crescunt primæ quadrata vel cubi; dicetur esse in ratione hujus reciproca duplicata aut triplicata: Sic gravitas Nevvtoniana est in ratione reciproca duplicata distantiarum, quia decrescit in eadem ratione, qua distantiarum quadrata augentur. Dicitur demum una quantitas esse in ratione composita plurium quantitatum, quando crescit in eadem ratione; qua productum ex his quantitatibus: Sic in diversis motibus uniformibus spatium est in ratione composita celeritatis; & temporis: Porro componuntur hæ rationes ex directis; & reciprocis; sive simplicibus; sive duplicatis, triplicatis, subduplicatis &c.

29. In quantitatibus variabilibus ratio inversa; qua una ad alteram refertur bene etiam exprimitur per hoc quod una esse dicatur directe ut unitas; sive constans quælibet quantitas; per alteram variabilem divisa; nam fractio quæ inde emergit tanto minor est; quo major est ille divisor: Sic ubi spatium diversis celeritatibus percurritur, tempora sunt in ratione reciproca celeritatum, hoc est, ut unitas sive alia constans quantitas per easdem celeritates divisa; aut ad easdem applicata: quod loquendi genus satis est Geometris familiare ad hanc divisionem designandam:

30. Hoc proportionis genus, quod inter quantitates variabiles intercedit, signo etiam æqualitatis exprimitur. Sic, si spatium dicatur S, tempus T, velocitas C; erit $S = CT$; hoc est; spatium æquabitur velocitati in tempus ductæ. Nempe si fuerit aliud spatium s, aliud tempus t, alia velocitas c; erit $S. s :: CT. ct$.

31. Hinc argumentamur utrinque multiplicando aut dividendo; tamquam si vera & propria æqualitas intercederet. Cum sit enim $S = CT$; erit utrinque dividendo per $C \frac{S}{C} = T$, hoc est; tempus in ratione composita ex directa spatii S; & reciproca velocitatis C. Quod autem ita se res habere debeat patet ex eo, quia cum sit $S. s :: CT. ct$, si primus & tertius terminus

F 2   divi-

dividatur per C, secundus & quartus per c ; manebit rationum æqualitas (per num. 15.) eritque $\frac{S}{C} . \frac{s}{c} :: T . t.$

32. Si quantitas quædam, quæ prius variabilis erat, constans evadat; poterit ejus loco unitas substitui, atque adeo auferri, si vel in fractionis denominatore erat, vel in numeratore cum aliis quantitatibus composita. Sic cum sit $S = CT$, si duo motus æquabiles inter se comparentur, & eadem sit utrobique velocitas, erit $S = T$, hoc est, spatia in ratione temporum directa ; & rursus cum sit $T = \frac{S}{C}$, si idem fuerit in duobus

motibus spatium, erit $T = \frac{I}{C}$, hoc est tempora in ratione reciproca velocitatum. Eodem pacto res agitur in aliis similibus casibus, in quibus hac methodo ex uno Theoremate alia quamplurima facillimè eruuntur. Facilis est demonstratio, cum sit enim $S . s :: CT , ct$, ubi C constans est, erit $C = c$, quare dividendo terminos secundæ rationis per eamdem quantitatem manebit $S . s :: T . t$. Similiter cum sit $T , t :: \frac{S}{C} , \frac{s}{c}$, si fuerit $S = s$, dividendo per hanc quantitatem tertium, ac quartum terminum, manebit $T , t :: \frac{I}{C} , \frac{I}{c}$, quoniam $\frac{S}{S} = , I$ & $\frac{s}{s} = I$.

CAPUT III.

De Progressionibus, & Logarithmis.

1. PRogressio vocatur, uti dictum est, terminorum series, qui in eadem continua proportione crescunt, vel decrescunt. Est autem progressio arithmetica, vel geometrica pro qualitate rationis, qua termini ad invicem referuntur. Geometricam habes in A, Arithmeti-

$$L$$

d	$a - b$		$6 - 3$
md	$c - d$		$7 - 5$
md			

$$ac \;) - (b + d) \quad M \quad 13 - 7$$

$$
\begin{aligned}
a \,.\, b &:: m \,.\, n \\
c \,.\, d &:: p \,.\, q \\
e \,.\, f &:: r \,.\, s
\end{aligned}
$$

$$3 \quad ace \,.\, bdf :: mpr \,.\, nqs$$

$$
\begin{aligned}
4 \,.\, 2 &:: & a - b &= m - n \\
9 \,.\, 3 &:: & c - d &= p - q \\
20 \,.\, 5 &:: & e - f &= r - s
\end{aligned}
$$

$$. 30 :: \quad f) = (m + p + r) - (n + q + s)$$

AA	ac	24 , 12, 4 : 18,6,3		
	m	24 . 12 :: 6 . 3		
	b	12 . 4 :: 18 . 6		
	am	24 . 4 :: 18 . 3		

in B. Et hæ quidem Progreſſiones creſcentes, decreſcentes vero in C, & D exhibentur.

$$1.2.4.8.16.32.64.128.256.512 \text{ &c.}$$

$$0.1.2.3.4.5.6.7.8.9 \text{ &c.}$$

$$4.2.1. \quad \frac{1}{2} . \frac{1}{4} . \frac{1}{8} . \frac{1}{16} . \frac{1}{32} . \frac{1}{64} \text{ &c.}$$

$$2.1.0. -1. -2. -3. -4. -5. -6 \text{ &c.}$$

1. Progreſſionis ratio ea eſt, quam habet primus terminus ad ſecundum, eadem eſt enim qua quilibet alius minus ad proxime ſequentem refertur.

2. Si terminus quilibet referatur ad eum, qui ſecundus ab illo eſt, invenietur habere ad eumdem rationem progreſſionis duplicatam, ſi ad tertium triplicatam, & deinceps.

3. Fiet ex eo quod rationes ejuſmodi ex omnibus intermediis componuntur. Sic in A eſt 8 ad 32 in ratione duplicata 1 ad 2; & 8 ad 64 in eadem ratione triplicata; & ſic de reliquis.

4. Igitur ſi in qualibet progreſſione, ſumantur quatuor termini, quorum priores duo eodem intervallo diſtant inter ſe; ac duo poſteriores, erunt hi proportionales. Sic ſi ſumatur in A ſecundus terminus 2, & quintus 16; itemque ſextus 32; & nonus 256; erit 2. 16:: 32. 256. Nam harum rationum utraque æque multiplex eſt rationis in qua termini progrediuntur.

5. In progreſſione Geometrica terminorum differentiæ erunt pariter in eadem continua ratione: & ſi in quadam terminorum ſerie fuerint differentiæ terminis proportionales, erunt hi in progreſſione geometrica. Sic in 18, 6, 2, differentiæ 12; 4 ſunt ut 18 ad 6, in illa nempe ratione, adeoque termini illi 18, 6, 2 ſunt in progreſſione geometrica.

6. Deniq; Sit *a. b :: b. c.* Erit (*per num.* 13 *&* 14 *cap.* 2.)

convertendo a. $a - b :: b$. $b - c$. ergo alternando (per num. 12. ib.) erit a. $b :: a - b$. $b - c$. Sit jam a. $b ::$ $a - b$. $b - c$; erit alternando a. $a - b :: b$. $b - c$; & convertendo a, $b :: b$. c.

6. In omni progressione Geometrica termini crescunt, vel decrescunt in infinitum, nec ulla est finita quantitas ultra quam vel crescens non ascendat, vel non descendat decrescens: quin tamen hæc ad nihilum usquam perveniat.

Dem. Cum enim terminorum differentiæ sint ipsis terminis proportionales, his crescentibus illas quoque augeri necesse est. Sit jam quælibet data quantitas p, & differentia termini primi a secundo q. Erit profecto numerus aliquis m, in quem si ducatur q datam quantitatem excedet. Quod si igitur tot progressionis termini sumantur post primum, quot habet m unitates, erit postremus major quam p. Etenim quod quilibet terminus sequens antecedenti addet, erit plus quam q, & universa incrementa totidem terminorum quot sunt in m unitates, erunt plusquam mq, adeoque datam quantitatem p excedent, & progressio eandem prætergredietur. Sit rursus quantitas r quantumvis exigua, dico progressionem Geometricam decrescentem infra illam demum descendere. Dicatur enim primus terminus a, & sumatur aliquis terminus p, qui sit ad a ut a ad r. Si progressio fiat crescens a termine a in eadem ratione, in qua decrescit, post aliquem terminorum numerum perveniet ad quemdam numerum n, qui major sit quam p. Sumatur jam in decrescente idem numerus terminorum, & sit t terminus, ad quem pervenitur: erit (per num. 4.) t. $a :: a$. n, est autem ex hypothesi a. $r :: p$. a, erit ergo perturbate (per num. 21. cap. 2.) t. $r :: p$. n; Et quia p minor est quam n, erit & t minor quam r, ex quo constat nullam esse finitam quantitatem infra quam series decrescens non descendat. Nec tamen ad nihilum perveniet, quia in serie crescente post quemlibet terminorum numerum ad finitam aliquam quantitatem n pervenietur, & post eandem terminorum numerum

rum in decrescente invenietur t qui sit ad a ut a ad u, nec esse poterit $t \sqsupset 0$ cum sit $\sqsupset$ $aa: u$.

7. Progressio Arithmetica crescens ultra quamlibet positivam quantitatem ascendet, decrescens vero infra quamlibet negativam descendet, & in ejus terminis etiam o esse poterit.

Cum enim eadem quantitas continuò adjiciatur vel adimatur; limitem quemcumque vel positivum vel negativum prætergredi necesse est. Quod si terminos esse contingat differentiæ exactè multiplices; crescens aut decrescens series per o necessariò transibit, cum additio vel subtractio continua terminos destruat. Sic in D series per o transit, & ab o incipit in B. (pag. 111.)

8. Dato termino primo, ratione terminorum, & eorum numero, tam in gometrica progressione, quam in aritmetica postremus invenitur.

Sit a terminus primus, & terminorum ratio in geometria ut 1 ad r, & numerus terminorum $m \dotplus 1$. Erit terminus secundus ar, tertius ar^2, quartus ar^3, ultimus ar^m. At in Arithmetica si primus terminus sit a, ratio vero ut o ad r, hoc est differentia terminorum r, & numerus terminorum $m \dotplus 1$, erit secundus $a \dotplus r$, tertius $a \dotplus 2 r$, quartus $a \dotplus 3 r$, & ultimus $a \dotplus m r$. Hinc duo hæc theoremata inferuntur. In progressione geometrica ultimus terminus æquatur facto ex primo in exponentem rationis ad eam potestatem elevatum, quam exprimit numerus terminorum unitate mulctatus. At in progressione arithmetica ultimus terminus æquatur summæ ex primo, & differentia terminorum in eorumdem numerum ducta unitate mulctatum. Sic in A (pag. 111.) terminus quintus ita invenitur: $a \sqsupset 1$, $r \sqsupset 2$, $m \dotplus 1 \sqsupset 5$, $m \sqsupset 4$, ergo quintus $ar^m \sqsupset 1 \dotplus 2 \dotplus 2 \dotplus 2 \dotplus 2 \sqsupset 16$. At in B $a \sqsupset 0$, $r \sqsupset 1$, $m \sqsupset 4$, unde terminus quintus $a \dotplus rm \sqsupset 4$.

9. In progressione Geometrica est differentia primi a secundo ad differentiam primi ab ultimo, ut primus ad totam seriem dempto ultimo.

Sint

Sint enim a, b, c &c. feriei fett

$a . b$　ni , quorum poftremus g : Dift

$b . c$　buantur in duas columnas , quart

$c . d$　alterius fumma fit M, alterius N ;

$d . e$　ut prima contineat omnes termin

$e . f$　præter ultimum , & fecunda omn

$f . g$　præter primum . Cum quilibet t

_____　minus columnæ M ad quemlibet

M . N　lumnæ N fit in eadem ratione ; e

pariter in eadem ratione fumma o

nium primæ ad fummam omnium fecundæ : fiquide

proportionales quantitates proportionalibus additæ rati

nem non mutant, quod facile oftenditur . Erit igit

$a . b :: M . N$, & convertendo $a . a - b :: M . N$

$- N$, aut invertendo $a - b . a :: M - N . M$. Se

$M - N$ eft differentia primæ columnæ a fecunda , ho

eft, differentia a à g , cum reliqui termini commune

fint, ergo $M - N = a - g$: & $a - b . a :: a - g$

M : five alternando $a . a - b :: a . M$. Quod era

dem.

Itaque ut in A (p. 111.) habeatur fumma prio-

rum quinque terminorum, fiat ut 1 (differentia primi

a fecundo) ad 31 (differentiam primi a fexto), ita

1 (terminus primus) ad fummam quæfitam ; quæ erit

31.

10. Si progreffio decrefcit in infinitum ultimo con-

tempto termino , qui pariter in infinitum decrefcem

prorfus evanefcit, habebitur tota feries , fi fiat ut diffe-

rentia primi a fecundo ad primum , ita primus ad o

mnium fummam. Sic progreffio , $\frac{1}{2}$; $\frac{1}{4}$; $\frac{1}{8}$, &c. in

unam fummam collecta invenietur $= 1$, & hæc alia

$1 + \frac{1}{4} + \frac{1}{16}$ &c. $= 1 + \frac{1}{3}$. Unde fi qui

unum deberet , & primo anno folveret $\frac{1}{2}$, fecundo

$\frac{1}{4}$, & fic deinceps; poft infinitas folutiones totum de-

bitum folveret. At qui deberet 2 , & primo anno fol-

veret

vèret 1, secundo $\frac{1}{4}$, tertio $\frac{1}{16}$, & sic deinceps; post infinitas solutiones adhuc aliquid deberet.

11. In progressione Arithmetica dimidium summæ termini primi & ultimi in numerum terminorum ductum dat totam seriem.

Cum enim sit primus ad secundum ut penultimus ad ultimum, summa primi & ultimi eadem erit, quæ secundi & penultimi, & sic de cæteris, cum omnia ejusmodi binaria eamdem habeant summam. Cum igitur tot sit binaria quot habet terminos dimidia series, manifestum est summam termini primi & ultimi in dimidium numerum terminorum totam seriem colligere. Sic in B (pag. 111.) summa priorum sex terminorum, quorum primus est 0, postremus 5, erit (6 $\times$ 5) $\times$ 6: 2 $\sqsupset$ 30: 2 $\sqsupset$ 15.

12. Hæc si conferas cum his quæ dicta sunt in fi. 8. facile intelliges summam omnium numerorum in serie naturali ab unitate progredientium usque ad numerum quemdam x inclusive fore $(xx + x): 2$; & summam omnium imparium pariter ab unitate, existente terminorum numero x, fore x^2. Sic omnium numerorum summa usque ad 6 inclusive est $(36 + 6): 2 \sqsupset 21$ & summa sex priorum imparium $1 + 3 + 5 + 7 + 9 + 11 \sqsupset 36$. Similiter si sumas quemdam numerum x numerorum parium in serie naturali a 2 progredientium, invenies hanc fore $xx + x$. Sic summa priorum quinque numerorum parium $2 + 4 + 6 + 8 + 10 \sqsupset 25 + 5 \sqsupset 30$.

13. Si sint duæ progressiones, quarum altera geometrica sit, altera arithmetica, & sub singulis primæ terminis singuli secundæ notentur, undecumque initium fiat, hi dicuntur illorum Logarithmi. Sic termini progressionis F sunt logarithmi progressionis E, singuli singulorum sibi imminentium: 6 est logarithmus 2, & 16 est Log. 64.

$E \quad \frac{1}{16} \cdot \frac{1}{8} \cdot \frac{1}{4} \cdot \frac{1}{2} \cdot$ 1. 2. 4. 8. 16. 32. 64. 128. &c.

$f - 4. - 2. 0. 2. 4. 6. 8. 10. 12. 14. 16. 18.$ &c.

14. Logarithmi multipliciter variari poſſunt. Integrum eſt enim cuivis duas quaslibet progreſſiones aſſumere, & alteram alteri affigere. Sed ad rem totam determinandam fatis eſt duos geometricæ progreſſionis terminos cum ſuis Logarithmis conſtituere. Sic ubi femel decreveris 4 & 6 eſſe Log. 1 & 2, reliqui Logarithmi conſtituti ſunt.

15. Utcumque fuerit conſtituta progreſſio geometrica cùm ſuis Logarithmis, utramque ſeriem licebit interjectis quotcumque terminis augere. Si quidem inter duos quoslibet Geometricæ terminos medium geometricè proportionale, & inter duos eorum Logarithmos medium arithmeticè proportionale conſtituas. Sic inter 2 & 4

$$\text{medium proportionale eſt } \sqrt{2 \times 4} = \sqrt{8} = 2.829$$

&c. cujus Log. eſt $(6 \doteq 8) : 2 = 7$. Et eadem methodo ſemper inveniri poterunt infiniti alii Logarithmi numerorum, qui vel integri ſint, vel ex integris & fractis compoſiti, medios terminos inter duos proximos ſemper inquirendo. Porro geometricæ progreſſionis termini dicuntur fine ullo addito *numeri*, termini vero arithmeticæ *Logarithmi*.

16. Utcumque fuerint Logarithmi conſtituti, ſemper verum erit hoc generale Theorema, quod ſi e progreſſione Geometrica quatuor fumantur termini, qui ſint inter ſe geometricè proportionales, erunt eorum Logarithmi in proportione arithmetica. Erunt enim illi ita in ſerie diſpoſiti, ut priores duo æque diſtent inter ſe, ut duo poſteriores: quod idem cum Logarithmis contingat, erunt etiam hi arithmeticè proportionales.

17. Igitur quæcumque fuerit Logarithmorum conſtitutio, in regula trium ſatis erit ſecundi & tertii termini Logarithmos addere, & ab ea ſumma Logarithmum primi ſubtrahere ut habeatur Logarithmus quarti; cum enim ſint geometricè proportionales numeri, quorum tres dantur & unus inquiritur, erunt eorum Logarithmi arithmeticè proportionales; quare ſumma primi & ultimi æqualis erit ſummæ ſecundi & tertii, adeoque ha-

bobibebitur quartus, si ab horum summa primum subducas.

18. Logarithmi designantur præfigendo quantitati litteram L, vel Log. quod frequentius usurpatur. Itaque Log. a denotat Logarithmum numeri a. Quod si his notis utaris, clarius etiam intelliges quod dicebamus; fore nempe Log. x = Log. b + Log. c — Log. a, si fuerit a. $b :: c . x$. Cum sint enim numerorum geometricè proportionalium Logarithmi arithmeticè proportionales, erit Log. a — Log. b = Log. c — Log. x; ergo Log. a + Log. x = Log. c + Log. b; adeoque Log. b — Log. c — Log. a = Log. x.

19. Forma Logarithmorum omnium commodissima est, in qua Logarithmus unitatis constituitur o, & utraque progressio crescit. Sint duæ hujusmodi progressiones G, & H.

$$G \quad \frac{1}{16}, \frac{1}{8}, \frac{1}{4}, \frac{1}{2}, 1, 2, 4, 8, 16, 32, 64 \,\&c.$$

$$H - 4, - 3, - 2, - 1, 0, 1, 2, 3, 4, 5, 6 \,\&c.$$

20. In hac forma Logarithmorum in primis quilibet numerus erit aliqua potestas ejus, qui proximè sequitur unitatem: sic in nostro exemplo 4 est potestas secunda ipsius 2, 8 potestas ejusdem tertia, 16 potestas quarta &c. Erit enim 1. 2 :: 2. 4 = $(2 \times 2) : 1$, & 1. 2 :: 4. 8 = $(2 \times 2 \times 2) : 1$, & sic deinceps.

21. Præterea si progressio arithmetica habeat post o unitatem, erunt Logarithmi hujusmodi potestatum exponentes. Sic 4 est Logarithmus 16, qui est quarta potestas ipsius 2. Id manifestè sequitur ex num. præcedenti.

22. In qualibet forma Logarithmorum, in quibus o sit Log. 1., locum habebunt hæc quatuor Theoremata.

1° Log. (pq) = Log. p + Log. q.

2° Log. $\frac{p}{q}$ = Log. p — Log. q.

3° Log. $p^m \;\sqsupseteq\; m$ Log. p.

4° Log. $\sqrt[m]{p} \;\sqsupseteq\; \dfrac{1}{m}$ Log. p.

Horum theorematum fenfus, ac vis eft quæ fequitur.

23. Denotat primum æquari Logarithmum facti Logarithmis coefficientium fimul fumptis. Sic quia 2×8 $\sqsupseteq$ 16; hujus numeri Logarithmus in progreffione H æqualis eft $1 \;+\; 3$; qui funt Logarithmi numerorum 2 & 8. Facilis eft demonftratio. Eft enim 1. $p :: q . pq$. Ergo Log. $1 \;+\;$ Log. $(pq) \sqsupseteq$ Log. $p \;+\;$ Log. q. (per num. 18.), fed Log. $1 \sqsupseteq 0$; ex hypothefi, ergo Log. $(pq) \sqsupseteq$ Log. $p +$ Log. q.

24. Secundi theorematis fenfus eft: Logarithmum quoti æquari Logarithmo divifi, dempto Logarithmo diviforis. Sic quoniam $64 : 16 \sqsupseteq 4$ erit Log. $4 \sqsupseteq$ Log. $64 - $ Log. $16 \sqsupseteq 6 - 4 \sqsupseteq 2$. Etenim cum fit per regulam trium $q. 1 :: p . p : q$, erit Log. $q \;+\;$ Log. $(p : q) \sqsupseteq$ Log. $1. \;+\;$ Log. p, & delendo Log. 1, qui in noftro cafu eft $\sqsupseteq$ o, & auferendo utrinque Log. q, erit Log. $(p : q) \sqsupseteq$ Log. $p \;-\;$ Log. q.

25. Tertium theorema eft: Logarithmum poteftatis cujuslibet numeri obtineri multiplicando per exponentem poteftatis ipfius numeri Logarithmum. Sic fi elevare velis numerum 4 ad tertiam poteftatem, & hujus poteftatis Logarithmum quæras, obtinebis ducendo Log. 4 in 3. Nempe Log. $4 \sqsupseteq 2$, & $2 \times 3 \sqsupseteq 6$, qui eft Log. 64; eft autem 64 poteftas tertia ipfius 4. Etenim poteftates oriuntur ducendo numerum in fe ipfum, quare hujus Logarithmus continuo fibi ipfe adjicitur, ut novæ poteftatis Logarithmus habeatur. Sic $a \sqsupseteq a \times a$, ac propterea Log. $a^2 \sqsupseteq$ Log. $a \;+\;$ Log. $a \sqsupseteq 2$ Log. a, eodemque modo $a^3 \sqsupseteq a \times a \times a$, & Log. $a^3 \sqsupseteq$ Log. $a \;+\;$ Log. $a \;+\;$ Log. $a \sqsupseteq 3$ Log. a.

26. Quartum theorema eft: Logarithmum radicis alicujus numeri haberi, fi ejus Logarithmus per exponentem

radicis dividatur. Sic Log. $\sqrt{64} = 6 : 3$, hoc est arithmo 64 per 3 diviso, est autem quotus ex hac sione emergens 2 Logarithmus ipsius 4, qui radix a est numeri 64. Demonstratio facile intelligitur ex iorum theorematum demonstratione.

27. Hinc factum est, ut numerorum radices ab Arithmeticis tamquam quædam ipsorum potestates per exponentes fractos designentur, ut eodem pacto illas pertractare liceat, quo reliquæ numerorum potestates, quæ communiter hoc nomine designantur. Sic $\sqrt[3]{4}$ scribitur $4^{1 : 3}$; & $a^{2 : 3}$ denotat radicem cubicam quadrati ipsius a; $a^{m . n}$ denotat radicem n ipsius a^{m}. Patet igitur quantitates radicales, sive numeros surdos ordinis diversi ad eundem ordinem redigi, non aliter quam fractiones ad eundem denominatorem, id ipsum nempe efficiendo eorum radicalium exponentibus fractis : quod ex num. 71. cap. 1. in hunc locum rejecimus. Sic si oportet invicem multiplicare $\sqrt{a}$ & $\sqrt[3]{aa}$, cum id fieri nequeat, nisi prius ad eundem ordinem redigantur, scribe pro $\sqrt{a}$, $a^{1 : 2}$, & pro $\sqrt[3]{aa}$, $a^{2 : 3}$ & revocando exponentes ad eumdem denominatorem habebis $a^{3 : 6}$, & $a^{4 : 6}$, sive $\sqrt[6]{a^{3}}$, & $\sqrt[6]{a^{4}}$, quorum factum est $\sqrt[6]{a^{7}}$, sive $a\sqrt[6]{a}$. Eadem ratione $\sqrt{2} = 2^{1 : 2}$ & $\sqrt[3]{6} = 6^{1 : 3}$, quibus ad eumdem ordinem redactis habebis $2^{3 : 6}$, & $6^{2 : 6}$, sive $\sqrt[6]{8}$, & $\sqrt[6]{36}$, quarum factum est $\sqrt[6]{288}$.

28. Si numerorum omnium Logarithmi haberi possent, supputandi rationem commodissimam haberemus. Multiplicatio enim additione perficeretur, divisio subtractione, & quælibet dati numeri potestas, vel radix multiplicatione aut divisione ejus Logarithmi invenire-

niretur. Nunc autem cum omnes accurate haberi non
poſſint., obtinentur quantum libuerit veris proximi continua mediorum proportionalium inquiſitione. Sic mul-
torum annorum labore ſupputati ſunt Logarithmi pro
omnibus numeris uſque ad 100000 . Sed hi ſunt alterius cujuſdam formæ; de qua mox dicemus.

29. In hac Logarithmorum forma, in qua unitati
reſpondet 0; integri numeri Logarithmos habebunt po-
ſitivos, fracti negativos; ut facile apparet in H, ex
quo conſtat hoc theorema. Dato Logarithmo negativo,
ut ejus numerus habeatur ſatis erit unitatem accipere per
numerum diviſam, cui idem Logarithmus ſi poſitivus
eſſet, reſponderet. Nempe ſi fuerit $a =$ Log. b; erit $-a =$
Log. $\frac{1}{b}$; etenim Log. $\frac{1}{b} =$ Log. $1 -$ Log. $b = -$ Log. b.
Sic -3 eſt Log. $\frac{1}{8}$; quia 3 eſt Log. 8.

30. Præterea ſi plures fuerint Logarithmorum ſeries
utcumque conſtitutæ, dummodo in omnibus Log. 1 ſit
0, erunt cujuslibet numeri logorithmi inter ſe, ut logarithmi cujuslibet alterius. Nam ſi ex. gr. Log. 2. fuiſ-
ſet conſtitutus pro 1 quilibet alius numerus, cum numerorum ſequentium Logarithmi æquabiliter creſcant,
tanto majores omnes reliqui obveniſſent, quanto major
primus aſſumptus eſſet.

31. Forma Logarithmorum commodiſſima, quæ nunc
uſurpatur eſt ea, in qua geometrica progreſſio in ratione decupla eſt 1, 10, 100, 1000 &c. Arithmetica verò 0, 1, 2, 3 &c. quamvis, ad habendos Logarithmos pro numeris intermediis, integris numeris decimales fractiones adjectæ ſint, ut Logarithmi evaderent
0. 0000 &c. 1. 0000 &c. 2. 0000 &c. Incredibili labore inventi ſunt veris quam proximi Logarithmi numerorum, qui medii ſunt inter 1 & 10, inter 10 &
100. &c. inquirendo medios proportionales veris quam
proximos, & eorum Logarithmos. Sic ut haberetur
Log. 9 quæſitus eſt medius proportionalis inter 1 & 10,
ſive inter 1. 0000000, & 10. 0000000, extrahendo ex

10. o &c. radicem quadratam veræ proximam 3. 1622777, cujus Logarithmus est dimidius Log. 10. Et iste quidem numerus major est aliquanto quàm 3, sed adhuc longè distat a 9. Itaque inter eum & 10. o &c. iterum quæsitus est medius proportionalis extrahendo radicem numeri, qui oritur ducendo 10. oo &c. in 3. 16 &c. & inventa est radix veræ quam proxima 5. 6234132. Hic numerus paulo major est quam 5, & ejus Logarithmus habetur si summa Logarithmorum 10. oo &c. & 3. 16 &c. bifariam dividatur . Sic continua inquisitione mediorum proportionalium intor duos numeros qui sint proximè majores vel minores quam 9, devenitur tandem ad numerum qui ne una quidem millionesima differat à 9; ejusque Logarithmus numero 9 attribuitur. Hoc artificio supputatæ sunt tabulæ Logarithmorum pro numeris naturalibus ab 1 usque ad 100000, sed hæ majoris formæ volumen implent . In libellis, qui vulgò solent circumferri, producuntur tabulæ usque ad 10000. Nos ad calcem Trigonometriæ post tabulas sinuum Logarithmos adjecimus ab 1 ad 1000, ne voluminis moles augeretur, & quod hi ad instituti nostri rationem satis essent.

32. Cæterum in tabulis supputandis non necesse est eam, quam innuimus, methodum adhibere; nisi in numeris primis. Nam in his, qui ex aliorum multiplicatione oriuntur, satis erit Logarithmos coefficientium addere, ut habeatur Logarithmus facti . Sic Log. 15 $=$ Log. 3 $+$ Log. 5 & Log. 27 $=$ Log. 3 $+$ Log. 9.

33. In hac Logarithmorum forma Log. numerorum ab o ad 10 habebunt o cum aliquot decimalibus adjunctis. Sic invenietur in tabulis Log. 3 $=$ o 4771213 . At qui sequuntur a 10 usque ad 100 habebunt unitatem decimalibus auctam, & ita porrò. Sic Log. 15 $=$ 1. 17609 13. Log. 171. $=$ 2. 2329961. Numerus ille integer decimalibus præfixus dicitur Logarithmi characteristica, & hoc habetur Theorema. Omnis quantitas, que designatur unitate, & quolibet cyphrarum numero, habet in Logarithmi characteristica tot unitates meris cy-

phris

phris præfixas, quot ipfa cyphras. Sic Log. 1000000 ⩬
6. 0000000. Quilibet alius numerus tot habet pro characteriftica unitates decimalibus præfixas, quot ipfe notis conftat una dempta. Sic Log. 897 ⩬ 2.9527924.

34. Igitur ubi femel Logarithmi characteriftica innotue-
rit, jam fciri poteft quot notis ejus numerus conftabit: id
quod multoties percommodum accidit. Sic fi fcire velles
ad quam perveniet quantitatem qui unitatem continuò du-
plicet per 64 vices, dicens nempe 1, 2, 4, 8 &c. fatis
erit notare eum effe perventurum ad fexagefimam tertiam poteftatem binarii, quare ejus numeri Logarithmus
æqualis erit 63 X Log. 2, feu 18. 9648200. Jam vero fi Logarithmus haberet poft integras notas meras
cyphras, conftaret ejus numerus unitate & 18 cyphris,
adeoque trillio effet: fi vero haberet characterifticam
19, quam meræ cyphræ fubfequerentur, effet una Tril-
lionum decas: cum igitur inventus Logarithmus inter hos duos medius fit, & quidem propius accedens
ad fecundum, quam ad primum, etfi nondum de ejus
numero conftet, habes tamen Trilione longe majorem
effe, & ad denos Trilliones proximè accedere.

35. Cognita jam Logarithmorum natura, videndum
fupereft quomodo dato numero ejus Logarithmus inveniatur, vel contra; & quomodo tabulæ ultra fuos limites extendi poffint. Quod ubi fecerimus alicujus problematis folutionem adjiciemus, quod fine Logarithmis
effet ad folvendum difficillimum.

36. Si datus numerus integer eft, eoque minor ad
quem tabulæ pertingunt, inveniatur in ipfis tabulis Logarithmus numero appofitus. Sic Log. 257. ⩬ 2.4099331
Si fractionem adjunctam habeat, cape Logarithmum integri
tegri, & ejus differentiam a Logarithmo proxime fe-
quente. Tum dic: fi numerus integer augeretur unitate, ejus Logarithmus augeretur inventa differentia; cum
ergo augeatur datis partibus unitatis quanto major evadit ejus Logarithmus? id nempe invenies per regulam
trium, & additum Logarithmo integri dabit Logarithmum compofiti ex integro & fractis. Sic fi quæratur
Log.

Log. 257. 325, proxime ex tabulis Log. 258, & ex eo subtrahe Log. 257, invenies differentiam 16866. Tantum nempe crevit Logarithmus, ubi numerus augetur unitate; at in noftro cafu augetur non quidem 325 u-nitatibus (quod probè notandum eft) fed 325 milleſi-mis partibus unitatis, unde ita ille numerus tractari de-bet, ut fractio habens denominatorem 1000. Fac igitur

$$1 : 16866 :: \frac{325}{1000} \cdot \text{ ad quartum, quem minutiis contem-}$$

ptis invenies 5481. Tantum nempe crevit Log. 257, ob additas numero fractiones datas, igitur Logarithmo 257 adde 5481, & habebis Log. 257. 325 $=$ 2.4104812 quamproximè. Etſi enim Logarithmorum differentiæ nu-merorum differentiis non ſint proportionales, tamen ab ea proportione tam parum aberrant in differentiis exi-guis, cujuſmodi hæ ſunt, ut pro talibus haberi poſſint ſine ullo ſenſibilis erroris periculo. Quod ſi commodius ſit integrum numerum per fractionis denominatorem multiplicare, ut tota quantitas ſimul collecta fractio ſpuria evadat, commodius etiam invenietur ejus Loga-rithmus ſubducendo Logarithmum denominatoris a Lo-garithmo numeratoris per n. 24. Sic ſi quæratur Log. 9 $\frac{1}{3}$ cum ea quantitas commodè redigatur ad ſpu-riam fractionem $\frac{28}{3}$, a Log. 29 aufer Log. 3, & habebis Log. 9 $\frac{1}{3}$ $=$ 0. 9700367.

37. Quod ſi numerus datus ſit vera fractio, erit Lo-garithmus denominatoris major quam numeratoris; qua-re hic ab illo ſubtrahendus, & præfigendum differentiæ ſignum negativum, ut habeatur Log. numeri unitate mi-noris negativus, juxta num. 29. Sic Log. $\frac{3}{25}$ $=$ Lo. 3. —

Log. 25 $=$ 0.4771213 — 1.3979400 $=$ — 0.9208187. Quod ſi fractio ſit decimalis notandum eft in ea ſub-audiri denominatorem conſtantem unitate, ac totidem cyphris quot ſunt in ipſa notæ, itaque hujus denomi-natoris Logarithmum ſubtrahe a Log. numeratoris, &

ſignum

signum negativum differentiæ præfigens rem, ut supra; confeceris. Sic si quæratur Log. 0. 194 aufer Log. 194 a Log. 1000 (hic enim est denominator ejus fractionis) & habebis Log. 0. 194 $=$ — 0.7121983.

38. At si numerus detur major iis, qui in tabulis continentur, ejus Logarithmum vero proximum sic invenies. Ex numero dato tot notas puncto interjecto reseca, quot opus est, ut non plus valeat, quam qui in tabulis continentur. Tum ejus Log. inquires non aliter quam si ex integris & decimalibus constaret, uti actum est in num. 36. Logarithmi sic inventi characteristicam tot unitatibus auge, quot in dato numero notæ pro decimalibus sunt habitæ, & habebis Log. quæsitum. Quæratur exempli gr. Log. 257325. Punctum insere post 257, ut fiat 257.325. Ejus Log. invenies ut supra 2. 4104812; & quia tres notæ ab integro resectæ sunt; & pro decimalibus habitæ, adde 3 hujus characteristicæ, & habebis Log. 257325 $=$ 5. 4104812. Operationis ratio facile intelligitur, etenim dum integri numeri notas aliquas ad ordinem decimalium deprimis; perinde facis, ut si illum divideres per numerum constantem unitate & totidem cyphris; quot sunt depressæ notæ. Sic in nostro casu est 257. 325 $=$ 257325 : 1000: Redibit autem numerus ad priorem quantitatem, si per eundem numerum illum multiplices, per quem divisus est, eritque 257. 325 X 1000 $=$ 257325; quare Log. 257325 $=$ Log. 257. 325 — Log. 1000 (per n. 23); sed Log. 1000 $=$ 3 : 0000000, & in genere loquendo Log. numeri constantis unitate & meris cyphris totidem unitates habet pro characteristica, quot numerus cyphras; ergo &c. Sic si daretur num. 25732.5, cum duas tantum ex integro notas ad decimales deprimere necesse sit; perinde erit ut si illum divideres per 100, quare invento Log. 257. 325 ut antea; ejus characteristica duabus tantum unitatibus augenda esset, & habetur Log. 25732. 5 $=$ 4.4104812.

39. Notandum tamen, quod si datus numerus ita numeros tabularum excedat, ut plusquam duplo plures

notas

notas habeat, Logarithmi hac methodo inventi non
satis erunt accurati; cum proxima sit, non accurata,
ea proportio, in qua regulæ trium usus innititur. Quare in his casibus satius est tabulas consulere, quæ ad numeros majores pertingunt: aut, si numerus ex his componitur, qui habeantur in tabulis, coefficientium Logarithmos in unam summam colligere.

40. Et hactenus quidem dato numero ejus Logarithmus quæsitus est: Superest, ut dato Logarithmo numerus investigetur. Si Logarithmus datus in tabulis accuratus occurrat, numerum capies eidem appositum. Sic
si detur 2.7371926, illum facile invenies; si ductum
sequaris characteristicæ & notarum proxime sequentium
numerus autem 546 eidem adscriptus; est ille qui quæ-
rebatur: Quod si datus Logarithmus accuratus in tabulis non occurrat; & tamen habeat characteristicam,
quæ in illis contineatur; duos invenire licebit, quorum
alter sit proxime major dato; alter proxime minor. U-
trumque ex tabulis deprome cum numeris sibi respon-
dentibus; & ex proxime majori aufer proxime minorem; deinde hunc ipsum aufer a dato; & numero, qui
proxime minori respondet adjice fractionem, cujus denominator sit prima illa differentia; numerator vero secunda, & sic habebis quæsitum numerum. Sic si proponatur Logarithmus 2.7375292, invenies in tabulis 2.
7379873 proxime majorem, cui respondet numerus 547,
& 2.7371926 proxime minorem, cui respondet 546.
Aufer hunc & a proxime majori; & a dato Logarithmo; habebisque geminas differentias, 7947 & 3366,
ex his fractionem compone adjiciendam numero 546,

& habebis numerum quæsitum $546 \frac{3366}{7947}$. Opera-

tionibus ratio est, quia numerorum differentiæ sunt differentiis Logarithmorum quamproxime proportionales.
Igitur ut 7947 (quæ est differentia Log. in tabulis exi-
stentium) ad 1 (quæ est differentia numerorum illis respondentium) ita 3366 (differentia Log. proxime mino-

ris a dato*)* ad differentiam, qua numerus dato Log. res
spondens excedit minorem numerum 546.

41. Fractio inventa facile revocatur ad decimales numeros dividendo numeratorem quot opus fuerit cyphris
auctum per denominatorem , & contemptis tenuioribus
minutiis, si quotus accuratus haberi nequit*!*. Sic in nostro casu fractio evadet 0. 4235, & numerus Log. dato respondens 546. 4235.

42. Si dati Logarithmi characteristica tabularum canonem excedit, jam primum constabit quot notas quaesitus numerus habere debeat, totidem nempe, quot characteristica unitates, ac praeterea unam . Ut autem inveniri possit ejus characteristica tot unitatibus mulctanda est , quot opus fuerit, ut in tabulis possit inveniri .
Logarithmus ita depressus inquiratur in canone & si accuratus occurrat, numerus ei respondens tot cyphris auctus, quot unitates e characteristica ademptae sunt ,
erit quaesita quantitas. Quod si accuratus non invenitur
sumantur proxime major, & minor, & exinde, ut supra factum est , quaerantur notae decimales adjiciendae
numero , qui logarithmo proxime minori respondet .
Curandum est autem , ut totidem saltem per divisionem
eliciantur, quot unitates a characteristica dati Logarithmi ademptae sunt . Nam si tot ejusmodi notae integro
illi numero adjectae jam pro integris habeantur , habebitur simul quaesita quantitas. At si characteristica fuerit plus quam duplo major ea , quae in tabulis maxima occurrit, inventus numerus in ultimis notis accuratus non prodiret hac methodo ob rationem in re simili
supra adductam.

43. Ex. gr. detur Logarithmus 5. 7375292, & tabulis utaris his elementis adjectis. Mulctanda erit characteristica 3 unitatibus , ut fiat 2. 7375292. Inventus est
supra hujus Logarithmi numerus 546. 4235. Tres ex
his decimalibus notis ad integros redigantur, eritque
quaesitus numerus 546423 . 5 . Si datus Logarithmus
fuisset 4. 7375292, numerus ei responderet 54642. 35²
Si 3. 7375292; 5464. 235. Ac demum si datus Loga-
rith-

rithmus idem fuiffet accuratè ac *Log.* 546, fuiffet quæfita quantitas 546000, & fic de reliquis. Operationis
ratio facilè intelligitur, nam dum dati Logarithmi cha-
racteriſticam aliquot unitatibus imminuimus, perinde
facimus ut ſi numerum ei refpondentem per numerum
divideremus unitate & totidem cyphris expreſſum quot
funt e charaeteriſtica fublatæ unitates. Quantitas igitur
huic depreffo Logarithmo refpondens in eumdem numerum ducenda eſt, ut illa habeatur, quæ dato Logarithmo refpondet.

44. Si Logarithmus datus fuerit negativus, quæratur
pofitivi numerus, & hic unitati fubfcriptus fractionem
dabit, quæ illi refpondeat. Sic ſi detur — 2.7371928,
cum ei refpondeat 546, erit quæfita quantitas $\frac{1}{546}$

45. Artificii hactenus expofiti utilitatem nunquam fatis Tyrones intelligent, niſi ubi fe cœperint in Trigóno-
métria exercere. Sed tamen vel ex hoc uno problema-
te poterunt ex parte conjicere. Fœnori det aliquis dena
aureorum millia, ita ut 100 aureorum annuus fructus
tres aurei ſint. Quæritur quot anni requirantur ut fors
cum fuis fructibus, & fructuum quotannis crefcentium
fructibus ad 40 aureorum millia perveniat. Dicatur 100
= a, 103 = b, 10000 = c, 40000 = d, numerus annorum quæfitus = x. Erit in fine anni primi $a \cdot b :: c \cdot$
$\frac{bc}{a}$. Ineunte anno fecundo fors eſt $\frac{bc}{a}$, & ſi fiat iterum $a \cdot$
$b :: \frac{bc}{a} \cdot \frac{b^2 c}{a^2}$, hæc erit fors ineunte anno tertio, unde
in ejus fine $a \cdot b :: \frac{b^2 c}{a^2} \cdot \frac{b^3 c}{a^3}$. Conſtat igitur, quod
in fine annorum x, erit fors $\frac{b^x c}{a^x}$, & ex hypothefi effe
debet $\frac{b^x c}{a^x} = d$. Igitur (per n. 24. 25.) x Log. $b +$ Log.
$c - x$ Log. $a =$ Log. d; & auferendo utrinque Log. c,
erit x Log. $b - x$ Log. $a =$ Log. $d -$ Log. c., ac demum

$$mum \; x = \frac{Log. \; d - Log. \; c}{Log. \; b - Log. \; a}.$$ Subſtitue datos valores lite

teris, & habebis $x = \dfrac{Log. \; 40000 - Log. \; 10000}{Log. \; 103 - Log. \; 100}$: Log.

40000 habetur, ſi colligas in unam ſummam Logarithmos 40, & 1000, qui ſunt ejus coefficientes; & Log.
10000. ſi Log. 1000 unitate augeas in characteriſtica.
Sic erutis ex tabulis Logarithmis, habebis $x =$

$$\frac{4.6020600 - 4.0000000}{2.0128372 - 2.0000000} = \frac{0.6020600}{0.0128372} = 46. \; 8. \; \&c.$$

Itaque anni requiruntur 46, 9 menſes, ac præterea aliquot dies, & unius diei partes in hujuſmodi re contem-
nendæ, ut ſors ad datam quantitatem eo fœnore augeatur.

46. Et hæc de progreſſionibus & Logarithmis ſatis
dicta ſint. Supereſt, ut aliquid etiam dicatur de proportione Harmonica.

C A P U T IV.

De proportione Harmonica.

1. SI tres fuerint ejuſmodi numeri, ut ſit primus ad
tertium in eadem proportione geometrica, in qua
eſt differentia primi & ſecundi ad differentiam ſecundi
& tertii, hi numeri dicuntur harmonice proportionales.
Sic 2, 3, 6. ſunt harmonice proportionales, quia 2. 6
:: 3 - 2 = 1, 6 - 3 = 3.

2. Si fuerint tres numeri harmonice proportionales,
factum ex medio in ſummam extremorum, æquale eſt
duplo producto ex ipſis extremis. Sic in adducto exemplo (2 - 3 - 6) X 3 = 2 X (2 X 6) = 24. Facilè demonſtratur, quia ſi fuerint a, b, c harmonice proportionales, erit $a. \; c :: a - b. \; b - c$. Ergo multiplicando extre-
mas & medias quantitates, erit $ab - ac = ac - cb$,
& ad-

& addendo utrinque $ac \frac{1}{} cb$ erit $ab + cb = 2ac$; hoc est $(a + c) \times b = 2ac$.

3. Hinc datis extremis terminis medius invenitur, si fiat ut summa extremorum ad eorum alterum, ita duplum alterius ad quæsitum. Sic $2 + 6 . 2 :: 2 \times 6 . 3$, hoc est $8 . 2 :: 12 . 3$. Ratio est manifesta, erit enim $a + ca :: 2c . b$.

4. Dato quoque extremorum altero una cum medio alter extremus invenietur, si fiat ut differentia dupli extremi dati a medio ad ipsum extremum datum, ita medius ad quæsitum. Sic $2 \times 2 - 3 . 2 :: 3 . 6$. Cum sit enim $ab \times cb = 2ac$, si utrinque auferatur cb, habebitur $ab = 2ac - cb$, hoc est $2a - b . a :: b . c$.

5. Idem facilius obtinebitur ope alterius Theorematis vi cujus harmonica proportio ad continuam arithmeticam redigitur. Proportio nempe harmonica est inversa ratio continuæ arithmeticæ, & contra. Hoc est si fuerint a, b, c harmonicè proportionales, erunt $\frac{1}{a} \quad \frac{1}{b}, \quad \frac{1}{c}$ in continua arithmetica ratione, & contra. Sic in exemplo adducto $\frac{1}{2} - \frac{1}{3} = \frac{1}{3} - \frac{1}{6}$, hoc est, reducendo fractiones ad eumdem denominatorem $\frac{3}{6} - \frac{2}{6} = \frac{2}{6} - \frac{1}{6}$ & rursus cum sint 2, 4, 6 in continua ratione arithmetica, erunt $\frac{1}{2}, \quad \frac{1}{4}, \quad \frac{1}{6}$ harmonicè proportionales, cum sint $\frac{1}{2} . \frac{1}{6} :: \frac{1}{2} - \frac{1}{4} . \frac{1}{4} - \frac{1}{6}$, sive $\frac{6}{12} .$ $\frac{2}{12} :: \frac{6}{12} - \frac{3}{12} : \frac{3}{12} - \frac{2}{12}$, hoc est $\frac{6}{12} . \frac{2}{12} :: \frac{3}{12} . \frac{1}{12}$ Facilis est demonstratio, cum sit enim primus terminus a, tertius c, erit medius $b = \frac{2ac}{a+}$, ergo si per tres ejusmodi terminos unitas dividatur habebitur $\frac{1}{a},$ $\frac{a+c}{2ac}, \frac{1}{c}$, ubi si addantur extremi termini $\frac{1}{a} + \frac{1}{c} = \frac{c}{ac} +$ $\frac{a}{ac} = \frac{a+c}{ac}$, quantitas habetur dupla ipsius $\frac{a+c}{2ac}$. Ergo tres

illi

illi termini sunt arithmeticè proportionales.

6. Quod si tres fuerint ejusmodi quantitates, in q̅
bus differentia primæ & secundæ ad differentiam secū
dæ & tertiæ sit ut tertia ad primam: dicentur esse
quantitates in proportione Contraharmonica. Si er̅
contraharmonicè proportionales a, b, c, si fuerit $a -$
$b - c :: c . a$. Facile ad hanc proportionem transferu̅
tur quæcumque de Harmonica dicta sunt.

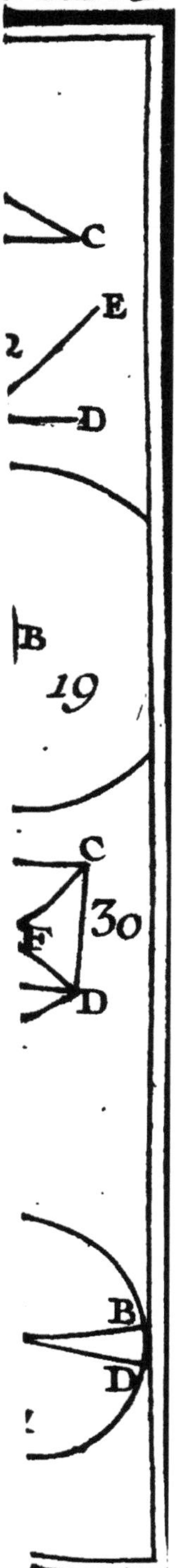

arati sciu

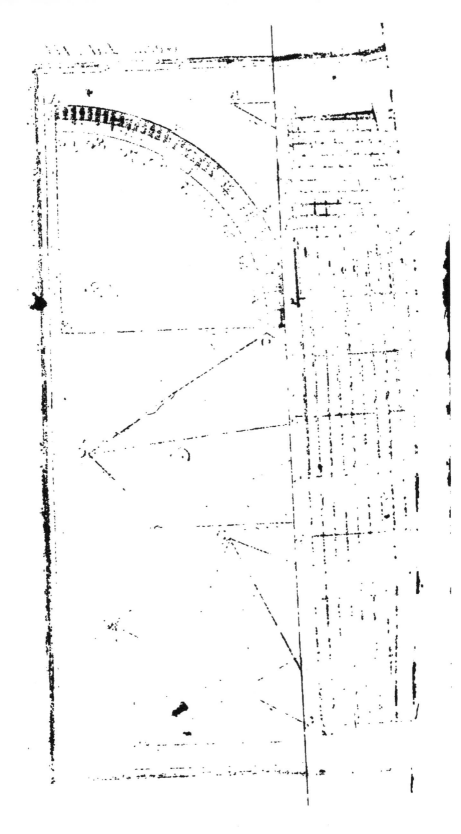

ELEMENTA
SOLIDORUM.

1. QUædam, quæ admodùm facile fine demonſtrationibus intelliguntur, præmittemus, ut per ſe nota.

2. *Axioma* 1. Recta linea vel cum plano tota congruit, vel ipſi parallela eſt, quo caſu æquidiſtat tota, vel ex altera parte ab ipſo recedit, ex altera accedit, quo caſu, ſi ſatis producatur, ipſum in unico puncto ſecabit.

Coroll. 1.

3. Si bina rectæ puncta cum plano quodam congruunt, congruit tota.

Coroll. 2.

4. Ejuſdem rectæ pars in quodam plano, pars extra ipſum eſſe non poteſt.

Coroll. 3.

5. Binorum planorum interſectio eſt linea recta, cum recta ducta per bina quævis interſectionis puncta debeat jacere in utroque, per num. 3.

6. *Ax.* 2. Per quotvis puncta in directum jacentia, ſive per quamvis rectam lineam infinita numero plana duci poſſunt.

7. *Ax.* 3. Per binas rectas ſive concurrentes in aliquo puncto, ſive parallelas inter ſe, ac per tria puncta non in directum jacentia, vel per tria cujuſvis trianguli rectilinei latera planum ſemper duci poteſt, idque unicum.

8. *Ax.* 4. Bina plana vel parallela ſunt, & ſemper æquidiſtant; vel ex una parte a ſe invicem recedunt, ex altera accedunt, & ex eadem ſatis producta debent ſe interſecare in recta quadam.

Coroll. 1.

9. Planorum inter se parallelorum intersectiones cum eodum plano sunt inter se parallelæ.

10. Cum enim plana illa parallela nusquam concurrant, illæ intersectiones nusquam concurrent.

Coroll. 2.

11. Binæ rectæ quæcumque GI, KM (Fig. 1.) a planis parallelis AB, CD, EF secantur in eadem ratione in H, & L.

12. Ducatur enim e puncto K recta parallela GI, occurrens planis CD, EF in N, O, & GK, HN, IO intersectiones planorum illorum parallelorum cum plano GHOI erunt parallelæ inter se (per num. 9.), ut & NL, OM intersectiones plani OKM cum iisdem. Quare in parallelogrammis KGHN, HNOI erunt latera KN, NO æqualia lateribus GH, HI. Est autem ob LN, MO parallelas KL ad LM, ut KN ad NO (pr. 12. Geom.); erit igitur etiam ut GH ad HI.

13. *Definitio* 1. Recta plano perpendicularis dicitur, cum est perpendicularis rectis omnibus in eodem plano ductis, per concursum ejus rectæ cum ipso plano.

Coroll. 1.

14. Binæ rectæ, ut AC, BC (Fig. 2.) eidem plano in eodem puncto C ad eandem partem ductæ perpendiculares esse non possunt.

15. Si enim ducatur planum per ipsas, id occurret priori plano in quadrata recta DCE per num. 8. eritque tam angulus ACE, quam BCE rectus, nimirum totum æquale parti.

Coroll. 2.

16. Si bina plana fuerint eidem rectæ perpendicularia, erut parallela inter se, & si binorum planorum parallelorum alteri perpendicularis sit quædam recta, erit & alteri.

17. Occurrat enim ea recta (Fig. 3.) binis iis planis in A, & B & ducta quavis recta CBD in posteriore, ducatur per hanc planum CDEF, cujus intersectio cum priore sit EAF. Tum si AB est perpendicularis utrique

plano,

ano, anguli ad A & B erunt recti, adeoque ipsæ AE, parallelæ (per cor. 1, def. 7. Geom.). Quare nulla recta posterioris plani occurret plano priori, & proinde plana ipsa nusquam concurrent. Si autem plana fuerint parallela, & recta AB perpendicularis priori, erit BD parallela AE per num. 9, adeoque AB, quæ continet angulos rectos cum AE, continebit etiam cum BD, erit-que idcirco perpendicularis ad omnes rectas posterioris plani transeuntes per B, & proinde perpendicularis ipsi plano.

THEOREMA.

18. Si recta quædam AC (F. 4.) sit perpendicularis binis rectis BD, EF in quodam plano ductis per ejus concursum cum ipso plano, erit perpendicularis & reliquis omnibus, ac ipsi plano.

19. Ducatur enim quævis alia GCH, qui occurret alicubi in G recta occurrens binis datis hinc inde in B, E, captisque CD, CF æqualibus ipsis, CB; CE, ducatus FD, occurrens ipsi GH alicubi in H, tum considerentur septem paria triangulorum æqualium.

20. BCE, DCF ob angulos ad verticem C æquales, & latera CF, CD æqualia lateribus CB, CE per constructionem.

21. BCA, DCA ob angulos ad C rectos ex hypothesi, latera CB, CD æqualia per constructionem, & latus CA commune.

22. ECA, FCA pariter ob angulos ad C rectos, latera CE, CF æqualia, CA commune.

23. BAE, DAF ob latera singula singulis demonstrata æqualia, nimirum BE, FD num. 20., AB, AD, num. 31, AE, AF num. 22.

24. BCG, DCH ob angulos ad verticem C æquales, CBG, CDH demonstratos æquales num. 20., latera CB, CD æqualia per constructionem.

25. ABG, ADH ob latera AB, AD demonstrata æqualia num. 21, BG, DH num. 24, angulos ABG, ADH num. 23.

26. ACG, ACH ob latera CG, CH demonstrata æqualia num. 24, AG, AH num. 25, & CA commune.

27. Quare & anguli ACG, ACH æquales erunt, & recta AC cuivis GH, adeoque toti plano perpendicularis. Q. E D. *Coroll.* I.

28. Si e quodam puncto C. (F. 5.) cujusdam rectæ AC exeant tres rectæ CB, CD, CE ipsi perpendiculares, in eodem erunt plano.

29. Si enim ducto plano EH per binas CE, CD, tertia CB in eo plano non jaceat, ducto plano GC per ACB, quod priori occurret in aliqua recta CF; recta AC perpendicularis binis CD, CE erit perpendicularis & ipsi CF. Quare angulus ACF rectus erit, & æqualis recto ADB, pars toti.

Coroll. 2.

30. Si recta CA (F. 6.) semper perpendicularis rectæ cuidam MN gyret circa ipsam immotam, producet planum ipsi perpendiculare.

31. Si enim ductis in ea superficie genita binis rectis ex C, ducatur quævis tertia, ea erit in eodem plano cum ipsis, cum nimirum omnes tres eidem MGN perpendiculares esse debeant.

Coroll. 3.

32. Per datum quodvis punctum potest duci planum perpendiculare datæ cuivis rectæ MN.

33. Sit primo punctum datum C (Fig. 7.) in ipsa recta, & ductis per eam binis planis, MQ, MO ducantur in iis ipsi MN perpendiculares CA, CB, & planum per ACB ductum erit per num. 18. perpendiculare rectæ MN perpendiculari binis AC, BC.

34. Quod si punctum datum sit A extra ipsam, ducatur AG ipsi perpendicularis, tum in quovis alio plano MQ per MN ducto, & non transeunte per A recta CB perpendicularis eidem MN, & pariter erit factum.

Coroll. 4.

35. E binis rectis parallelis AB, CD (Fig. 8.) si altera sit perpendicularis plano cuipiam, erit & altera, & si ambæ fuerint perpendiculares, erunt parallelæ.

36. In plano enim DA ducto per ipsas AB, CD, quod plano dato occurret in recta AC, ducatur CB ad quodvis punctum B in priore assumptum, tum in plano dato recta CE perpendicularis CA, & aequalis AB, ac ducantur rectae AE, BE.

37. Triangula CAB, ECA habentia angulos ad C, & A rectos, latus AC commune, latera AB, CE aequalia, habebunt & bases CB, AE aequales. Quare in triangulis BAE, ECB singula latera singulis aequalia, adeoque angulus BCE aequalis recto BAE (per prop. 4. Geom.). Cumque etiam ACE sit rectus, recta EC perpendicularis binis CA, CB erit perpendicularis etiam tertiae CD per num. 18. Quare ipsa CD perpendicularis binis CA, CE erit pariter per num. 18. perpendicularis etiam toti plano dato ACEF.

38. Si autem ambae fuerint perpendiculares, ducto plano BACD, erunt bini anguli BAC, ACD interni simul aequales duobus rectis, adeoque ipsae parallelae erunt. (per cor. 1. def. 7. Geom.)

Coroll. 5.

39. Rectae FO, GQ (Fig. 7.) parallelae eidem MN, licet non in eodem plano positae, sunt parallelae inter se.

40. Si enim per quodvis punctum D rectae MN ducatur per num. 33. planum ACB ipsi perpendiculare, erit perpendicularis eidem tam FO, quam QG, per num. 35. Adeoque erunt inter se parallelae per eund. num.

Coroll. 6.

41. Si binae rectae CD, CB (Fig. 9,) fuerint parallelae, binis AE, AI etiam jacentibus non in eodem plano, continebunt angulos DCB, EBI ad easdem partes aequales.

42. Nam assumptis CB, CD ad arbitrium, tum AE, AI ipsis aequalibus, ducantur CA, DE, BI, & quoniam CB, AI sunt parallelae, jacent in eodem plano per num. 7. Quare cum & aequales sint; etiam rectae CA, BI, quae illas claudunt, erunt & aequales & parallelae,

rallelæ, & eodem argumento DE, CA parallelæ erunt;
& æquales. Hinc & DB, EI, quæ illas claudunt, erunt
æquales; & parallelæ. Igitur in triangulis DCB, EAI
habentibus singula latera singulis æqualia, erunt anguli
ad C & A æquales.

Coroll. 7.

43. Si bina plana IACB, EACD se invicem secan-
tia in recta quadam AC secentur utcumque binis planis DCB, EAI parallelis inter se, anguli DCB, AEI
ab intersectionibus contenti ad eaſdem partes erunt æ-
quales.

44. Nam intersectiones CD, AE, & CB, AI singulorum planorum cum planis parallelis erunt inter se parallelæ per num. 9.

Coroll. 8.

45. Dato puncto vel extra datum planum, vel in ipso, poterit duci recta ipsi plano perpendicularis, eritque unica.

46. Si punctum sit A extra datum planum (Fig. 10.),
ducta quavis recta MN in plano dato, ducatur ex A
perpendiculum AB in ipsam : tum BC eidem MN perpendicularis in plano dato; in quam ex A ducatur perpendicularis AC, quæ erit perpendicularis plano dato.

47. Nam in primis erit per num. 18. MN perpendicularis plano AIBC cum sit perpendicularis rectis BA,
BC. Quare si ducatur recta DCE parallela MBN, erit
& ipsa perpendicularis eidem plano per num. 35.; adeoque etiam perpendicularis erit rectæ AC : Cumque
ipsa AC sit etiam perpendicularis rectæ CB per constructionem, erit perpendicularis toti plano dato MNED
per num. 18.

48. Quod si detur punctum B in ipso plano, assumatur punctum quodcunque A extra ipsum, & ducatur perpendicularis AC. Tum in plano BCAI ex B recta BI parallela rectæ CA, quæ pariter erit eidem plano perpendicularis per num. 35.

49. Si autem essent binæ rectæ ut AB, AC eidem
plano perpendiculares ex eodem puncto A extra planum
posito;

to ; anguli ABC, ACB ih eodem triangulo ABC est
recti, quod est absurdum. Unica igitur ex eodem
cto extra planum assumpto duci potest. Unicam ve-
duci posse e puncto posito intra planum patet ex
n. 14.

Coroll. 9.

50. Per datum punctum, vel per datam rectam da-
plano parallelam duci poterit planum plano ipsi pa-
lum.

1. Si enim datur punctum C (Fig. 9.); demissa CA
ndiculari in planum datum, ducantur in eo binæ
, AI ad arbitrium, tum CB, CD iis parallelæ, &
um DCB erit parallelum plano dato.

2. Erit enim CA perpendicularis rectis AE, AI per
13.; adeoque & rectis CB; CD; nimirum per n.
plano DCB, quod idcirco erit parallelum plano EAI
num. 16.

53. Si autem detur linea parallela plano dato, assum-
in ea quovis puncto C, & ducto per C plano paral-
dato; debebit recta illa data jacere in hoc plano; si
ex eo exiret; vel accederet ad planum datum, vel
eo recederet.

Coroll. 10.

54. Si binæ rectæ CA, CB (Fig. 7.) coeuntes in quo-
puncto C binis aliis DE; DH coeuntibus in D pa-
fint; nec in eodem plano jaceant, planum per il-
ductum erit parallelum plano ducto per has.

55. Nam e puncto C demisso perpendiculo CN in
planum EI; in quo jacent DE, DH; ducantur NO, NQ
parallelæ ipsis DE, DH, quæ proinde erunt per n. 39.
parallelæ etiam ipsis CA; CB, erunt autem per num.
13. anguli CNQ; CNO recti. Quare & NCB; NCA
recti erunt; & proinde planum ACB perpendiculare rectæ CN per n. 18, cui cum perpendiculare sit ONQ,
erunt ea plana inter se parallela per num. 10.

56. *Def. 2.* Angulum binorum planorum se in quadam recta intersecantium dico, inclinationem plani ad
planum, quam metitur angulus rectilineus contentus

ab interfectionibus plani perpendicularis communi interfectioni eorumdem planorum, qui fi fuerit rectus, dico planum plano perpendiculare.

Coroll. 1.

57. Si in binis planis CI, AD (Fig. 9.) e quovis puncto C mutuæ interfectionis CA ducantur binæ rectæ
CB, CD perpendiculares ipfi interfectioni, angulus rectilineus DCB erit menfura inclinationis planorum.

58. Erit enim per num. 18 planum BCD perpendiculare interfectioni CN perpendiculari ad binas CB, CD
exiftentes in eo plano.

Coroll. 2.

59. Ad quamvis rectam cujufvis plani duci poteft planum cum eo continens angulum æqualem dato.

60. Si enim fit recta CA plani DCAE, & ducatur in eodem plano CD ipfi perpendicularis, tum in
plano perpendiculari ipfi rectæ CA recta CB continens
angulum DCB æqualem dato, erit BCAI quæfitum planum.

Coroll. 3.

61. Si planum plano infiftit duos angulos efficit hinc
inde fimul æquales duobus rectis, & fi bina plana fe
interfecant, angulos ad verticem oppofitos æquales continent.

62. Id enim accidit in rectis omnibus, adeoque etiam
in illis, quæ funt communes interfectiones eorum planorum cum plano perpendiculari ad communem illorum
interfectionem.

Scholion.

63. Eodem pacto ubi planum incidit in bina plana
parallela, habebuntur in eorum angulis illa omnia,
quæ habentur in rectis lineis, ubi recta incidit in binas rectas parallelas.

Coroll. 4.

64. Planum tranfiens per rectam alteri plano perpendicularem eft ipfi perpendiculare.

65. Si enim recta AC (Fig. 10.) perpendicularis plano

no EDMN, quod a plano ACBI per ipsam ductum secetur in recta BC. Ducatur DE in plano DN perpendicularis ad BC, & quoniam ipsa BC est etiam perpendicularis rectæ CA, erit per num. 18. totum planum ACD ipsi perpendiculare; ac proinde angulus ACD erit mensura inclinationis planorum BD, CI per num. 56. qui cum sit rectus, erunt ea plana sibi invicem perpendicularia.

Coroll. 5.

66. Si bina plana sibi invicem perpendicularia fuerint, recta uni ex iis perpendicularis per intersectionem ducta jacebit in altero, recta intersectioni perpendicularis ducta in altero erit alteri perpendicularis, recta alteri perpendicularis ducta ex quovis alterius puncto jacebit in hoc posteriore, & in communem intersectionem cadet.

67. Sit enim primo communis intersectio BC, (Fig. 10.) & secentur illa plana, plano perpendiculari ipsi intersectioni, cujus plani intersectiones cum illis planis sint CA, CD. Erit CA perpendicularis ad CB per nu. 13, & angulus ACD inclinatio planorum pariter rectus per num. 56. Quare CA erit perpendicularis plano DN per num. 18, ac proinde e quovis puncto intersectionis C educta recta ipsi plano DN perpendicularis debet per num. 14. congruere cum ipsa CA, jacente nimirum in plano BA.

68. Pariter cum CA sit perpendicularis plano DN, & intersectioni BC, ac jaceat in plano BA; quævis recta intersectioni perpendicularis ducta in plano BA ex quovis puncto A congruet cum CA, & proinde erit perpendicularis plano ND.

69. Demum recta ex quovis puncto A plani BA perpendicularis plano DN debet per num. 45. congruere cum AC, adeoque jacere in plano BA.

Coroll. 6.

70. Planorum eidem plano perpendicularium intersectio est ipsi perpendicularis.

71 Nam recta ipsi plano perpendicularis educta ex

vo ipſius puncto, in quo ſe interſecant illa bina plana, debet jacere in utroque ex ipſis per num. 66 ; ac
proinde debet congruere cum communi eorum interſectione.

Coroll. 7.

72. Per quodvis punctum, vel quamvis rectam plano perpendicularem infinita plana duci poſſunt eidem
plano perpendicularia.

73. Nam per quodvis datum punctum duci poteſt recta AC (Fig. 10.) perpendicularis dato plano per n. 45,
in quo duci poterunt ex ejus puncto C infinitæ rectæ
CB, & omnia plana ACBI tranſibunt per punctum datum, ac per rectam AC, & erunt perpendicularia plano dato per num. 64.

Coroll. 8.

74. Per bina puncta non jacentia in recta plano perpendiculari, vel per rectam ipſi non perpendicularem
ſemper poteſt duci planum plano perpendiculare, idque
unicum.

75. Sint ea puncta A, I (Fig. 10.) vel recta AI; ex
altero eorum puncto A, vel e quovis puncto A rectæ
ejuſdem duci poterit AC perpendicularis illi plano per
num. 45, & planum ACBI tranſiens per ea puncta,
vel per eam rectam erit perpendiculare plano dato per
num. 64.

76. Quoniam autem recta AC perpendicularis plano
dato, debet jacere in quovis plano ipſi perpendiculari
tranſeunte per A per num. 66, ac unicum planum duci poteſt per puncta CAI non in directum jacentia per
num. 7 ; unicum planum duci poterit dato plano perpendiculare tranſiens per puncta A, I, vel per rectam AI.

Coroll. 9.

77. Si recta non fuerit perpendicularis plano dato,
& per eam ducatur planum ipſi plano perpendiculare,
efficiet ipſa recta cum communi interſectione angulum
bino acutum, inde obtuſum, & ille erit minimus, hic
maximus omnium angulorum, quos ea efficit cum rectis in plano dato ductis per ejus occurſum cum ipſo

pla-

plano, ac quo magis recta ex occurſu ducta recedet hinc inde a recta minimum continente, ac accedet ad rectam continentem maximum, eo majorem angulum continebit cum recta illa data, & ſemper bini, ſed bini tantum hinc inde æquales erunt, iique recti fient, ubi recta in plano dato jacens fuerit illi interſectioni perpendicularis.

78. Sit enim ejuſmodi recta AB (Fig. 11.) : interſectio plani perpendicularis plano dato cum ipſo plano dato ſit DBE in quam cadet perpendiculum AC per n. 66, eritque angulus ACB rectus, ac proinde ABC acutus, & ABE obtuſus.

79. Centro B ſit in plano dato circulus DGEF : & quoniam quævis CG erit major, quam CD, & minor quam CE (quod facile dem. per Coroll. 2. prop. 8. Geom.), recta autem AC communis eſt triangulis rectangulis ACD, ACG, ACE, ac proinde quadrata AG, AD, AE ſingula æqualia quadratis ſingulis CG, CD, CE conjunctis cum quadrato AC, erit AG major quam AD, & minor quam AE. Quare in triangulis ABG, ABD, ABE habentibus latus AB commune, latera BG, BD, BE æqualia, angulus ABG erit major quam ABD, & minor quam ABE (per Coroll. 3. propop. 8.); ac proinde ille minimus, hic maximus omnium, quos recta BA continere poteſt cum rectis in plano dato ex B ductis.

80. Cum vero quo magis punctum G recedit a D, & accedit ad E, eo magis creſcat CG, adeoque AG, & binæ ſemper, ſed binæ ſolæ hinc inde CG, CF, adeoque & AG, AF inter ſe æquales haberi poſſint, etiam quo magis BG recedet a BD, vel accedet ad BE, eo magis creſcet angulus ABG, & bini ſemper, ſed bini ſoli hinc inde ABG, ABF æquales erunt inter ſe.

81. Demum ſi HBI fuerit perpendicularis ad DE, erunt anguli CBH, CBI recti, & BH, BI æquales, adeoque æquales etiam CH, CI, & proinde etiam AH, AI, ac anguli ABH, ABI, qui proinde recti erunt.

H   Scho

Scholion.

De Angulis Solidis.

82. Hinc de angulis solidis agendum esset, qui nimirum continentur pluribus angulis planis in apicem unicum coeuntibus. Sed quoniam minus necessaria sunt, & potissimus eorum usus est ad figuras regulares solidas determinandas, ac describendas, quæ itidem exigui sunt usus, ea hic innuemus tantummodo.

83. Angulus solidus facile concipitur, si ex omnibus angulis B, C, D, E (Fig. 12.) poligoni cujuscunque rectilinei ad quodvis punctum A positum extra ejus planum ducantur rectæ. Consurget in A angulus solidus constans tot angulis planis, quot sunt poligoni latera.

84. Cavendum tamen illud, ut in poligono omnes anguli ex parte interna computati sint minores duobus rectis, nimirum ut nusquam latera CB, EB (Fig. 14.) introrsum inflectantur versus poligonum respectu rectæ jungentis angulos contiguos; eo enim casu etiam facies anguli solidi introrsum inflecterentur, ac ejusmodi anguli solidi considerari non solent, ubi eorum proprietates generaliter demonstrantur, ut & ejusmodi poligona pariter considerari non solent.

85. Generaliter de angulis solidis hæc demonstrantur. Omnes anguli plani angulum solidum constituentes simul sumpti minores sunt quatuor rectis. Id facile intelligitur hoc pacto. Si angulus ille solidus apprimendo verticem A versus poligonum DCBE (Fig. 12. 15.) debeat complanari, oporteret aperiri aliquod latus, ut AD, & figura 12 abiret in 15, in qua omnes anguli plani circa A pertinentes ad priorem angulum solidum simul cum apertura nova DAD constituent quatuor rectos, adeoque omnes simul sunt quatuor rectis minores. Id vero Tyronibus ope anguli solidi e charta efformati admodum facile ostenditur.

86. Ad datum punctum datæ rectæ potest efformari angulus solidus æqualis dato. Si enim sit *a d* (Fig. 12. 13.) recta data fiat angulus *d a c* æqualis DAC, tum

pla-

planum *cab* faciens cum *cad* angulum æqualem illi , quem ÇAB continet cum CAD per num. 59 , & in eo angulus *cab* æqualis CAB , & ita porro, donec deveniatur ad rectam *ae* respondentem AE proximæ primę illi AD , & reliquus angulus planus *ead* reliquo EAD, ac totus angulus solidus *a* angulo solido A æqualis erit .

87. Patet enim ex ipsa costructione debere & plana planis, & rectas rectis congruere , si superponantur .

88. Ex quotcumque autem angulis planis poterit semper angulus solidus constitui, dummodo & omnes simul minores sint quatuor rectis & quivis ex iis minor sit reliquis simul sumptis .

89. Si enim (Fig. 15.) ducantur utcumque binæ rectæ AD, AD æquales, tum incipiendo ab altera semper versus eandem plagam ducantur rectæ AE, AB, AC, quotcumque, & in quibuscunque angulis, qui nimirum omnes simul quatuor rectos non adæquabunt , facile concipitur elevari posse punctum A, inclinando eorum plana ita, ut demum rectæ AD , AD congruant , & exsurgat (angulus solidus , præter casum , quo aliquis ex angulis illis planis major esset reliquis omnibus simul sumptis, vel iis æqualis; nam reliqui omnes applicarentur illi uni ita, ut in primo casu, rectæ AD, AD ad se invicem non pertingerent , in secundo pertingerent tantum in ipsa applicatione reliquorum ad illum unum .

90. Et quidem si anguli plani essent tantum tres, unicus ex iis angulus solidus componi posset , ut ex tribus rectis unicum triangulum componitur . Si enim essent tres ejusmodi anguli ; CAB, BAE, EAD , & immoto BAE converterentur reliqui CAB, EAD circa rectas BA , EA ; rectæ AC, AD in unico situ sibi invicem occurrent , & angulum solidum constituerent . At ubi plures sunt anguli, immoto uno, ut CAB possunt reliqui moveri nihil mutatis magnitudine angulis planis ad A , sed mutata eorum positione , sive inclinationibus planorum in rectis AC, AB, AE, AD prorsus ut in quavis

Figura rectilinea pluribus, quam tribus lateribus constante immoto uno latere, possunt moveri reliqua, nihil mutata eorum magnitudine, sed mutatis solum inclinationibus, sive angulis.

91. Porro hæc omnia Geometrico rigore demonstrari non possunt sine fusiore apparatu: admodum autem facile ostenduntur Tyronibus ope angulorum solidorum charta efformatorum. Sunt & alia quædam circa ipsas inclinationes planorum in angulo solido multo difficiliora demonstratu, ut illud, omnes angulos, quos plana angulorum planorum continent cum planis contiguis esse simul minores totidem rectis, quot exprimit duplus angulorum planorum numerus, sed ab ea mensura semper minus deficere, quam quatuor rectis. Id autem in Trigonometria sphærica maximum usum habere potest. Nam ubi consideratur triangulum sphæricum, revera consideratur angulus solidus ad centrum sphæræ constitutus, cujus anguli plani sunt ipsa latera trianguli sphærici, & inclinationes planorum sunt anguli ejusdem trianguli sphærici. Ac proinde hinc consequitur, in quovis triangulo sphærico tres angulos simul & minores esse sex rectis, & majores duobus, ut e superioribus illud deducitur semper in eodem bina latera simul superare tertium.

92. Dixi usum angulorum solidorum maximum esse pro figuris solidis regularibus clausis faciebus planis, quæ dicuntur *poliedra* regularia, seu corpora regularia. Regularia autem dicuntur, quotiescumque & facies omnes æquales habent rectilineas, ac regulares. Ea non posse esse plura quam quinque, sic e superioribus deducitur. Quivis angulus solidus debet constare angulis planis, qui simul sint minores duobus rectis: non potest autem constare paucioribus quam tribus. Jam vero trianguli æquilateri angulus quivis continet gradus 60, quadrati 90, pentagoni 108, exagoni 120, reliquorum poligonorum majores sunt. Porro tres anguli exagoni jam continent gradus 360, adeoque non possunt constituere angulum solidum, & multo minus ipsum constituent anguli poligo-

gonorum plura latera habentium. Tres anguli pentagoni
continent gradus 324, & quatuor 432, quadrati autem
tres 270, quatuor 360. Quare utrobique e tribus ejufmodi angulis planis angulus folidus conftare poteft, e
quatuor non poteft. Trianguli vero æquilateri 6 anguli
continent 360, adeoque e fex ejus angulis componi
non poteft angulus folidus, poteft autem e quinque,
quatuor, vel tribus. Quare angulorum folidorum pro
poliedris regularibus quinque tantum fpecies effe pofsunt,
eorum nimirum, qui conftituuntur tribus angulis penta-
gonorum, quatuor quadratorum, tribus, vel quatuor,
vel quinque triangulorum æquilaterorum.

93. Porrò demonftrarunt Veteres, & Euclides id libro 13 perfequitur, poliedrum regulare componi e pen-
tagonis 12, e quadratis fex, quo cafu eft cubus, e triangulis quatuor, ubi terni in apicem coeunt, quo cafu
eft pyramis, vel octo, ubi coeunt quatuor, vel 20, ubi
coeunt quinque, & cuivis ex iis corporibus fphæra in-
fcribi poteft, quæ omnes ejus facies contingat, vel circumfcribi, quæ per omnes ejus angulos tranfeat. Sed ea
minoris funt ufus, & hic innuiffe fuffecerit.

94. *Def.* 3. Figura folida habens pro bafi figuram rectilineam, e cujus fingulis angulis extra ejus planum con-
furgant lineæ æquales, & parallelæ terminantes ejus fa-
ciem rectilineam dicitur *Prifma*, quæ bafis fi fuerit
parallelogrammum, prifma dicitur Parallelepipedum, ac
fi omnes facies fuerint quadratæ dicitur Cubus. Si autem rectæ illæ in apicem coeunt, folidum dicitur Pyramis.

95. Prifma fuper bafi pentagona ABCDE exhibet Fig.
16. pyramidem Fig. 18.

Coroll. 1.

96. Quævis fectio prifmatis, vel pyramidis facta plano pafi parallelo eft figura prorfus fimilis bafi, & in
prifmate æqualis, in pyramide habens latera homologa
minora in ratione diftantiæ ipfius a vertice ad diftantiam bafis ab eodem.

97. Sit enim ejufmodi fectio LPONM (Fig. 16.) & per
num.

num. 9. singula ejus latera erunt parallela singulis lateribus basis, cum sint intersectiones planorum parallelorum cum iisdem planis. Quare & singuli anguli LPO, PON &c. erunt æquales singulis ABC, BCD &c. per num 41.

98. Præterea in prismate facies LABP, PBCO &c. erunt parallelogramma, & proinde latera LP, PO &c. æqualia lateribus AB, BC &c. adeoque sectio LPONM prorsus æqualis basi ABCDE.

99. In pyramide vero (Fig. 18.) similia erunt triangula LFP, AFB, & LP ad AB, ut FL ad FA, vel ut FP ab FB, & ita reliqua omnia latera PO ON &c. ad BC, CD &c. erunt in ratione FP ad FB, FO ad FC &c. (per Pr. 12. Geom.) quæ erit semper eadem ratio, ut FP ad FB est eadem ac FL ad FA. Quare sectio LPONM erit similis basi ABCDE, & ratio laterum eadem, ac ratio distantiarum a vertice F.

Coroll. 2.

100. Prisma terminatur altera basi parallela opposita, ac æquali priori, & faciebus lateralibus parallelogrammis.

101. Si enim planum sectionis parallelæ basi concipiatur transire per extremum punctum F rectæ AF (Fig. 16, in quod abeat L, reliqua sectionis puncta BCDE abibunt in KIHG cum omnes BP, CO &c. æquales sint AL, & omnes BK, CI &c. æquales AF. Erit igitur figura FKIHG æqualis ABCDE, & ipsi parallela, ac facies ABKF, BCIK &c. erunt parallelogramma.

Coroll. 3.

102. Prismatis, cujus latera rectilinea sunt basi perpendicularia, superficies demptis basibus est productum ex perimetro basis in unum e lateribus rectilineis: pyramidis autem habentis omnia latera rectilinea æqualia, & latera basis pariter æqualia est dimidium productum ex perimetro basis ducta in perpendiculum demissum e vertice in quodvis latus perimetri ipsius basis.

10 . Nam in prismate (Fig. 16.) singulæ facies, ut in eo casu rectangula contenta sub singulis latæ

iis lateribus basis ut ED, & singulis lateribus rectilineis ut EG. Adeoque summa omnium ejusmodi rectangulorum est tota perimeter, basis ducta in ejusmodi latus
rectilineum.

104. At in pyramide (Fig. 18.) si omnia latera basis
sunt æqualia inter se, & latera rectilinea ipsius pyramidis pariter inter se æqualia, erunt omnes facies triangula isofcelia æqualia, & singulorum menfura erit dimidium productum ex latere AE basis ducto in suum perpendiculum FZ, quæ perpendicula erunt omnia æqualia. Quare pariter summa omnium æquabitur dimidio
producto ex tota perimetro basis, & unoquovis ex ejusmodi perpendiculis.

Coroll. 4.

105. Pyramidis ejusmodi truncatæ plano parallelo basi,
superficies reliqua verfus basim æquatur producto ex fe-
misumma perimetrorum basis, & fectionis ducta in diftantiam perpendicularem laterum parallelorum basis, &
fectionis earumdem.

106. Si enim eadem FZ occurrat lateri LM in Y,
trapezii ALME, menfura erit femifumma LM, AE ducta in YZ, cum nimirum refolvatur in bina triangula
ALM, AME, quorum bafes ML, AE, & altitudo communis YZ diftantia perpendicularis ipfarum bafium parallelarum, adeoque singulorum triangulorum menfura fit dimidium productum ex singulis bafibus, & ipfa YZ.

Coroll. 5.

107. Omnia prifmata collata inter se, ut & omnes
pyramides inter se collatæ, fi super bafibus æquales areas
habentibus, & inter eadem plana parallela conftituan-
tur, æqualia fpatia folida comprehendunt.

108. Secentur enim planis quotcunque parallelis bafibus (Fig. 16., 17., 18., & 19.), & fectiones LPONM,
QRSTV unius prifmatis, vel pyramidis, æquales erunt
femper fectionibus refpondentibus lpo, qrs alterius. Nam
in prifmate omnes erunt æquales eidem bafi, in pyramide erunt ipfi fimiles, & singula latera refpondentia

LP₂

LP, *lp* erunt ad latera homologa AB, *ab* in rationi
eadem, nimirum in ratione FL ad FA, & *fl* ad *fa*,
quæ rationes erunt eædem per num. 11., cum puncta
F, *f* terminentur ad planum parallelum plano basium
& sectionis. Ea autem solida concipi possunt composi
ta ex iis omnibus superficiebus, quarum singulæ cum sin
gulis æquales sint, erunt & ipsa solida æqualia.

Scholion.

De methodo indivisibilium, & infinitesimali.

109. Hæc ratio demonstrandi dicitur methodus indi
visibilium Cavalleriana, quam nimirum Cavallerius in
venit primus, eaque cum successu est usus, concipiendo
lineas compositas e punctis, superficies e lineis, solida
e superficiebus. Revera linea producitur motu continuo
puncti, superficies motu continuo lineæ, solidum motu
continuo superficiei, & linea e lineolis, non e punctis,
superficies ex areolis, non e lineis, solidum ex spatio
lis solidis, non e superficiebus componitur. Hinc fieri
potest, ut hæc methodus aliquando in errorem inducat.
Sic si bina rectangula FAEG, *fAEg* (Fig. 20.) non in
eodem plano posita terminarentur ad binas rectas Ff, Gg
perpendiculares plano prioris; rectangulum posterius esset
longius priore in ratione rectæ Eg subtendentis angulum
rectum EGg ad EG latus trianguli rectanguli, cum ni
mirum communis altitudo esset EA, & tamen sectio
nes LM, *lm* essent æquales eidem AE, adeoque & in
ter se.

110. Eam Guldinus difficultatem Cavallerio objecit,
qui respondit: in hoc casu lineas, a quibus eæ superfi
cies veluti contexuntur, esse utrobique æquales, sed rer
rum ipsum rariorem in secundo rectangulo. Si enim fiat
secunda sectio QV *xq* admodum proxima priori, bina
fila QV, *qx* erunt æqualia inter se, sed *qx* ab *lm* re
motius, quam QV ab LM. Suam autem methodum
tunc solum procedere, cum præter æqualitatem sectio
num, e quibus figura constare concipitur, etiam bina
rum

...m quarumque inter se proximarum distantiæ æquales
...nr.

.111. Et quidem si methodus cum hac animadversio-
... adhibeatur nunquam in errorem inducet, & in quam-
...uribus casibus ejus ope invenientur æqualitates, quæ
...re per longissimas ambages methodo a veteribus adhi-
...ita invenirentur. Ut methodi fundamentum pateat,
...ncipiantur parallelogrammata AG, ag (Fig. 21.) con-
...ituta in eodem plano super basibus æqualibus AE, ae,
... inter easdem parallelas. Eorum æqualitas hac metho-
...b ostenditur ex eo, quod sectiones LM, lm, QV, qu
...rallelæ basibus AE, ae æquales sint iis., & inter se,
... lineæ illæ in ipsis superficiebus parallelogrammorum æ-
...e inter se distent, licet earum distantiæ VM, um
...mputatæ in directione laterum non sint æquales, si
...e directiones diversæ fuerint, adeoque ipsorum late-
...um æqualitas non habeatur. Sed jam superficies AFGE,
...re non componentur e lineis LM, lm, sed ex areo-
...s LMVQ, lmuq, quæ inter lineas continentur, ut &
...lida AF, af in Fig. 18, 19 ex spatiolis solidis LS,
...i inter superficies contentis non e superficiebus LMNOP,
...op, in quibus nimirum areolis, & spatiolis bases, &
& crassitudines æquales erunt, ac numerus idem.

112. Ex basi & crassitudine æquali ita infertur eorum elementorum æqualitas, ut demonstratio, qua to-
torum æqualitas evincitur rite procedat, dummodo cras-
situdo ipsa elementorum concipiatur infinitè parva. Si
enim sectio utriusque divisa concipiatur in infinitum
numerum particularum æqualium, & similium, æqualis
semper assumi poterit utrobique earumdem numerus ita,
ut ubi sectiones sunt rectæ lineæ, ut in Fig. 21, utraque sectio in ejusmodi particulas accuratè dividatur,
ubi vero eæ sunt areæ, ut in 16, 17, 18, 19, continuata in infinitum divisione, infinitè parva spatiola hinc
inde in angulis remaneant. Tum erectis lineis perpendicularibus ad sectionem alteram, usque ad oppositam infinitè proximam, habebitur utrobique infinitus numerus
particularum æqualium, & similium inter illas sectiones
infi-

infinite proximas contentarum, & solum circa margines, ut in Fig. 21. circa LQ, VM, *lq*, *um* deeffe poterunt aliquæ ob laterum obliquitatem. Sed numerus earum, quæ defunt, refpectu reliquarum minuetur in infinitum, ubi in infinitum minuatur craffitudo, & fectiones oppofitæ ad fe invicem accedant in infinitum. Quare ubi illorum elementorum, nimirum fpatiorum, quæ binis fectionibus infinite proximis continentur, æqualitas affumitur, contemnitur aliquid infinite parvum refpectu ipfius fummæ.

113. Quoties autem in comparandis binis quantitatibus finitis contemnendo aliqua, quæ refpectu earum funt infinite parva, invenitur æqualitas, toties vera æqualitas haberi debet, nec ullus ne infinitefimus quidem error inde oriri poteft. Finitæ enim quantitates funt eæ, quæ in fe determinatæ funt: infinite parvæ quantitates funt eæ, quæ concipiuntur minui ad arbitrium ultra quofcumque limites in fe determinatos. Porro contemptus quantitatum infinitefimarum in comparatione quantitatum finitarum nullum errorem parere poteft ne infinitefimum quidem. Nam fi illæ finitæ quantitates effent inæquales, haberent differentiam aliquam in fe determinatam. Quoniam autem illæ quantitates infinitefimæ poffunt minui ultra quofcunque limites in fe determinatos, poterunt fimul omnes effe minores, quam illa differentia suppofita, quam idcirco compenfare non poffent, nec poffet ex illarum contemptu derivari æqualitas quantitatis illius in fe determinatæ, nimirum compenfatio differentiæ suppofitæ.

114. Id exemplo fequenti fiet magis manifeftum. Sint in bilance hinc inde bini lapides inclufi cum liquoribus quibufdam, qui liquores perpetuo debeant effluere, vel evaporari, donec penitus evanefcant. Concipiamus nos nefcire utrum lapidum pondera æqualia fint, utrum liquores illis pondus addant, an auferant, utrum æque effluant; fcire tamen hæc duo: donec aliquid liquorum fupererit, haberi debere æquilibrium, & liquores debere imminui ultra quofcunque limites in fe determinatos,

cum

tum nimirum debeant penitus evanescere. Ex his binis veritatibus inferre licebit, lapides æqualis ponderis esse, liquores vel æque augere, vel æque minuere ipsorum pondera, & æqualiter effluere. Si enim ii lapides non æque ponderarent, esset aliqua in ipsorum ponderibus differentia in se determinata. Quoniam igitur liquores debent minui ultra quoscunque limites in se determinatos, aliquando simul omnes addent, vel auferent minus ponderi, quam sit illa differentia supposita. Igitur tunc illam differentiam compensare non possent nec æquilibrium haberetur, quod est contra hypothesim. Si igitur, donec adsunt liquores, æquilibrium habetur, & ii in infinitum imminuuntur, oportet lapides ipsi æquales sint. Quare cum ipsi lapides, & liquores simul æque ponderent; ipsi liquores æqualia pondera vel addunt, vel demunt, adeoque & æque effluunt.

115. Jam vero lapides illi referunt quantitates finitas, sive in se determinatas, liquores illi referunt quantitates infinitesimas, quibus contemptis, si finitæ quantitates æquales inveniuntur, reipsa debent esse accuratè æquales, & infinitesimæ illæ quantitates, quæ contemnuntur debent se mutuo compensare. Nam nisi illa finitarum quantitatum æqualitas haberetur, contemptus ipsarum decrescentium ultra quoscunque limites, non posset compensare ipsarum differentiam tum, cum infra ipsam eam differentiam imminuerentur.

116. In casu nostro binæ quantitates finitæ sunt bina prismata, vel pyramides, quantitates infinitesimæ sunt summæ particularum illarum omnium, quæ ob laterum obliquitatem desunt in angulis singulorum stratorum binis sectionibus inter se infinite proximis contentorum, ubi eadem in similes, & æquales particulares resolvuntur ad eorum æqualitatem evincendam. Cum his neglectis illa solida inveniantur æqualia; oportet, ipsa omnino æqualia sint, nec ullus error habebitur. Quod autem de binis quantitatibus æqualibus dictum est, facile traducitur ad quantitates quamcunque rationem habentes ad se invicem. Nam si eam rationem accurate non

habe-

haberent, addendum esset aliquid in se determinatum alteri, vel demendum alteri, ut eam assequerentur. Quæ autem contemnuntur, cum decrescere possint infra id, quod addendum, vel demendum esset, non possunt e- jus quem supplere, & eam rationem ostendere, quæ ex ipsorum contemptu derivatur.

117. Atque hoc scholio continetur fundamentum tam methodi Cavallerianæ, quam methodi infinitesimalis pas- sim adhiberi solitæ, quarum utraque investigationi est aptissima, utraque demonstrationes mirum in modum contrahit, & secunda multo latius patet, quam prima, utraque autem passim adhiberi solet, & utramque jam adhibebimus ubi opus fuerit. In priore autem illud ge- neraliter moneri potest, eam semper habere locum, ubi areæ in eodem plano positæ per easdem secantur rectas datæ rectæ parallelas, vel ubi solida quævis secantur pla- nis eidem dato plano parallelis; ejusmodi enim areæ vel solida erunt semper, ut sectiones, si sectiones ipsæ da- tam aliquam rationem habuerint ad se invicem. Habe- bit autem locum etiam ubicumque sectiones parallelæ inter se fuerint, & æque utrobique distantes, ac nume- ro æquali tam in solidis, quam in areis, sed non in lineis. In methodo autem infinitesimali cavendum, ne contemnatur aliquid, quod non decrescat ultra quos- cumque limites in se determinatos respectu ejus, respe- ctu cujus contemnitur, quod si caveatur, nullus error usquam committi poterit.

118. Veteres multo longiore ambitu utebantur adhi- bentes methodum, quam exhaustionum vocant. Conclu- debant singulas e binis quantitatibus comparandis inter alias binas ad se invicem accedentes magis, quam pro quavis data differentia, ac demonstrabant æqualitatem quantitatum concludentium inter se, tum inferebant pro- positarum quantitatum æqualitatem pariter inter se, re- ducendo semper demonstrationem ad absurdum. Ejus- modi methodus eodem fundamento innititur, quo me- thodus infinitesimalis, sed multo est implicatior, & lon- gior. Eam apud Euclidis commentatores Tyro videre

pote-

poterit, fi velit, & ubi aliquanto plus profecerit, apud veteres ipfos, Archimedem in primis. Sed de his jam fatis.

Coroll. 6.

119. Pyramides bafium æqualium in eundem apicem definentes, vel utcunque eandem altitudinem habentes, funt æquales.

120. Poteft enim per communem verticem duci planum plano bafium parallelum, eruntque fuper æqualibus bafibus, & in iifdem planis parallelis; & pariter fi bafes collocentur in eodem plano vertices ad eandem partem fiti in eadem altitudine terminabuntur ad idem planum bafibus parallelum.

Coroll. 7.

121. Pyramis eft tertia pars prifmatis habentis æqualem bafim & altitudinem.

122. Collocentur enim (Fig. 22.) bafes in eodem plano, & vertices terminabuntur ad planum ipfi parallelum, ob altitudines æquales. Concipiatur autem in eodem illo bafium plano triangulum ACB æquale areæ bafium; ac in eadem altitudine prifma terminatum ad DFE ipfi æquale, & parallelum. Tum concipiatur fecari ipfum prifma plano CDB, & orientur binæ pyramides habentes verticem in D, & altera habebit pro bafi triangulum CAB, altera parallelogrammum CFEB. Si hæc fecunda fecetur iterum plano CDE in binas pyramides habentes eundem verticem D, & bafes FCE, BEC æquales; hæ binæ pyramides erunt inter fe æquales (per n. 119.) Earum autem prior confiderari poteft tanquam habens bafim DFE & verticem C, quæ pariter (per n. 119.) æqualis effe debet primæ illi habenti pro bafi triangulum ABC, & pro vertice D, cum bafes ipfæ fint inter fe æquales, & altitudines pariter æquales eidem illorum triangulorum diftantiæ perpendiculari a fe invicem, adeoque & inter fe. Erit igitur prima illa pyramis pars prifmatis tertia. Cumque datum prifma huic triangulari prifmati æquale fit, ac data pyramis huic py-

rami-

ramidi (per num. 107); etiam data pyramis erit pars
tertia dati prismatis.

Coroll. 8.

133. Mensura cujusvis prismatis est productum ex
basi in altitudinem, pyramidis autem ejus producti
triens.

124. Si enim capiatur basis ABCD (Fig. 24.) rectangula æqualis basi dati prismatis, vel datæ pyramidis, &
ductis per ejus latera planis perpendicularibus ejus plano
in eadem altitudine construatur prisma AG habens facies basi perpendiculares; hoc erit æquale dato prismati,
ac triplum datæ pyramidis. Si autem hujus latera AD,
DC, & altitudo DF dividantur in particulas æquales
quotcumque, quarum numerus, si forte eæ rectæ incommensurabiles fuerint, augeatur, & magnitudo minuatur
in infinitum, ut ea, quæ supersunt, & contemnuntur infinitè parva evadant, concipianturque per singula divisionum puncta plana parallela faciebus parallelepipedi
ipsius, habebuntur tot strata, quot particulæ fuerint in
altitudine DF, & in singulis stratis tot ordines particularum solidarum, quot particulæ lineares fuerint in AD,
& tot particulæ solidæ omnes æquales, & cubicæ, quot
particulæ lineares in latere DC. Quare multiplicando AD per DC habetur numerus particularum solidarum
cujusvis strati, qui est idem ac numerus particularum
superficialium basis BD. Hunc autem numerum multiplicando per numerum particularum linearium altitudinis DF, habebitur numerus particularum omnium solidarum contentarum eo parallelepipedo. Igitur id parallelepipedum, adeoque datum prisma, vel triplum datæ
pyramidis est productum ex basi in altitudinem.

125. Ex. gr. Si basis habeat latus AB duorum palmorum, AD quatuor, constabit superficies ABCD palmis
quadratis bis quator, sive octo. Si autem altitudo DF
fuerit palmorum trium, habebuntur tria strata cuborum palmarium alia supra alia, quorum singula continebunt octo. Quare totum prisma continebit cubos ejusmodi ter octo, sive vigintiquatuor.

Coroll. 9.

126. Prifmata omnia, fi inter fe comparentur, ad pyramides omnes inter fe, erunt ut producta ex bafibus, & altitudinibus: & fi bafes fuerint æquales, erunt ut folæ altitudines: fi altitudines fuerint æquales, erunt ut folæ bafes: fi ea folida fuerint æqualia, altitudines erunt reciprocè proportionales bafibus: fi bafes fuerint reciprocè proportionales altitudinibus, erunt æqualia: fi bafes fuerint fimiles, & altitudines proportionales lateribus homologis bafium, erunt in triplicata ratione laterum homologorum, vel altitudinum.

127. Patent omnia ex regulis proportionum, & poftremum hoc deducitur ex iifdem, ac ex eo, quod bafium fimilium areæ funt in ratione duplicata laterum homologorum (per Coroll. 2. propofit. 12. Geom.), quibus cum accedat ratio altitudinum, evadit triplicata.

Coroll. 10.

128. Similium folidorum fuperficies funt in duplicata ratione laterum homologorum; ipfa autem folida in triplicata.

129. Similia enim dicuntur ea, quæ refolvi poffunt in fimiles pyramides, quarum bafes funt in duplicata ratione laterum, quibus accedit ratio fimplex ipforum laterum, dum in altitudines ducuntur.

130. *Def.* 4. Cylindrus eft figura folida inclufa fuperficie genita motu parallelo rectæ radentis circulum pofitæ extra ipfius planum: Conus verò, motu rectæ radentis circulum, & tranfeuntis per punctum quoddam pofitum pariter extra ipfius planum: utriufque bafis dicitur ille circulus, axis ejufmodi recta per centrum ipfius ducta, latus recta, quæ radit circulum, vertex in cono punctum illud immobile; & fi axis fit perpendicularis bafi, dicitur cylindrus, vel conus rectus; fi ille fuerit obliquus, hic etiam dicitur obliquus. Si autem bafis fuerit quævis alia curva linea, folidum dicitur Cylindricum, vel Gonoïdicum.

131. *Fig.* 23. exprimit cylindrum, & conum: bafis

I   eft

est circulus AaE, axis FC, latus in cylindro BA, vel ED, in cono FA, vel FE, coni vertex F.

Coroll. 1.

132. Si basis prismatis, vel pyramidis multiplicato in infinitum numero laterum, & imminuta magnitudine, abeat in curvam continuam, satis patet prisma abire in solidum cylindricum, pyramidem in conoidicum, & prisma, cujus latera sunt perpendicularia basi, in cylindrum rectum, pyramidem vero, cujus basis latera aequalia, & distantiae a vertice aequales in conum rectum, cujus latus rectilineum quodvis erit perpendiculare perimetro basis.

133. Cetera facile patent: ubi vero in pyramide (Fig. 18.) poligonum ABCDE circulo cuidam inscriptum sit, & multiplicatis in infinitum lateribus, poligonum abit in circulum, rectae FA, FE, abeunt in ipsum perpendiculum FZ.

Coroll. 2.

134. Quamobrem quaecumque dicta sunt de prismate & pyramide in Corollariis defin. 3, locum habebunt in quovis solido cylindrico, vel conoidico, ac ea, quae ad superficiei mensuram pertinent, habebunt locum in cylindro, & cono rectis tantummodo ita, ut superficies coni recti truncati sit semi-summa peripheriarum binarum basium ductarum in earundem distantiam.

Coroll. 3.

135. In cono obliquo (Fig. 25.) si demisso perpendiculo FD in basim, ducatur per D diameter ACE, jacente A ad partes oppositas C, angulus FCA, & recta FA erunt maximi omnium angulorum FCa, & rectarum Fa, angulus FCE, & recta FE minimi: ipse autem angulus FCa, & recta Fa erunt eo minores, quo magis recedent ab A, & accedent ad E, ac bini tantum hinc inde aequales erunt.

136. Quod pertinet ad angulos patet ex Cor. 9. def. 2. Quod vero pertinet ad rectam patet ex ipso angulo, & ex eo, quod FC sit constans, & Ca semper aequalis CA, vel CE.

137. *Def.* 5. Sphæra est solidum unica superficie comprehensum, ad quam omnes rectæ e centro ductæ æquales sunt, cujus diameter dicitur recta quævis per centrum ducta, & utrinque terminata ad superficiem: recta autem a centro ad superficiem ducta dicitur radius.

Coroll. 1.

138. Omnes sphæræ diametri æquales sunt inter se.

139. Sunt enim æquales omnes radii, quorum binos continet quævis diameter.

Coroll. 2.

140. Si semicirculus circa suam diametrum gyret, generat sphæram habentem idem centrum, & eandem diametrum.

141. Omnes enim rectæ CF, CI, CH (Fig. 26.) ductæ a centro immoto semicirculi C ad quævis superficiei puncta erunt æquales eidem CA, vel CB immotæ.

Coroll. 3.

142. Si sphæra secetur quovis plano, sectio erit circulus, qui erit omnium maximus, si sectionis planum transeat per centrum sphæræ, quo casu habebit diametrum, & centrum commune cum diametro, & centro sphæræ, ac deinde erit major, vel minor, prout planum sectionis magis, vel minus accedet ad centrum sphæræ, vel recedet.

143. Sit enim sectio FIH, & ad ejus planum ducatur (per num. 46.) perpendicularis diameter ACB, quæ ipsi occurrat in E; ac si punctum E congruat cum ipso centro C, patet omnes EI fore radios sphæræ. Si autem cadat extra, in triangulis CEI, CEF anguli ad E erunt recti, latus CE idem, basis CI æqualis CF. Quare & quodvis latus EI æquale erit cuivis EF (prop. 7. Geom.), adeoque in utroque casu sectio erit circulus, cujus centrum in E, quod in primo casu cadet in ipsum sphæræ centrum C, circulo maximo habente centrum, adeoque & diametrum, commune cum centro, ac diametro sphæræ.

I 2

144. Patet autem ob angulum ad E rectum, radium circuli EF fore semper minorem radio sphæræ CF, nisi congruant abeunte E in C, quo casu æquantur, & quo minor fuerit distantia CE, eo major erit chorda HF, nimirum circuli diameter.

Coroll. 4.

145. Si concipiatur (Fig. 27.) cylindrus rectus KQLM circumscriptus sphæræ habens pro axe diametrum AB, pro basi circulum æqualem circulo sphæræ maximo, quem sectio ipsi sphæræ AB perpendicularis ducta per E, secet in RN, superficies segmenti sphæræ HAF erit æqualis superficiei cylindri QNRK, & area totius sphæræ areæ totius cylindri demptis basibus.

146. Concipiatur enim quævis particula Ff peripheriæ circuli genitoris ita parva, ut infinite accedat ad rectam lineam, & producta Ff usque ad BA in G, generabit recta FfG superficiem coni recti, ut patet, ac Ff superficiem coni recti truncati cujus mensura (per num. 134.) erit ipsa Ff ducta in semisummam peripheriarum habentium pro radiis EF, ef, nimirum (ducto radio CO, qui ipsam Ff secet bifariam in O & ad angulos rectos per Cor. 4. prop. 5. Geom., & demisso perpendiculo OP) in circumferentiam habentem pro radio OP, quæ erit æqualis illi semisummæ; nam EF. fe :: FG . fG, & componendo EF $+$ fe . fe :: FG $+$ fG . fG, & cum sit 2OG $=$ FG $+$ fG, erit etiam $\frac{EF + fe}{2}$. fe :: OG . fG; est autem OG . fG :: OP . fe, ergo OP $= \dfrac{EF + fe}{2}$ & cum peripheriæ sint ut

radii, erit peripheria ipsius OP æqualis semisummæ peripheriarum habentium radios EF & fe. Jam vero ob similia triangula rectangula Gef, GEF, GPO, OPC, erit Ee $=$ Nn. fF :: GE . GF :: GP . GO :: PO . CO $=$ EN. (ut facile intelligitur ex Pr. 12. Geom., ejusque Coroll. 4.) ergo Nn X EN $=$ fF X PO, atque adeo (cum peripheriæ sint ut radii) erit factum ex Nn in in peripheriam defcriptam radio EN æquale facto ex Ff in peripheriam defcriptam radio PQ. Primum illud eſt area genita ab N*n*, hoc fecundum eſt area genita ab Ff. Quare tota area genita a toto arcu AfF æquatur uni areæ genitæ a recta QN, & abeunte REN in MBL tota ſphæræ ſuperficies ſuperficiei totius cylindri demptis baſibus.

Coroll. 5.

147. Superficies fegmenti ſphærici HAF æquatur areæ circuli habentis pro radio chordam AF, ſuperficies totius ſphæræ areæ circuli habenti pro radio diametrum ipſius ſphæræ, quæ proinde erit quadrupla circuli ſphæræ maximi.

148. Eſt enim ut AE, ſive QN ad AF, ita AF ad AB, adeoque ita ſemiperipheria radio AF, ad ſemiperipheriam radio AB, ſive peripheriam radio CB, vel EN. Quare productum ex QN & peripheria deſcripta radio EN, ſive area cylindrica QNRK, vel area fegmenti ſphærici HAF æquatur producto ex AF in dimidiam circumferentiam radio pariter AF, ſive areæ circuli habentis ipſam AF pro radio, quæ AF, abeunte F in B, evadit diameter AB, ac proinde area totius ſphæræ æquatur areæ circuli habentis pro radio diametrum ipſius ſphæræ; quæ idcirco quadrupla eſt areæ circuli habentis pro radio radium ipſius ſphæræ, nimirum areæ circuli ſphæræ maximi,

Coroll. 6.

149. Sector ſphæræ CHAFC æquatur cono habenti pro baſi circulum radio AF, & pro altitudine radium ipſius ſphæræ, & foliditas totius ſphæræ cono habenti pro baſi circulum quadruplum circuli ſphæræ maximi, ac tandem altitudinem, cujus menſura erit area ejuſdem circuli ducta in binos trientes diametri.

150. Si enim ſuperficies ſphæræ concipiatur refoluta in particulas ita parvas, ut infinitè accedant ad ſuperficiem planam, & a ſingulis earum perimetri punctis ad centrum ſphæræ tendant rectæ, habebuntur totidem pyramides, quarum baſes erunt illæ particulæ ſuperficiei

I 3

ſphæ-

sphæricæ, & altitudo communis radius sphæræ. Quare omnium summa æquabitur pyramidi vel cono habenti basim æqualem toti illi superficiei sphæricæ, & altitudinem eandem. Porro cum (per n. 147.) totius sphęrę superficies sit quadrupla circuli sphęrę maximi , & conus (per num. 134. & 123.) triens producti ex basi & altitudine; erit soliditas sphęrę ęqualis trienti producti ex quadruplo circuli maximi, & radio, vel trienti producti ex duplo ipso circulo, & diametro, sive binis trientibus producti ex circulo ipso; & diametro.

Coroll. 7.

151. Si concipiatur conus MAL habens pro basi pariter circulum sphęrę maximum, ut cylindrus QLMK; erunt conus, sphęra, cylindrus ad se invicem ut numeri 1, 2, 3, & superficies sphęrę, ad superficiem cylindri, inclusis basibus, pariter ut 2 ad 3.

152. Nam cylindrus ęquatur producto ex basi sua, sive area circuli sphęrę maximi, & diametro AB (per nu. 134, & 123) sphęra binis ejus producti trientibus (per n. 149), conus uni trienti (per n. 134, & 123).

Coroll. 8.

153. Sphęrarum superficies sunt in duplicata ratione radiorum, sphęrę autem ipsę in triplicata.

154. Nam areę circulorum maximorum sunt in duplicata ratione radiorum, quibus accedit ratio ipsorum radiorum, cum pro habenda sphęra eę ducuntur in diametros, vel radios, ac fit triplicata.

Scholion 1.

155. Si Archimedeis numeris uti libeat pro ratione circumferentię circuli ad radium, erit sphęra ad cubum diametri, ut 21 ad 11. Erit enim quadratum radii ad aream circuli, ut 7 ad 22. Quare quadratum diametri ad aream circuli, ut 28 ad 22, vel ut 14 ad 11. Si primus ducatur in diametrum, & secundus in $\frac{2}{1}$ diametri, fiunt cubus, & sphęra, quę solida proinde erunt ut 14 ad $\frac{2}{3}$ X 11, sive ut 3 X 7 ad 11, vel ut 21 ad 11.

156. Data quavis ratione diametri ad circumferentiam adhuc propiore rationi verę, semper habebitur faxe menfura fphęrę; ut & corporum omnium menfurę ad pyramides redactę haberi poterunt ex iis, quę dicta funt.

157. Mechanica eorum menfura haberi poteft, fi corpora ejufdem formę minora immittantur in vas aquę plenum, & capiatur menfura aquę effluentis.

Scholion 2.

158. Subjiciemus indicem propofitionum libri 11, & 12 Euclidis, quas fere omnes accurate demonftravimus, nonnullę ex demonftratis fponte fluunt: Omifimus alias; quas Euclides in gratiam fequentium demonftrat.

Eucli-

Euclidi Lib. XI	Nobis	Euclidi Lib. XI	Nobis
Pr. 1	num. 4	28)	
2	7	29)	
3	5	30)	
4	18	31)	
5	28	32)	126
6	35	33)	
7	7	34)	
8	35	35)	
9	39	36)	
10	41	37)	
11)		38	66
12)	45		
13)		Lib. XII	
14	16	5)	126
15	54	6)	
16	9	7	122
17	11	8)	
18	64	9)	126
19	70	10)	
20	85	11)	
21)		12)	(134
22)	88	13)	(122
23)		14)	
24	98	15)	
25	126	18	553
26	86		

TRIGONOMETRIA.

Trigonometria dicitur ars resolvendi triangula. Nimirum in quovis triangulo habentur tria latera, & tres anguli, ex quibus si dentur fere semper reliqua tria inveniri possunt. Ea cum iuntur, triangulum resolvi dicitur, ac ejusmodi ingationem Trigonometria docet, quæ triangulorum ensionem græco vocabulo exprimit.

Porro triangula considerari solent vel in plano a, is constituta lineis, vel in sphæræ superficie ab ar-s circulorum ejusdem sphæræ maximorum. Quæ illm resolutionem docet Trigonometria, *plana* dicitur, horum, *sphærica*. Id autem præstat ope quarum-n, quæ dicuntur *functiones* arcuum circuli, vel anorum eosdem arcus habentium pro mensura.

. Quamobrem hunc tractatum dividemus in partes. Prima aget de arcuum functionibus, & earum ta, secunda de Triangulis planis, tertia de sphæricis.

PARS PRIMA.

De arcuum functionibus, & earum tabulis.

§. I.

De natura, & proprietatibus functionum.

Definitiones.

4 Nomine *functionis* arcus cujuspiam hic intelligimus sinum rectum, sinum versum, tangentem, secantem, cosinum, cotangentem, cosecantem, quæ singula sunt exponenda.

5. Si ex altero extremo arcus circularis ducatur perpendiculum in diametrum ductam per alterum extremum;

mum; hoc perpendiculum dicitur *finus rectus* ejus arcus; & pars diametri, intercepta inter illud extremum arcus, & ipfum finum rectum, dicitur *finus verfus*: In Fig. 1. DE eft finus rectus arcus AD; AE eft finus verfus ejufdem:

6. Si ex altero extremo arcus ducatur tangens, donec occurrat rectæ ductæ per alterum extremum, & per centrum, ipfa dicitur *tangens* ejufdem arcus: AF eft tangens arcus AD, A*f* arcus A*d*.

7. Illud fegmentum rectæ ductæ per centrum, & alterum extremum arcus, quod interjacet inter centrum, & tangentem ductam per alterum extremum, dicitur *fecans* ejufdem arcus. CF eft fecans arcus AD; C*f* arcus A*d*.

8. Id quod arcui cuipiam deeft ad complendum femicirculum, dicitur ejus *complementum ad femicirculum*, vel *ad* 180 *gradus*: ejus differentia a quadrante, five ipfum excedat, five ab ipfo deficiat, dicitur absolute *complementum*, ac finus, tangens, fecans complementi arcus, dicitur ejus *cofinus*, *cotangens*, *cofecans* : DB eft refpectu AD complementum ad femicirculum; *d*B refpectu A*d*: GD; G*d* funt complementa AD, A*d* : DH, *d*H funt ipforum cofinus: GI; G*i* ipforum cotangentes: CI; C*i* ipforum cofecantes, cum fint finus tangentes fecantes complementorum GD, G*d*.

Coroll. I.

9. Bini arcus, qui fimul fumpti femicirculum complent, habent omnes functiones æquales.

10. Sint AD, A*d* fimul æquales femicirculo A*d*B : erit *d*B æqualis AD, ac proinde etiam complementum GD æquale G*d*, eritque angulus DC*d* bifariam fectus per rectam CG (per Schol. def. 7. Geom.), adeoque (per pr. 5. Geom., & ejus Cor. 4.) chorda D*d* fectabifariam, & ad angulos rectos in H. Quare etiam cofinus DH, *d*H erunt æquales, & finus DE, *de* æquales eidem CH (per Cor. 4. pr. 3. Geom.) erunt æquales inter fe. Cumque angulus AC*f* fit æqualis *d*C*e* ad verticem oppofito (per Cor. 4. def. 8. Geom.), adeo-

que

que angulo DCA, ob arcus *d*B, DA æquales; etiam in triangulis ACF, AC*f* erunt (per pr. 3. Geom.) æquales tangentes AF; A*f*, & secantes CF; C*f*, ut pariter ob æqualitatem angulorum GCI, GC*i* erunt æquales cotangentes GI; G*i*, & cosecantes CI; C*i*.

Coroll. 2.

11. Chorda dupli arcus est dupla sinus ejusdem.

12. Nam D*d* chorda DG*d* est (per num. 10.) dupla DH sinus DG, ac arcus DG*d* est duplus arcus DG.

Coroll. 3.

13. Quadratum radii æquatur summæ quadratorum sinus, & cosinus arcus cujusvis, ac differentiæ quadratorum secantis, & tangentis. Quadratum vero secantis summæ quadratorum tangentis; & radii.

14. Nam ob angulum CHD rectum, est (per pr. 7. Geom.) $CD^2 = CH^2 + HD^2 = DE^2 + DH^2$, & ob angulum CAF rectum, $CA^2 = CF^2 - FA^2$, & $CF^2 = FA^2 + CA^2$.

Coroll. 4.

15. Idem quadratum radii æquatur rectangulo sub cosinu, & secante, ac rectangulo sub tangente, & cotangente.

16. Est enim (per prop. 12. Geom.) ob triangula CED, CAF similia, CE. CD :: CA. CF; adeoque (per pr. 13. Geom.) $CE \times CF = CA \times CD = CA^2$: Præterea cum sit angulus ICG æqualis (per Coroll. 1. def. 17. Geom.) alterno CFA; ac proinde similia triangula rectangula CAF, ICG; est AF. AC :: CG. GI, adeoque $AF \times GI = AC \times CG = CA^2$.

Coroll. 5.

17. Binorum arcuum quorumcumque tangentes sunt in ratione reciproca cotangentium.

18. Nam (per num. 15.) rectangulum sub tangente, & cotangente primi æquatur rectangulo sub tangente, & cotangente secundi; cum utrumque æquetur quadrato radii; ac proinde (per pr. 10. Geom.) illius tangens ad tangentem hujus est, ut cotangens hujus ad cotangentem illius.

Co-

Coroll. 6.

19. In quovis arcu est cosinus ad sinum, ut radius ad tangentem, ac est sinus ad radium, ut tangens ad secantem.

20. Est enim CE, sive DH. ED : : CA. AF, & ED, DC : : AF. FC.

Coroll. 7.

21. Sinus versus arcus quadrante minoris est differentia radii a cosinu, & arcus majoris summa.

22. Nam AE $=$ AC $-$ CE, & Ae $=$ AC $+$ Ce.

Coroll. 8.

23. Mutato utcumque radio functiones omnes arcuum similium, vel angulorum aequalium mutantur in eadem ratione, & inter se rationem constantem servant.

24. Nam figura 1, aucto utcunque, vel imminuto radio CA, erit semper sibi similis, & omnia triangula habebunt eosdem angulos, quos prius; ac proinde ratio radii CA ad omnes alias lineas, & ratio earundem inter se, erit eadem ac prius.

Coroll. 9.

25. In quovis triangulo rectangulo si basis (cujus nimirum nomine in triangulis rectangulis solet intelligi latus recto angulo oppositum, quod etiam hypothenusa dicitur) habeatur pro radio, latera erunt sinus angulorum oppositorum, & cosinus adiacentium; ac si latus alterum habeatur pro radio, alterum latus erit tangens, basis vero secans anguli adjacentis illi primo lateri, & oppositi huic secundo, ac illud cotangens, haec cosecans alterius anguli oppositi primo lateri, & adjacentis secundo.

26. Sit enim quodvis triangulum CED rectangulum in E, & concipiatur circulus radio CD. In eo erit DE sinus arcus DA, vel anguli DCA, adeoque cosinus arcus DG, & anguli DCG aequalis alterno CDE.

27. Sit vero quodvis triangulum CAF rectangulum in A, & concipiatur circulus radio CA. In eo erit latus AF tangens, basis CF secans arcus AD, vel anguli ACF adjacentis AC, & oppositi AF; adeoque illud co-

tan-

ngens , hæc cofecans anguli DCG; nimirum angul
FA alterni, adeoque æqualis ipfi.

LEMMA GENERALE.

28. Binarum quantitatum femidifferentia addita fe
fummæ efficit majorem, fubtracta relinquit minorem:
t fi femidifferentia fit major quam femifumma, altera
quantitas negativa erit, quæ hic femper pro minori ha-
bitur, cum habeatur ut minor etiam nihilo.

29. Sint in fig. 2. binæ quantitates AD, DB . Sece-
AB bifariam in C, fumaturque CE = CD, ut re-
quatur AE = DB; eritque AC, vel CB femifumma ,
differentia, cujus dimidium CD additum femifum-
AC exhibet majorem AD; at idem ablatum a fe-
umma CB relinquit minorem DB.

o. Si vero earum quantitatum altera fit Ad, & al-
habita pro negativa Bd, fumma negativæ & pofi-
x majorem minuit, adeoque erit AB fumma , CB ,
el CA femifumma, & facta Ae ex parte oppofita Bd
ipfi æquali; erit ed differentia , ejufque dimidium Cd
majus ipfa femifumma CB. Adhuc tamen AC + Cd =
, & CB — Cd = — Bd, five parti alteri negativæ.

THEOREMA.

31. In binis arcubus quibufcumque fumma finuum ad
differentiam eft, ut tangens femifummæ eorundem arcuum ad tangentem femidifferentiæ, & fumma cofinuum
ad differentiam , ut cotangens femifummæ ad tangentem femidifferentiæ.

32. Sint enim in fig. 3. bini arcus AD, DB ; & fecetur AB bifariam in E: erit AB fumma eorum arcuum,
AE femifumma, & (per num. 28.) DE femidifferentia.
Ductis autem CD, CE, quibus AB occurrat in G, I,
ac (per pr. 5. Geom., & ejus cor. 4.) fecetur bifariam,
& ad angulos rectos in I, erit AI femifumma, GI femidifferentia binarum AG, GB, ac tandem ducantur
AP, BQ perpendiculares CD, quæ erunt finus arcuum
AD, DB.

33. Jam vero ob triangula fimilia AGP, BGQ, quæ
præter angulos rectos in P, & Q, habent angulos in
G ad

& ad verticem oppofitos æquales, erunt ii finus, ut AG,
GB, adeoque eorum femifumma ad eorum femidifferentiam ut AI Harum femifumma ad femidifferentiam IG,
Ac habendo CI pro radio, in triangulis CIG, CIA rectangulis funt IG, IA tangentes angulorum ICG, ICA
(per num. 25.). Sunt igitur etiam tangentes arcuum
qui eos metiuntur, ut eædem recte IG, IA. Quare femifumma finuum arcuum AD, DB, ad eorum femidifferentiam, adeoque & eorum fumma ad differentiam
erit, ut tangens AE femifummæ ipforum arcuum ad tangentem ED eorum femidifferentiæ.

34. Completa jam diametro ACK, fecetur bifariam
etiam KB in M, & capiatur MN = ED verfus eandem
plagam. Erit EM dimidium totius femicirculi, adeoque
quadrans. Quare etiam DN erit quadrans, adeoque DB
complementum BN : cumque relinquantur AD, NK
æquales alteri quadranti; erit AD complementum NK,
& ipforum BN, NK erit BM femifumma, BE, feu
AE complementum femifummæ, MN = ED femidifferentia.

35. Cum igitur fumma finuum arcuum AD, DB ad
eorum differentiam fit, ut tangens eorum femifummæ
AE ad tangentem eorum femidifferentiæ ED; erit fumma cofinuum binorum arcuum KN, NB ad eorum differentiam, ut cotangens eorum femifummæ ad tangentem eorum femidifferentiæ.

Scholion.

36. Multa alia theoremata poffunt facile demonftrari
circa hafce arcuum functiones: fed hæc ad ufus, qui
communiter occurrunt, abunde funt. Ut autem ea ad
ufum deduci poffint, oftendendum eft, quo pacto divifo radio in quemlibet partium numerum invenire liceat,
quot earum partium contineat quævis functio cujufvis
arcus, faltem eorum omnium, qui conftant gradibus,
& minutis, ut in tabulas ordinentur, & ubi opus fuerit prefto fint.

37. Radius dividi poteft in quotcunque partes libuerit, plerumque autem affumitur unitas cum quopiam

numero cyphrarum o, ut 100000, 1000000, 10000000, vel alius aliquis ejusmodi numerus; ac si inventis functionibus pro aliquo majore radio , quærantur eædem pro minore, habebuntur facile ope numeri 23 . Sic si constructis tabulis pro radio 10000000, quærantur pro adia 100000, satis est ex inventis functionibus rejicere postremas duas notas , & eas habere pro decimalibus; ita enim erit ille primus radius ad hunc novum, & illa prima functio ad hanc novam.

38. Ut habeantur ejusmodi tabulæ, satis erit eas condere usque ad 90 gradus; quoniam (per n. 9.) post us 90 eædem functiones redeunt. Porrò inferius illetiam ostendemus, quo pacto ordinandæ sint , ut lementa sibi e regione respondeant.

9. Interea notetur illud: evanescente in fig. 1. arcu , ubi punctum D congruat cum A, sinus rectus ED, tangens AF evanescunt: sed secans CF evadit equas radio CA. Crescente arcu crescunt omnes tres, donec facto AD = 90° , ubi punctum D abit in G, sinus DE fit equalis radio CG. Quamobrem radius appellatur etiam *sinus totus*, nimirum sinus totius quadrantis: tangens vero AF, & secans CF evadunt infinitæ, cum fiant parallelæ, adeoque punctum F in infinitum recedat. Crescente vero arcu ita, ut quadrantem excedat , quemadmodum eum excedit A d, quo magis ipse augebitur, eo magis decrescet ejus sinus d e, tangens A f, secans C f; donec illo abeunte in semicirculum , evanescat sinus, & tangens, ac secans fiat equalis radio.

40. Sinus autem versus AE, arcu evanescente , evanescit, crescente vero arcu , crescit, donec in arcu equali quadranti equetur radio , & in semicirculo fiat equalis diametro AB.

§. II:

De constructione tabularum :

41. SI describeretur circulus ita magnus ; ut radium haberet palmorum 10000000 ; dividi posset in gradus, & minuta, ac ductis sinibus, tangentibus, & secantibus, liceret earum mensuras capere, & invento in singulis palmorum numero, tabulas ita construere. Sed id & mechanicum esset; & ferme factu impossibile, potissimum ob immanem postremarum tangentium, ac secantium longitudinem. Computandae sunt igitur ope Geometriae; & Arithmeticae ejusmodi functiones, quae tamen ob quantitates radicales, in quas inciditur, accuratae haberi non possunt, sed tantummodo veris proximae quantum libuerit. Multae methodi ad contrahendum calculi laborem inventae sunt; verum cum ita multae jam computatae sint tabulae, non id agitur, ut immani sane, ac inutili jam prorsum labore iterum computentur, sed ut Tyroni innotescat ; qua ratione computari possint. Trademus igitur methodum, quae & captu facillima sit, & scopum attingat, ac licet in praxi non omnium expeditissima, nec justo tamen sit operosior.

PROBL. I.

42. Data tangente invenire secantem, & sinum.

43. Ex summa quadratorum radii, &, tangentis extrahatur radix, & habebitur secans (per n. 13.). Fiat ut secans ad tangentem, ita radius ad sinum quaesitum (per n. 19). Et erit factum.

PROBL. II.

44. Datis tangentibus binorum arcuum non majorum quadrante invenire tangentem arcus medii arithmetice proportionalis.

45. Ex datis tangentibus inveniantur secantes (per num. 41.): tum fiat ut summa secantium ad secantem minorem, ita differentia tangentium, ad quantitatem,

quae

addita tangenti minori, exhibebit tangentem quæ-
tam.

46. Sint enim in fig. 4. arcus dati AB, AE , medius
arithmeticè proportionalis AD , tangentes datæ AF ,
AH, quarum differentia erit HF, ac secantes inventæ
CF, CH, tangens vero quæsita sit AG. Ob arcum
D = DE recta CG bifariam secat angulum FCH. Igi-
tur (per Cor. 4. pr. 12. Geom.) erit CH. CF :: GH.
GF. Quare componendo CH + CF. CF :: HF. FG.
habetur autem AF + FC = AG.

Coroll. I.

47. Si alter e binis arcubus esset = o, abeunte B in
tangens AF, evanesceret, secans CF fieret æqualis radio, & AG ipsi FG. Quare problema mutaretur in hoc
aliud. *Data tangente arcus, invenire tangentem ejus di-*
midii, & solutio huc rediret: *Inventa dati arcus secan-*
te, fiat, ut summa radii, & secantis'ad radium, ita tan-
gens data ad quæsitam.

48. Si alter e binis arcubus fieret quadranti æqualis,
abeunte E in I, CH, FH abirent in infinitum, & ratio
summæ FC, CH ad FH abiret in rationem æqualitatis.
Quare etiam esset FC = FG. In eo igitur casu solutio
huc redit: *Secans arcus minoris addatur tangenti ejus-*
dem, & invenietur quæsita tangens. Porro ejusmodi solutio pro eo casu sic etiam immediatè demonstratur.
Angulus FGC æquatur alterno GCI, cum quo in eo
casu congruit GCH, cui æqualis est FCG. Quare in eo
casu FGC — FCG, & FC = FG.

Coroll. 3.

49. Si utrunque simul contingeret, altero arcu existente = o, altero = 9° ; tangens AF arcus minoris
evanesceret, ac secans FC evaderet æqualis radio, adeoque ipsi radio æqualis etiam quæsita tangens, arcus vero ille medius arithmeticus evaderet = 45°. Quare solutio problematis in eo casu huc redit : *Tangens arcus*
45° æquatur radio. Id autem etiam immediate constat.
Si enim angulus ACG est semirectus, erit (per pr. 1. Geom.)

K   semifemirectus etiam AGC ob angulum GAC rectum, adeòque triangulum CAG ifofcele.

PROBL. III.

50. Datis functionibus binorum arcuum ; qui inter fe parum admodum differant, invenire functionem
cujufcumque intermedii arcus dati veræ proximam.

51. Fiat ut differentia arcus minoris a majori, ad
differentiam minoris ab intermedio, ita differentia datarum functionum ad quartum addendum functioni ;
quæ refpondet arcui minori, vel ab ea auferendum ,
prout crefcentibus arcubus functio crefcit vel decrefcit;
ut habeatur functio quæfita.

52. Exprimantur enim in Fig. 5. & 6. fegmentis AB
cujufpiam rectæ arcus; & rectis BF ipfi perpendicularibus tangentes eorumdem. Omnia puncta F erunt in
quadam linea continua MN , quæ fi curva fit ; exigui arcus ejufdem haberi potuerunt pro rectis lineis ;
Exprimantur jam bini arcus inter fe proximi rectis AB;
AC, intermedius recta AD ; functiones autem datæ rectis BF, CE, quæfita functio recta DG, ac ipfas DG, CE
fecet in H, & I recta FI parallela BC. Habita FE pro
recta linea erunt fimilia triangula EFI , GFH; eritque
FI ad FH, five BC ad BD, ut EI ad GH, nimirum differentiæ arcuum circuli ut differentiæ functionum ; Porro GH erit addenda ipfi HD, vel FB in Fig. 5 , demenda ab eadem in Fig. 6. ; ut habeatur DG ; quia
ibi crefcentibus arcubus functiones crefcunt, hic decrefcunt.

Scholium

53. Hac methodo utimur in quovis tabularum genere, in quibus bina quantitatum genera a fe invicem
pendent, quarum nimirum exiguæ differentiæ habentur
pro proportionalibus inter fe ; ac eadem ufi fumus in
arithmetica (cap. 3. num. 36.) ad eruendos logarithmos numerorum intermediorum inter integros a tabula exhibitos : ac eadem utemur infra ad eruendos arcus , ope functionum intermediarum inter eas , quas
tabulæ exhibent ; uti fatis erit confiderare functiones

ut

ut expositas segmentis AB, arcus vero rectis BF.

54. Pertinet hæc methodus ad methodum generaliorem, quam interpolationis dicunt: Semper autem rite procedit; ubi quantitates assumuntur ita inter se proximæ; ut differentiæ sint inter se proportionales; quod ex ipsis tabulis; cognoscitur; & quidem admodum facile in iis tabulis, in quibus alterius generis quantitates æque se excedunt; ut in tabula logarithmorum numeri naturales. Tunc enim satis est assumere differentias quantitatum iis respondentium; & si binæ hujusmodi differentiæ sint inter se proximè æquales; invenietur pariter quæsita quantitas proximè æqualis veræ. Differentia logarithmorum numeri 832; & 833 est 5217, numeri 833; & 834 est 5210 proximè æqualis priori, ac proinde multo propiores proportionalitati erunt differentiæ intermediæ inter ipsos numeros 832; 833.

55. Quod si plus æquo inæquales differentiæ deprehenderentur, tunc ad interpolationem non binæ tantum quantitates adhibendæ essent altera major, altera minor quæsita, sed plures; lege quadam, quam alibi exponemus; nam ad usus trigonometricos; methodus tradita sufficit fere semper.

PROBL. IV.

56. Dato arcu quovis; qui quadrante sit minor; invenire ejus tangentem, secantem; sinum.

57. Arcus datus vel erit inter 0, & 45°; vel inter 45°; & 90°. Inveniatur per Probl. 2, & ejus Corollaria tangens arcus medii arithmeticè proportionalis inter eos; inter quos arcus datus jacet. Idem arcus datus jacebit inter hunc novum; & alterum e prioribus binis extremis. Habeantur igitur hi duo pro extremis, & inveniatur tangens arcus medii arithmeticè proportionalis inter ipsos, ac ita fiat semper; donec deveniatur ad arcum datum; vel ad arcum dato proximum; quantum libet. Devenietur autem, quia differentia inter eos, qui assumuntur pro extremis & datum concludunt; semper duplo minor evadet, ac proinde continuata operatione minuetur ultra quoscunque limites.

58. In-

58. Inventa tangente invenietur secans, & sinus (per num. 42.

Scholion I.

59. Methodus hic exposita inveniendi tangentem arcus dati est admodum similis methodo indicata Arithmeticæ cap. 3 num. 31, inveniendi Logarithmum dati numeri. Potest autem hac methodo ope solius problematis secundi, nec serius, quam par est inveniri tangens, utcumque veræ proxima : nam in prima operatione distabunt arcus extremi per $45°$, in 2^a per $22°$. $30'$, in 3 per $11'$. $15'$, in 4 per $5°$. $37.\frac{1}{2}$ in 5 per $2°$. $48'$. $\frac{3}{4}$ in 6 per $1°$. $24'.\frac{3}{8}$ in 7 per $42'\frac{3}{16}$ & ita porro.

60. At ubi jam deventum fuerit ad binos arcus satis inter se proximos, potest plurimum contrahi labor ope Problematis tertii, inveniendo tangentem pro intermedio illo dato per differentias habitas pro proportionalibus, quod ipsum in Logarithmorum investigatione liceret. Licebit autem tuto, ubi differentiæ extremarum a recens inventa in postrema operatione obvenerint inter se æquales.

61. Tacquetus in sua Trigonometria habet pro proportionalibus sinus arcus $45'$. Hac nostra methodo post sextam operationem institutam per propositionem 2, posset septima institui per prop. 3, cum extremorum differentia jam sit $42'. \frac{3}{16}$ tantummodo. Sed non solum pro radio $=10000000$, sed etiam pro 100000, adhuc plus æquo inæquales sunt differentiæ in tanto intervallo.

62. Plerumque pro radio 100000, instituendæ erunt 9 operationes pro radio vero 10000000, saltem 12. Notandum tamen, cum in singulis operationibus contemnantur minores fractiones, assumendas esse saltem binas præterea decimalium notas, ne error in postremis integrorum notis committatur.

63. Porro ut methodus exemplo illustretur, quæratur tangens $27°$. $43'$. In tabella sequenti operatio distincta

&a eft in 12 fpatia , in quorum fingulis habentur
arcus cum tangentibus jam inventis , ac inter eos
us Arithmeticè proportionalis cum fua , præter po-
um, in quo non medius Arithmeticè proportiona-
deft , fed ipfe arcus datus. Binæ decimales fractio-
adhibitæ ad inveniendos integros minus accuratæ
; integrorum notæ accuratiffimæ.

	Arcus	Tangentes

L   **II.**

0'.	10000000.00	45.° 0'.	10000000.00
30.	4142135.62	35. 45.	6681786.37
0.	0.	22. 30.	4142135.62

III.   **IV.**

3. 45.	6681786.37	28. 7.$\frac{1}{2}$	5345111.35
8. 7.$\frac{1}{2}$	5345111.35	25. 18.$\frac{3}{4}$	4729647.75
2. 30.	4142135.62	22. 30.	4142135.62

V.   **VI.**

28.° 7.$\frac{1}{2}$	5345111.35	28.° 7.$\frac{1}{2}$	5345111.35
26. 43.$\frac{1}{8}$	5033577.98	27. 25.$\frac{5}{16}$	5188352.84
25. 18.$\frac{3}{4}$	4729647.75	26. 43.$\frac{1}{8}$	5033577.98

K 3   VIII

Arcus	Tangentes	Arcus	Tangentes
VII.		**VIII.**	
28. 7.$\frac{1}{2}$	5345111.35	27. 46.$\frac{13}{32}$	5266478.81
27. 46.$\frac{13}{32}$	6266478.81	27. 35.$\frac{55}{64}$	5227353.18
27. 25.$\frac{5}{16}$	5188352.84	27. 25.$\frac{5}{16}$	5188352.84
IX.		**X.**	
27. 46.$\frac{13}{32}$	5266478.81	27. 46.$\frac{13}{32}$	5266478.81
27. 41.$\frac{17}{128}$	5246900.25	27. 43.$\frac{197}{256}$	5256685.58
27. 35.$\frac{55}{64}$	5227353.18	27. 41.$\frac{17}{128}$	5246900.25
XI.		**XII.**	
27. 43.$\frac{197}{256}$	5256685.58	27. 43.$\frac{197}{256}$	5256685.58
27. 42.$\frac{231}{512}$	5251791.92	27. 43.	5253829.13
27. 41.$\frac{17}{128}$	5246900.25	27. 42.$\frac{231}{512}$	5251791.92

64. In computandis tabulis integris labor plurimum minueretur , cum operationes pro uno arcu institutæ , pro pluribus aliis usui esse debeant , ut patet . Quin immo inventis tangentibus, & secantibus arcuum minorum gradibus 45, admodum facile reliquorum omnium tangentes invenientur. Nam (per num. 15.) diviso quadrato radii per tangentem , habetur cotangens, & (per num. 48.) tangens arcus 45° —¦— 4, qui ni mirum

mirum eft medius arithmetice proportionalis inter 2 *a*,
& 90.° , eft = tang. 2 *a* —— fec. 2*a*; ac multa ejufmodi compendia haberi poffunt.

Scholion 2.

65. Computatis finibus, tangentibus, ac 'fecantibus,
poffunt etiam earum functionum logarithmi computari
methodo, expofita in Arithmetica (cap. 3. num. 31, &
38). Adfunt autem plures methodi computandi logarithmos functionum ipfarum immediate. Sed hìc fatis eft indicare rationem aliquam, qua inveniri poffint. Porro ipfos quoque earum functionum logarithmos
appellabimus in pofterum pariter functiones.

PROBL. V.

66. Functionum computatarum tabulas ordinare.

67. Tabula fex columnas contineat. In prima fcriban-
tur arcus, nimirum gradus, vel graduum minuta, in fecunda finus, in tertia tangentes, in quarta fecantes iis
refpondentes, in quinta logarithmi finuum, in fexta logarithmi tangentium. Porro arcus ipfi in pagina fini-
ftra incipiant a 0, & defcendendo perpetuo crefcant,
& in pagina dextra incipiant a 90.° , & perpetuo crefcant: & erit factum.

Coroll.

68. Civis arcui exiftenti in altera pagina refpondebit
e regione in altera ejus complementum, adeoque &
cofinus, cotangens &c.

69. Nam initio 90, & 0 quadrantem complent, ac
deinde femper quantum in altera pagina additur, tantundem in altera detrahitur.

Scholion.

70. Logarithmi in tabulis aptari folent radio
10000000000; ut nimirum logarithmus radii, qui in
calculis trigonometricis fæpiffime occurrit, fit 10. 00
&c., ac proinde facile & addi poffit, & detrahi.

71. Secantium Logarithmi adfcribi non folent, cum
iidem admodum facile eruantur ex Logarithmis cofinuum. Cum enim (per num. 15.) quadratum radii
divifum per cofinum exhibeat fecantem ; fatis erit e

K 4   duplo

duplo Logarithmo radii, five ex 20.000 &c. fubtrahére Logarithmum cofinus.

72. Ut exempla deinceps aliqua dari poffint, adjecimus ad calcem hujus tractatus binas tabulas alteram Logarithmorum numerorum naturalium ufque ad 1000, alteram harum functionum pro folis gradibus, ex quibus per num. 50, & 51) inveniri poterunt etiam functiones pro minutis. Aptati autem funt finus, tangentes, fecantes radio 100000. 00, Logarithmi autem Logarithmo radii 10. 000 &c., five radio continenti cyphras nullitatis decem.

§. III.

De ufu tabularum

73. USus tabularum, quem hìc exponimus, reducitur ad bina Problemata, quorum altero ex datis arcubus quærantur functiones, altero contra arcus e functionibus.

PROBL. I.

74. Dato quovis arcu, eruere e tabulis functionem ipfi refpondentem.

75. Si arcus datus non fit quadrante major, & folos gradus contineat; invenietur in prima columna paginæ finiftræ, vel dexteræ, prout fuerit minor vel major 45°, ac e regione ipfius in eadem pagina refpondebit in fecunda columna finus, in tertia tangens &c., ac in altera pagina complementum cofinus, cotangens &c.

76. Si præterea contineat minuta; inveniatur functio arcus proximè majoris, & proximè minoris ac capiatur earum differentia : arcuum autem differentia erit 1°, vel 60'. Fiat igitur ut 60' ad numerum minutorum, qui in arcu dato continentur fupra numerum graduum, ita differentia functionum erutarum e tabulis ad quartum, qui addatur functioni refpondenti arcui minori, si quæritur finus, tangens &c., quæ crefcente arcu crefcunt, vel dematur, si quæritur cofinus, cotangens &c., quæ illo crefcente

scente contra decrescunt ; & habebitur [quæsita functio (per num. 50. & 51).

77. Quod si arcu quadrantem excedat , subtrahatur à 180° , ac residui inveniatur functio, quæ erit functio arcus dati (per n. 9).

Scholion.

78. Hac methodo habebunt functiones etiam pro minutis ita accuratæ, ut nullus in minutis ipsis committatur error, prorsus ut in vulgaribus tabulis continentibus gradus , & minuta eadem prorsus methodo eruuntur pro minutis secundis, sine ullo in ipsis secundis errore, atque id ubique præter arcus quadranti nimis proximos, in quibus differentiæ multo magis inæquales sunt, & error comittitur aliquanto major.

79. Et quidem in sinibus , tangentibus, ac secantibus plerumque vix ullus, vel admodum exiguus aderit error in nota integrarum postrema ; at decimales illæ fractiones haud accuratæ provenient; quas idcirco in sequentibus exemplis omittemus , vel pro unitate computabimus: ut etiam in Logarithmis rejiciemus postremas binas notas, quæ|a veris abluderent. In vulgaribus tabulis, si arcus non sint nimis proximi quadranti, assumpto radio cum septem cyphris 0 , omnes pro minutis etiam secundis accuratæ obveniunt.

80. At sublimiore illa interpolationis methodo, de qua mentionem fecimus num. 55, ternis adhibitis functionibus, vel quaternis, possunt haberi accuratæ etiam pro minutis, & secundis, omnes harum quoque tabularum functiones. Sed ea sublimior est , quam ut hic proponenda videatur. Præbebimus igitur exemplum methodi expositæ num. 75.

81. Detur arcus 27° . 43', & quæratur tangens. In tabulis tangens 28° $=$ 53171. , tang. 27° $=$ 50953 , quarum differentia 2218. Fiat igitur ut 60 ad 43, ita 2218, ad quartum: prodit 1590 , quo addito tangenti 50953, habebitur tangens quæsita 52543 . Porro eam num. 63 invenimus 5253829 , pro radio 10000000 , adeoque 52538 . pro radio 100000. , quæ ab hic inventa

venta differt per 5. Cum vero differentia debita minutis 60 inventa sit 2218, adeoque uni minuto 37; hoc 5 particularum errore, ne septimæ quidem pars unius minuti error committitur.

PROBL. II.

82. Data functione invenire arcum, cui respondet

83. Si functio data inveniatur in tabulis; invenietur etiam arcus ipsi e regione respondens. Si vero ea in tabulis non habeatur; inveniatur in iisdem functio proxime minor, & proxime major, ac fiat ut harum differentia ad differentiam proxime minoris a proposita, ita 60' ad numerum minutorum addendum arcui respondenti functioni minori, si ea sit sinus, tangens &c., demendum ab eo si sit cosinus, cotangens &c. Porro tam arcus ita inventus erit is, qui habebit functionem illam datam (per num. 53), quam is qui proveniet eo ablato a 90° (per n. 9).

Scholion.

84. Detur Logarithmus tangentis 9. 87343, & quæratur arcus. In tabulis logarithmus tangentis proxime major, omissis postremis binis notis, est graduum 30 = 9. 87711, proxime minor graduum 36 = 9. 86126. Differentia secundi a primo est 1585, secundi a proposito 1217. Fiat igitur ut 1585 ad 1210, ita 60 ad quartum, & prodit 46' omissis fractionibus. Arcus igitur quæsitus est 36°. 46'.

PARS SECUNDA.

De refolutione triangulorum planorum.

§. I.

De Triangulis rectangulis.

85. PRO refolutione triangulorum rectangulorum adhibebimus fequentes tres canones, quos ubi demonſtraverimus, proponemus unicum problema, quo omnes cafus triangulorum rectangulorum complectemur, ac fingulis cafibus apponemus exempla, pro quibus eruemus e tabulis hic adjectis functiones ex arcubus, & arcus e functionibus, licet functiones ita erutæ nonnihil difcrepabunt a veris, ita tamen, ut nec in angulis error minuti primi, nec in bafibus error integræ partis occurrat.

86. I. *In triangulo rectangulo angulorum obliquorum alter eſt complementum alterius; ac proinde dato altero, datur etiam alter.*

87. Patet ex prop. 1. Geom.

88. II. *Bafis ad latus eſt ut radius ad finum anguli oppofiti ipfi lateri, vel ut fecans anguli ipfi adjacentis, ad radium, vel ut fecans anguli ipfi oppofiti ad ejus tangentem.*

89. Patet ex num. 25, fi habeatur pro radio prius bafis, tum ipfum latus, ac demum latus alterum.

90. III. *Alterum latus eſt ad alterum, ut radius ad tangentem anguli adjacentis primo, vel ut tangens anguli ipfi oppofiti ad radium, vel ut finus anguli ipfi oppofiti, ad finum adjacentis.*

91. Patet ex eodem numero, habendo pro radio prius primum latus, tum latus fecundum, ac demum bafim.

PROBLEMA.

92. Datis in triangulo rectangulo plano præter angulum
gulum

gulum rectum binis aliis ad ipsum triangulum, perti-
nentibus, reliqua invenire.

93. *Casus* 1. Si dentur bini anguli , perinde erit ,
ac si daretur unicus ; cum alter innotescat per canon:
I. in eo casu solum habebitur ratio, quæ intercedit inter latera, & basim, ope canon. II, & III. ex: gr: sum-
pto radio, & binis angulorum sinibus , ii per can. II.
expriment rationem, quæ intercedit inter basim, & latera ipsis angulis opposita.

94. Sint in fig. 7. A $=$ 57° erit C $=$ 90° $-$ 57°
$=$ 33°; eruntque AC; BC, AB, ut 100000. 00. 83867.
06, 54463.49.

95. *Casus* 2. Detur basis, & alter angulus. Invenietur angulus alter per canon. I. , latus oppositum utrilibet
angulo per can. II, adhibita quavis ex tribus proportionibus ejusdem canonis.

96. Sit AC $=$ 875, A $=$ 57° erit C $=$ 33°. Fiet
autem ut radius 100000 ad sin. A $=$ sin. 57° $=$ 83867,
ita AC $=$ 875 ad BC $=$ 733.8 &c., sive 734.

97. Quod si habeantur Logarithmi, facilius invenietur summando Logarithmum sinus 57° $=$ 9.92359, ac
Log. AC $=$ Log. 875. $=$ 2.94201, & demendo Logarithmum radii $=$ 10.00000. Erit nimirum Log. BC $=$
9.92359 $+$ 2.94201 $-$ 10.00000 $=$ 2 86560 ,
cui Logarithmo numerus proximus in tabulis est 734.

98. *Casus* 3. Detur basis, & alterum latus. Invenietur alter angulus per can. II. adhibita altera, e prioribus
binis proportionibus. Hinc alter angulus innotescet per
can. I, ac deinde latus alterum, adhibita quavis e tribus proportionibus, sive canonis II., sive III.

99. Sit AC $=$ 627, AB $=$ 356. Erit per can. II,
Log. sin. C $=$ Log. AB $+$ Log. radii $-$ Log. AC
$=$ Log. 356 $+$ Log. radii $-$ Log. 627 $=$ 2.55145
$+$ 10.00000 $-$ 2.79727 $=$ 9.75418. Adeoque C
$=$ 34°. 36', qui nimirum angulus invenitur per num.
83. Hinc angulus A $=$ 90° $-$ 34°. 36' $=$ 55°. 24' per
can. I, & Log. BC $=$ Log. sin. A $+$ Log. AC $-$ Log.
rad. $=$ 9. 91544 $+$ 2. 79727 $-$ 10. 00000 $=$ 2.
71271, adeoque BC $=$ 516.

100.

100. *Casus* 4. Dentur bina latera. Invenietur alter angulus ope utriuslibet e binis prioribus proportionibus canonis III. tum alter angulus per can. I, ac demum basis per quamvis e tribus proportionibus canonis II.

101. Sit AB = 476, BC = 595, erit per can. III Log. tang. A = Log. BC + Log. rad. – Log. AB = Log. 595 + Log. rad. – Log. 476 = 2.77452 + 10. 00000 – 2.67761 = 10.09691. Adeoque A = 51°. 20'. Quare, per can. I, B = 38°.40', &, per. can. II, Log. AC = Log. BC + Log. rad. – Log. fin. A = Log. 595 + Log. rad. – Log. fin. 51°.20' = 2. 77452 + 10.00000 – 9.89251 = 2.88201, adeoque AC = 762.

Scholion.

102. Sic omnes rectangulorum folvuntur cafus. In cafu quarto, poteft etiam fine Trigonometria obtineri basis AC, extrahendo radicem e fumma quadratorum laterum, & in cafu tertio latus BC extrahendo radicem ex differentia quadrati basis AC, & quadrati lateris AB. Nimirum ibi eft AC = √ (226576 + 354025) = √ 580601 = 762, hic BC = √ (393129 – 126736) = √ 266393 = 516. Immo quia facile deducitur ex demonftratione corol. 2. pr. 13. Geom. differentiam quadratorum binarum quantitatum quarumcumque æquari producto ex earum fumma & differentia, facilius eruetur latus, ducendo in fe invicem fummam basis, & lateris dati, ac differentiam, & extrahendo radicem, quo pacto & Logarithmi adhiberi poffunt. Sic in ipfo cafu tertio cum fit AC + AB = 983, AC – AB = 271; erit BC = √ 271; × 983 = √ 266393 = 516, & Log. BC = $\frac{1}{2}$ (Log. 271 + Log. 983) = $\frac{1}{2}$ (2. 43297 + 2. 99255) = $\frac{1}{2}$ × 5.42552 = 2. 71276, adeoque BC = 516, ut prius.

103. Supereft monendum tantummodo in cafu 3, fi basis non fuerit major latere, cafum fore impoffibilem, ut patet ex eo, quod basis debeat habere quadratum æ-
quale

quale summæ quadratorum laterum. Sed id ipsum calculus quoque indicaret. Nam si assumeretur basis AC æqualis lateri AB; sinus anguli C obveniret æqualis radio, & proinde angulus ipse rectus, ac angulus A nullus. Si autem assumeretur basis minor latere, sinus ille prodiret radio major; quod est absurdum.

§. II.

De triangulis obliquangulis.

104. TRes alii canones exhibebunt solutionem triangulorum obliquangulorum. At primum in quovis triangulo obliquangulo ACB (fig. 8, & 9) habito quovis latere, ut AB, pro basi; concipiatur demissum ab angulo ipsi opposito C perpendiculum CI in ipsum latus, quod cadet intra basim, si uterque angulus ad basim acutus fuerit, ut in fig.8; & extra ipsam, si alter fuerit obtusus, ut in fig. 9.

105. Binas rectas AI, BI dicimus segmenta basis etiam in casu figuræ 9, in quo I cadit extra basim ad partes B; quo casu segmentum BI consideramus, ut negativum. Quamobrem si sumatur ID æqualis, & opposita BI, in utroque casu dicimus AB summam; AD differentiam ipsorum segmentorum; quæ differentia in casu figuræ 9 erit major quam summa. Segmentum AI dicimus adiacens lateri AC, & angulo A; ac oppositum lateri BC, & angulo C; contra vero segmentum BI adiacens his, oppositum illis.

106. Patet vero hoc Theorema. *Segmentum majus lateri majori adiacet.* Quadratum enim segmenti cum quadrato perpendiculi CI utrobique communi æquatur quadrato lateris adiacentis; ob angulos ad I rectos. En autem ipsos canones.

107. IV. *In quovis triangulo latera sunt; ut sinus angulorum oppositorum.*

108. Nam in triangulo rectangulo AIC, per can. II, est AC ad IC, ut radius ad sinum anguli CAI; vel CAB,

CAB, ac in triangulo BIC eſt IC ad BC, ut ſinus anguli CBI, qui etiam in fig. 9. eſt idem ac ſinus CBA (per num. 9.) ad radium. Quare ex æqualitate perturbata eſt (per num. 21, cap. 2. Arith.) latus AC ad latus BC, ut ſinus anguli CBA oppoſiti primo ad ſinum CAB oppoſiti ſecundo.

109. V. *In quovis triangulo ſumma binorum laterum ad differentiam eſt, ut tangens ſemiſummæ angulorum ad baſim, quæ æquatur complemento dimidii anguli lateribus intercepti, ad tangentem ſemidifferentiæ.*

110. Cum enim ſint ea latera, ut ſinus angulorum oppoſitorum; erit eorum ſumma ad differentiam, ut ſumma eorum ſinuum ad differentiam, nimirum (per num. 31) ut tangens ſemiſummæ eorum angulorum, ad tangentem ſemidifferentiæ. Cum vero omnes ſimul anguli conficiant 180°, binorum dimidium, cum dimidio tertii continent 90°; ac proinde binorum ſemiſumma, eſt complementum dimidii tertii.

111. VI. *In quovis triangulo ſumma ſegmentorum baſis, ſive baſis ipſa eſt ad ſummam laterum, ut horum differentia ad differentiam illorum.*

112. Nam ob DI = BI, & CI communem triangulis rectangulis CID, CIB, erit (per pr. 2. Geom.) etiam CD = CB. Quare circulus centro C, & radio CB deſcriptus tranſibit per D. Secabit autem AC productam, quantum opus fuerit, in E verſus A, & in F ad partes oppoſitas, eritque AF ſumma, AE differentia laterum AC, CB, ac erit AB, AE:: AF. AD (per pr. 13. & 10. Geom.)

PROBLEMA.

113. Tribus datis in triangulo obliquangulo, reliqua invenire.

114. *Caſus* 1. Si dentur tres anguli; perinde erit, ac ſi dentur bini tantum; tertius enim invenitur, ſi eorum ſumma auferatur a 180. Porro in eo caſu ſolum invenitur ratio laterum, quæ per can. IV eſt eadem, ac ratio ſinuum angulorum oppoſitorum.

115. *Caſus* 2. Dentur bini anguli, & unum latus.

Ter-

Tertius angulus invenitur per num. 114. Tum utrumvis e reliquis lateribus invenitur per can. IV, si fiat, ut sinus anguli oppositi lateri dato ad sinum anguli oppositi lateri quæsito, ita latus datum ad quæsitum.

116. *Casus* 3. Dentur bina latera cum angulo alteri eorum opposito. Invenietur per can. IV, sinus anguli oppositi alteri lateri dato, factis ut primum illud latus ad hoc secundum, ita sinus anguli dati ad sinum anguli quæsiti. Invento sinu, eruentur e tabulis (per num. 83) bini anguli ipsi respondentes, alter acutus alter obtusus, complementum acuti ad 180°.

117. Hinc binas hic casus solutiones habere poterit, & ambiguus sæpe erit, quod in ipsa Fig. 8 est manifestum, in qua triangula ACB, ACD, habent eandem magnitudinem laterum AC; CB & AC, CD, ac eundem angulum A oppositum lateri CB. Angulus autem acutus CBD, cum æquetur (per Cor. 2. prop. 2. Geom.) angulo CDB, est complementum ad duos rectos anguli CDA.

118. Quare aliunde definienda erit species alterius anguli oppositi alteri e lateribus datis, nimirum an is debeat esse acutus, an obtusus, & si forte latus oppositum angulo dato fuerit majus altero latere, constabit assumendum esse angulum acutum. Si enim is obtusus esset, multo magis deberet esse obtusus alter angulus lateri majori oppositus, & in triangulo bini anguli binos rectos excederent.

Invento autem secundo angulo, invenietur tertius, & ejus ope tertium latus (per num. 115).

119. *Casus* 4. Dentur bina latera cum angulo intercepto. Invenietur utervis reliquorum angulorum factis, per can. V, ut summa datorum laterum ad differentiam, ita cotangens dimidii anguli dati ad tangentem anguli, qui, ubi inventus fuerit, additus complemento dimidii anguli dati exhibebit angulum oppositum lateri majori, ablatus exhibebit oppositum minori. Inventis autem angulis invenietur latus tertium, ut in casu II.

120. *Casus* 5. Dentur tria latera. Invenietur quivis

angu-

angulus, habendo pro bafi alterum e lateribus, quibus concluditur. Factis enim prius per can. VI, ut ea bafis ad fummam reliquorum laterum, ita eorumdem differentia, ad differentiam fegmentorum bafis, ac hujus dimidio addito femifummæ fegmentorum bafis, five dimidiæ bafi (per n. 105), vel ab ea ablato, habebitur (per num. 28) fegmentum bafis majus, vel minus; ac affumendum erit illud, vel hoc (per num. 106), prout latus adjacens angulo quæfito erit majus, vel minus oppofito. Tum vero, per can. I, fiat ut latus adjacens ad hoc fegmentum, ita radius ad cofinum anguli quæfiti.

121. Porro invento cofinu invenientur bini anguli ipfi refpondentes alter acutus, alter obtufus. Affumendus autem erit acutus femper præter cafum, in quo fegmentum ex fubtractione proveniens fuerit adhibitum, & exiftente femidifferentia majore, quam femifumma, evaferit negativum.

122. Invento angulo oppofito uni e lateribus, ope can. IV admodum facile invenitur angulus oppofitus cuilibet e binis reliquis.

Scholion.

123. Exempla fibi quifque facile affumet. Unicum afferemus cafus quarti. Sint tria latera 745, 647, 421, & quæratur angulus oppofitus primo. Fiat bafis fecundum ex iis 647, & reliquorum fumma erit 1166, differentia 324. Factis igitur ut 647 ad 1166, ita 324 ad quartum, prodit 584, cujus dimidium 292 additum, ac ablatum dimidiæ bafi 323, exhibet bina fegmenta 615, ac 31. Quoniam vero latus adjacens angulo quæfito 421 eft minus oppofito 745, adhibendum eft fegmentum minus, nempe 31; ac faciendum, ut latus adjacens 421 ad 31, ita radius ad cofinum anguli quæfiti, cujus cofinus logarithmus erit idcirco $=$ Log. 31 $+$ Log. rad. $-$ Log. 421 $=$ 1.49136 $+$ 10.00000 $-$ 2.62428 $=$ 8. 86708, adeoque angulus refpondens tam 85°. 47, erutus e tabulis, quam ejus complementum ad duos rectos: fed affumendus eft ipfe 85°. 47'; cum differentia feg-

men-

mentorum 584 obvenerit minor, quam summa, sive quam basis 647.

124. Notandum autem, aliquando problema posse evadere impossibile: nimirum in casu 1, & 2, si bini anguli dati simul non sint minores duobus rectis: in casu 4 si latus oppositum angulo dato sit nimis exiguum, nimirum minus perpendiculo CI: in casu 5, si bina latera data simul, tertio majora non sint. At in omnibus iis casibus impossibilitatem manifestabit ipse calculus; vel enim sinus aliquis obveniet radio non minor, vel aliqua secans eodem non major, vel aliquod segmentum non minus latere adjacente. In solo casu 4 problema est semper possibile.

PARS TERTIA.

De resolutione triangulorum sphæricorum.

§. I.

De angulorum, & triangulorum sphæricorum natura, & proprietatibus quibusdam.

Definitio I.

125. Circuli, quorum plana transeunt per centrum sphæræ, dicuntur circuli sphæræ maximi.

126. Maximos revera esse patet ex num. 142 Solid.

Coroll. I.

127. Circuli maximi se omnes mutuo bifariam secant, & communis intersectio planorum eorumdem est diameter sphæræ.

128. Cum enim omnium plana per centrum transeant; sibi occurrunt in ipso centro; ac proinde parallela non sunt; adeoque se invicem secant in aliqua recta, quæ cum transeat per centrum sphæræ quod ipsis commune est (per num. 142. Solid.); ipsa eorum planorum intersectio, & erit diameter eorum circulorum,

Iofum, quos proinde fecabit bifariam, & erit diameter fphæræ.

Coroll. 2.

129. Per quævis bina puncta affumpta in fuperficie fphære poteft duci circulus maximus, & per quodvis punctum poteft duci circulus maximus cujus planum fit perpendiculare plano dati circuli maximi.

130. Patet primum, quia per data duo puncta, & centrum poteft duci planum (per n. 7. Solid.) cujus fectio cum fuperficie fphæræ erit circulus (per nuim. 142. Solid.); & maximus (per num. 124), ac tranfibit per data puncta.

131. Patet fecundum, quia ex illo dato puncto poteft demitti perpendiculum in planum dati circuli maximi; (per n. 45. Solid.) & per ipfum, ac centrum poteft duci planum (per n. 73. Solid.), cujus fectio erit circulus maximus, ac ejus planum erit perpendiculare plano dati circuli maximi (per n. 64. Solid.).

Definitio 2.

132. Diameter fphæræ perpendicularis plano circuli orti ex fectione fphæræ in ipfius fphæræ fuperficie, dicitur ejus axis, & extrema axis puncta dicuntur poli.

133. In fig. 10. P*p* eft axis circulorum EFH, ABD, quorum plana pertundit in G, & C ad angulos rectos: P, *p* funt eorumdem poli.

Coroll. 1.

134. Axis tranfit per centrum circuli, cujus eft axis.

135. Si circulus fit maximus, patet; cum axis tranfeat per centrum fphæræ (per n. 132); cum quo quivis circulus maximus commune centrum habet (per n. 142. Solid.).

136. Si autem circulus non fit maximus; ductis ad bina quævis ejus puncta F, H rectis ex C, & ex occurfu axis G cum ejus plano, erunt recti anguli CGF, CGH (per n. 13. Solid.), cum nimirum axis fit perpendicularis plano FGH (per n. 132). Quare quadrata GF, GH, erunt (per prop. 7. Geom.) excellus quæ

L 2   dræ

dratorum æqualium CF, CH fupra quadratum CG, a-
deoque æqualia; & proinde quævis GF æqualis eidem
GH, & G centrum circuli.

Coroll. 2.

137. Omnia puncta peripheriæ cujufcunque circuli in
fuperficie fphæræ diſtant per æquales arcus circulorum
maximorum ab eodem fuo polo.

138. Si enim affumantur bina ejufmodi puncta quæ-
cunque H, & F, & per ea, ac polum P ducantur circuli maximi (per num. 129) PHp, PFp, & radii HC,
FC, HG, FG, patet ex demonſtratione præcedentis co-
rollarii fore æqualia triangula GCH, GCF, adeoque &
eorum angulos ad C, & proinde etiam arcus PH, PF
æquales fore.

Coroll. 3.

139. Circulus maximus ab utrolibet fuo polo diſtat
quaquaverfus per quadrantem circuli maximi, & circulus, cujus aliquod punctum diſtat a polo fuo per quadrantem circuli maximi, eſt maximus.

140. Si enim circulus fuerit maximus , ut ABD ,
tranſibit per centrum C, & radii CB, CD , qui erunt
ejus interſectiones cum planis PFp, PHp, erunt perpendiculares axi PCp, qui toti plano BCD perpendicularis
eſt; ac proinde tam arcus PB, PD, quam pB, pD erunt
quadrantes.

141. Si autem circulus non fuerit maximus ut EFH;
non tranſibit ejus planum per centrum; ac proinde fecta (per n. 50. Solid.) fphæra per centrum plano ABD
parallelo ipſi EFH, erunt PB, PD, pB, pD quadrantes:
adeoque PF, PH minores iis, & pF, pH majores erunt.
Nullum igitur punctum circuli non maximi diſtat per
quadrantem a fuo polo; adeoque is, cujus aliquod punctum ita diſtat, maximus eſt.

Definitio 3.

142. Angulus fphæricus dicitur is, quem in fuperficie
fphęrę continent bini arcus circulorum maximorum ,
ubi concurrunt, pro cujus menfura ipſi ęquali conſide-
ratur angulus rectilineus, quem continent rectę jacen-
tes

tes cum iifdem arcubus in iifdem planis, & ad eafdem partes, ac eos tangentes in ipfo concurfu.

143. EPH eft angulus fphericus, cui fubftituitur pro ejus menfura angulus rectilineus fPh, quem continent tangentes fP, hP in P.

Coroll. 1.

144. Si arcus fupra arcum cadit, duos angulos facit aut rectos, aut fimul duobus rectis æquales.

145. Nam tangens fP cum tangente eh duos angulos facit, aut rectos, aut duobus rectis equales (per cor. 2. def. 10. Geom.).

Coroll. 2.

146. Si bina anguli latera ultra verticem producantur; angulos ad verticem oppofitos equales continebunt.

147. Si enim tangentes fP, hP producantur ultra verticem P, continebunt angulos ad verticem P equales (per cor. 4. def. 10. Geom.).

Coroll. 3.

148. Si plana laterum fuerint fibi invicem perpendicularia; angulus erit rectus: & fi angulus fuerit rectus; plana laterum erunt fibi invicem perpendicularia.

149. Si enim planum FPp fuerit perpendiculare plano HPp; tangens fP, quæ eft perpendicularis diametro Pp (per cor. 5. & 6. prop. 8. Geom.) communi interfectioni eorum planorum, erit (per n. 66. Solid.) perpendicularis toti plano HPp, adeoque & tangenti Ph.

150. Si autem tangens fP fuerit perpendicularis tangenti Ph, cum etiam fit perpendicularis diametro Pp (per cor. 5. pr. 8. Geom.), erit (per num. 18. Solid.) perpendicularis toti plano HPp, ac proinde & planum FPh erit (per n. 64. Solid.) perpendiculare eidem.

Coroll. 4.

151. Si è quovis puncto diametri tranfeuntis per verticem anguli exeant in planis arcuum, quibus continetur, binæ rectæ ipfi perpendiculares; angulum continebunt rectilineum fpherico equalem.

152. Si enim ejufmodi rectæ fuerint GF, GH, erunt eæ (per Cor. 1. def. 17. Geom.) parallelæ rectis Pf, Ph

per-

perpendicularibus eidem diametro Pp; ac proinde ang
lus FGH erit (per n. 41. Solid.) equalis angulo *fPb*

Coroll. 5.

153. Angulus fphericus eft equalis angulo, quem cc
tinent plana arcuum continentium ipfum angulum fpl
ricum.

154. Nam eorum planorum angulum, five inclir
tionem plani ad planum exhibet idem angulus recti
neus FGH (per n. 57. Solid.).

Coroll. 6.

155. Menfura equalis angulo fpherico erit arcus ei
culi cujufcumque habentis polum in ejus vertice inte
ceptus inter ejus crura.

156. Secta enim fphera plano quovis ABD, vel EF
perpendiculari ad diametrum Pp, communem interf
ctionem planorum arcuum PF, PH, fectio erit circuli
habens polum in P (per n. 132) cujus arcus BD, v
FH interceptus cruribus PF, PH erit menfura equalis a
gulo BCD, vel FGH, qui cum contineatur radiis BC
DC, vel FG, HG perpendicularibus axi Pp, equau
angulo fpherico FPH (per n. 151).

Coroll. 7.

157. Si anguli fpherici crura producantur; iterur
concurrent ita, ut fingula femicirculum compleant, i
angulum fphericum contineant priori equalem.

158. Cum enim PCp fit diameter utriufque arcus PF
PH; debet uterque productus tranfire per p; eruntqt
PFp, PHp femicirculi, & angulorum FpH, FPH mer
fura erit idem arcus BD; vel FH (per n. 155).

Coroll. 8.

159. Circulus maximus circulo maximo perpendicu
laris tranfit per ejus polos, & fi circulus maximus tran
fit per polum circuli maximi, eft ipfi perpendicularis

160. Sit enim circulus maximus PBp perpendiculari
circulo maximo ABD: erit planum PBp perpendicular
plano ABD (per num. 149). Quare in eo jacebit ax
circuli ABD per n. 66. Solid.), cum fit perpendicul
ris plano ABD (per n. 133) & tranfeat per BC inter

tionem planorum ABD, PB*p*. Ac proinde poli, qui
sit extrema axis puncta (per n. 133) jacebunt in ipperipheria circuli PB*p*.

Defin. 4.

161. Triangulum sphericum dicitur, quod continetur
superficie sphœrœ tribus arcubus circulorum maximoris, qui dicuntur ejus latera.

Coroll. 1.

162. Si in triangulo spherico bini anguli fuerint recti; latera iis opposita erunt quadrantes: & si bina latera fuerint quadrantes, anguli iis oppositi erunt recti;
in utroque casu tertium latus erit mensura œqualis
ao angulo sibi opposito.

163. Si enim sint anguli PBD, PDB recti, polus circuli ABD, qui debet jacere in utroque circulo BP, DP
(per n. 159), cadet in ipsam eorum intersectionem,
hoc in anguli verticem P; ac proinde PB, PD quadrantes
erunt (per n. 139).

164. Si autem arcus PB, PD fuerint quadrantes;
anguli BCP; DCP erunt recti; ac proinde recta CP
perpendicularis plano BCD (per n. 18. Solid.): & idcirco plana arcuum PB, PD perpendicularia erunt plano
arcus BD, & anguli PBD, PDB recti (per n. 148).

165. In utroque casu, cum P sit polus circuli BD,
arcus BD est mensura œqualis angulo BPD (per num.
155).

Coroll. 2.

166. Si omnes anguli fuerint recti; omnia latera erunt quadrantes, & si omnia latera fuerint quadrantes,
omnes anguli erunt recti.

167. Si enim etiam tertius angulus fuerit rectus,
etiam tertium latus erit quadrans, & viceversa (per n.
165).

Scholion 1.

168. Hinc patet resolutio trianguli habentis omnes
angulos, vel saltem binos rectos, in quibus nullum opus
est tabulis functionum. Superest igitur ut agamus de
triangulis, in quibus unus angulus est rectus, quœ di-

cuntur rectangula, ac de iis, in quibus rectus est nullus, quæ obliquangula appellantur. Ac in illis quidem appellatur basis latus illud, quod recto angulo opponitur; in his latus quodcunque pro basi assumi potest.

Scholion 2.

169. Consideratio trianguli sphærici eodem recidit cum consideratione anguli solidi constituti a tribus angulis planis ut innuimus n. 91. Solid. Consideretur enim in fig. 11. angulus solidus, quem continent tres anguli plani BCD, BCA, ACD, & concipiatur radio CB sphæra occurrens eorum angulorum planis in BD, AD, AB. Hi tres arcus continebunt triangulum sphæricum BAD, cujus latera mensurabunt angulos illos planos ad C, anguli vero ad B, D, A, erunt æquales inclinationibus, seu angulis, quæ plana eorundem angulorum continent cum planis contiguis (per n. 153). Quare, quæ demonstrantur de eo angulo solido pertinent ad triangulum sphæricum, & viceversa.

170. Porro hinc, & ex iis, quæ in Solidis a num. 82. de angulo solido vel demonstravimus, vel innuimus inferuntur juxta n. 91 ipsorum solidorum sequentes triangulorum sphæricorum proprietates.

171. In quovis triangulo sphærico, tria latera simul circulo minora sunt; potest autem eorum summa in infinitum minui: at bina quævis tertio majora sunt.

172. Nam anguli plani, ex quibus angulus solidus constat, & simul minores sunt quatuor rectis, (per n. 85. Solid.), & possunt esse magnitudinis cujuscunque dummodo quivis ex iis sit minor reliquis simul sumptis.

173. Ex tribus lateribus, quibuscunque potest semper constare triangulum sphæricum, idque unicum; dummodo & omnia simul circulo minora sint, & quodvis ex iis minus reliquis simul sumptis.

174. Id enim ostendimus num. 90. Solid. de angulis planis constituentibus solidum.

175. Trianguli sphærici tres anguli simul & minores sunt sex rectis, & majores binis.

176. Id conſtat ex n. 91 Solid. Id ipſum autem, ut etiam a tribus angulis eas conditiones implentibus unicum triangulum conſtitui poſſe, ac ſuperiora omnia hic accurate demonſtrari poſſent; ſed ea omnia, utpote ad reſolutionem non neceſſaria, innuiſſe ſufficiet.

§. II.

De reſolutione triangulorum rectangulorum.

177. R Eſolutionem triangulorum rectangulorum planorum docuimus ope trium canonum. Pro ſphæricis duplo plures requiruntur, quos omnes exhibebit conſideratio ſolius figur. 11.

178. In ea ſit jam triangulum BAD rectangulum ad A. Circulus lateris AD ſit ADEFL cujus planum concipiatur congruens cum plano ipſius chartæ. Latus AB inſiſtens peripheriæ ADEF verticaliter, & baſis DB oblique, ſi producantur, occurrent ipſi alicubi in E, & F ita, ut AE, DF ſint diametri, & ABE, DBF ſemicirculi (per n. 137).

179. Concipiatur BC, tum BI perpendicularis plano ADE, quæ cadet in ipſam diametrum AE (per n. 66. Solid.) alicubi in I ad angulos rectos, tum IG perpendicularis diametro DF, ac BG, quæ pariter erit perpendicularis ipſi DF. Nam planum BIG tranſiens per IB perpendicularem plano ADE erit eidem perpendiculare (per n. 64. Solid.). Quare recta GC perpendicularis eorum interſectioni IG jacens in poſteriore erit (per n. 66. Solid.) perpendicularis priori, nimirum ipſi BIG, adeoque & rectæ BG.

180. Demum ſectis ſemicirculis DAF, DBF bifariam in L, & H, tranſeat per ipſa puncta L, H arcus circuli maximi (per nu. 129.) occurrens ſemicirculo ABE alicubi in P; eruntque anguli DLH, DHL recti (per n. 162); ac proinde D polus circuli LHP (per num. 159), & LH menſura æqualis angulo ADB (per nu. 162). Ob angulos vero ALP, LAP rectos, erit P polus circuli AL, & PA, PL quadrantes (per n. 139.),

ac

ac AL mensura æqualis angulo HPB (per num. 162)

181. Jam vero omnis triangulorum sphæricorum re-solutio profluit a consideratione pyramidis BIGC , & comparatione triangulorum rectangulorum BAD, BHP. Illa exhibebit tres canones, hæc alios tres, quibus continebuntur omnes casus triangulorum rectangulorum.

182. Primum igitur defigenda mentis acies in pyramidem ipsam . Illa in situ erecto considerata haberet basim IGC in plano chartæ, & verticem in B, at nos jacentem considerabimus ita, ut C sit vertex, basis autem vertici opposita BIG, a qua ad verticem C tendunt tria latera BC, IC, GC, quibus concluduntur tres facies BCI, BCG, ICG.

183. Porro tam illa basis, quam hæ facies sunt triangula plana rectangula. Nam anguli BIG, BIC sunt recti ob BI perpendicularem plano CIG, & anguli CGB, CGI ob CG perpendicularem plano BGI . Angulorum autem rectilineorum, quos illæ tres facies continent in C, nimirum angulorum BCI, BCG, ICG mensuræ ipsis æquales sunt arcus BA, AD, BD; angulus vero rectilineus BGI pertinens ad basim illam pyramidis est (per n. 152) æqualis sphærico BDA.

184. Comparando autem inter se bina triangula sphærica BAD, BHP rectangula ad A, & H, cuivis vel lateri, vel angulo alterius, respondet aliquid in altero vel ipsi æquale, vel ejus complementum. Angulo BAD recto primi æqualis est angulus BHP rectus secundi: angulo ABD primi æqualis est (per n. 146) angulus HBP secundi ad verticem oppositus . Angulus ADB primi, quem exhibet LH (per n. 180) habet pro complemento latus HP secundi: latus AB primi habet pro complemento basim BP secundi: latus DA primi habet pro complemento arcum AL, adeoque angulum BPH, quem is exhibet (per n. 180): basis demum BD primi habet pro complemento latus BH secundi.

185. Jam vero priores tres canones eruemus considerando, juxta num. 25, qui hic consulendus, & habendus semper præ oculis, tamquam radium prius CB, tum

CG,

IG; ac demum CI. Ex prima confideratione orietur in triangulis CIB, CGB, quibus CB communis est, ratio rectarum BG, BI, & alteram earum rationem exhibebit basis BIG, quæ rationes inter se combinatæ præbebunt primum canonem: secundum secunda præbebit ope rectarum BG, IG; tertium tertia ope rectarum GI, BI; sed jam aggrediamur rem ipsam.

186. Habita BC pro radio in triangulis rectangulis CGB, CIB, erunt BG, BI finus angulorum BCG, BCI; five finus basis BD, & lateris BA oppositi angulo sphærico D. At in triangulo BIG rectangulo ad I, eædem IG, BI referunt radium, & finum anguli rectilinei BGI, seu sphærici D. Quare

187. *I. Radius ad finum anguli, ut finus basis ad finum lateris oppositi.*

188. Habita CG pro radio in triangulis rectangulis CGB, CGI, erunt GB, GI tangentes angulorum GCB, GCI, five basis BD, & lateris DA adjacentis angulo D. At in triangulo BIG, eædem GB, GI referunt radium, & cofinum anguli rectilinei BGI, vel sphærici D. Quare

189. *II. Radius ad cofinum anguli, ut tangens basis ad tangentem lateris adjacentis.*

190. Habita CI pro radio in triangulis rectangulis CIB, CGI, erunt IG, IB illa finus anguli ICG, feu lateris AD adjacentis angulo D, hæc tangens anguli ICB, feu lateri AB eidem oppositi. At in triangulo BIG eædem IG, IB referunt radium, & tangentem anguli rectilinei BGI, feu sphærici D. Quare

191. *III. Radius ad tangentem anguli, ut finus lateris adjacentis ad tangentem oppositi.*

192. Hæc ex pyramide: jam applicando hosce canones ad triangulum BHP, & ipsum comparando cum triangulo BAD orientur tres alii.

193. Ex can. I radius ad finum anguli BPH, five acus AL, nempe ad cofinum lateris AD, ut finus BP, nempe cofinus lateris AB ad finum BH, nempe cofinum basis BD. Quare

194. IV. *Radius ad cofinum unius lateris, ut cofinus alterius ad cofinum bafis.*

195. Ex eodem can. I radius ad finum anguli PBH, five ABD, ut finus BP, nempe cofinus lateris AB adjacentis ipfi angulo ABD, ad finum PH, nempe cofinum HL, five cofinum anguli fphærici D, quem is exhibet, & qui opponitur lateri AB. Quare

196. V. *Radius ad finum anguli adjacentis, ut cofinus lateris ad cofinum anguli oppofiti.*

197. Ex can. III Radius ad tangentem anguli B, ut finus BH, feu cofinus bafis BD ad tangentem HP, nempe cotangentem HL, five anguli D. Quare

198. VI. *Radius ad tangentem unius anguli, ut cofinus bafis ad cotangentem alterius.*

199. In hifce 6 canonibus continentur combinationes omnes, quæ haberi poffunt, fumendo tria ex iis quinque, quæ præter angulum rectum continet quodvis triangulum rectangulum, nimirum binis angulis, binis lateribus, ac bafi, ut paulò inferius patebit. Poffent applicando canonem III etiam ad angulum P, & canonem II tam ad P, quam ad B, erui alii tres canones, qui tamen. eafdem combinationes iterum redderent, ac ad canones præcedentes facile reducerentur, ac idcirco eos omifimus.

200. Porro in triangulorum refolutione ope horum canonum invenietur femper aliqua functio bafis, vel lateris, vel anguli quæfiti, ut jam videbimus. At quoniam (per num. 9) functiones eædem communes funt binis arcubus femicirculum complentibus, quorum alter eft quadrante minor, alter major, neceffariæ funt quædam Regulæ, quæ oftendant, utram fpeciem habere debeant anguli, & arcus quæfiti, nimirum acuti debeant effe, an obtufi, five minores, an majores quadrante. Binas autem ejufmodi regulas, quæ femper fpeciem indicabunt, quotiefcunque in fe determinata erit, ex fig. 12. admodum facile eruemus.

201. Manentibus in ea punctis ABPDE, ut in fig. 11. per polum P, & punctum D ducatur arcus circuli maximi

nimi (per num. 129), qui erit perpendicularis ad ADE (per num. 159), & femicirculo ADE fecto bifariam in I, quod punctum erit polus circuli ABE, cum poli ejus circuli debeant effe in circulo ADE (per num. 159), ac debeant per quadrantem diftare ab eodem ABE (per num. 139), ducatur arcus BI, qui erit quadrans (per n. B39). Ducatur demum arcus B*d* per quodvis punctum femicirculi ADE jacens refpectu I ad partes oppofitas D, & polo B fit arcus circuli FI*f* occurrens arcubus BD, B*d* in F, *f*, qui ob BI quadrantem erit circulus maximus (per num. 139), & (per eundem) abcindet BF, B*f* quadrantes, ac conftituet angulos BIF, BI*f* rectos (per num. 159).

202. Jam vero fi latus AB fit minus quadrante AP, erit angulus ADB minor femper recto ADP, cujus erit pars: fi autem illud fit majus, erit major & hic, utcunque fe habuerit alterum latus AD. Quare

203. Reg. 1. *Latera funt ejufdem fpeciei cum angulis oppofitis.*

204. Si latus AB fit minus quadrante AB, erit angulus BIA, five (exiftente etiam AD minore quadrante AI) BID minor recto per Reg. 1, adeoque minor angulo BIF, angulus vero BI*d* major, recto BI*f*, & propterea bafis BD minor quadrante BF, & bafis B*d* major quadrante B*f*. In triangulis igitur BAD, BED, ubi latera funt ejufdem fpeciei, bafis eft quadrante minor : in triangulis BA*d*, BE*d*, ubi ea funt diverfae fpeciei, bafis eft quadrante major. Quoniam vero per reg. 1. anguli funt ejufdem fpeciei cum lateribus oppofitis, poffunt pro illis fubftitui, ubi agitur de eorum fpecie. Quare

205. Reg. 2. *Si duo latera, vel duo anguli, vel latus cum angulo adjacente fuerint ejufdem fpeciei; bafis erit quadrante minor; fi diverfa, major, & viceverfa.*

PROBLEMA.

206. In triangulo rectangulo fphærico datis aliis binis præter angulum rectum reliqua invenire.

207. Ut quæftioni fatisfiat, oportet arcus, vel anguli

quæ-

quæfiti invenire functionem aliquam, tum noffe utrius
fpeciei fit.

208. Primum femper obtinebitur ope canonum. Nam
in triangulo rectangulo præter angulum rectum haberi-
tur hæc quinque, bafis, bina latera; bini anguli: Ea
quinque fex tantum combinationes habent, quarum fingulis terna ex iis contineantur; videlicet: 1.ª continetur bafis
cum utroque latere: 2.ª bafis cum utroque angulo: 3.ª bafis
cum latere, & angulo adjacente: 4.ª bafis cum latere,
& angulo oppofito: 5.ª utrumque latus cum altero angulo:
6.ª uterque angulus cum altero latere. Quotiefcunque
autem dantur bina quævis, & quæritur quodvis tertium,
femper ea data, & id quæfitum erunt fimul in una ex
iis combinationibus; ut fi detur bafis cum altero latere, & quæratur angulus illi lateri adjacens; ea tria funt
fimul in combinatione 3. Porro fingulæ ejufmodi combinationes fingulis canonibus continentur; fic illa combinatio tertia continetur in canone fecundo: *Radius ad
finum anguli, ut tangens bafis ad tangentem lateris adjacentis;* ac in eo canone, in quo ea combinatio continetur, habebitur radius, & binæ functiones binorum,
quæ dantur, ut in allato exemplo habebitur tangens bafis, & finus anguli; ac fimul aderit aliqua ejus functio, quod quæritur, ut ibidem tangens lateris adjacentis. Quare dabuntur tres termini proportionis eo canone
inclufæ; ac proinde eruetur & quartus terminus; five
functio quæfiti arcus, vel anguli, (per num. 10. cap.
2. Arithm.); dividendo nimirum, fi quæfita functio fuerit in uno ex terminis extremis, productum mediorum
per alterum extremum, vel fi ea fuerit in uno e mediis, productum extremorum per alterum e mediis, &
ubi logarithmi adhibeantur, fubftituendo multiplicationi, ac divifioni additionem, & fubtractionem.

209. Secundum femper obtinebitur per regulas, præter cafum, in quo dentur alterum latus cum angulo oppofito, & quæratur quodvis ex reliquis tribus. Is enim
cafus femper ambiguus erit, & binas folutiones admittet, ac quidvis e reliquis tribus effe poterit vel majus,

vel

vel minus quadrante. Nam in triangulis BAD, BAF (Fig. 11) rectangulis ad A, quamcunque magnitudinem habeat, latus AB est commune utrique, & angulus ADB ipsi oppositus in primo aequatur angulo AFB eidem opposito in secundo: basis autem BF, alterum latus AF, & alter angulus ABF posterioris sunt complementa ad duos rectos basis BD, lateris AD, anguli ABD prioris; ac proinde si detur latus AB, & angulus ipsi oppositus, vi eorum tantummodo, ambiguum erit, uter e binis illis triangulis sumendus sit. Porro solum in iis casibus, in quibus detur latus cum angulo opposito illae regulae nos destituunt, nec determinant speciem anguli vel arcus quaesiti, quam determinant in caeteris omnibus. Si enim ex. gr. datis binis lateribus, quaeratur angulus alteri oppositus; ejus species innotescet per reg. 1, cum debeat esse eadem, ac species data lateris oppositi dari. At si quaeratur basis; ejus species invenietur per reg. 1, cum debeat deficere a quadrante, vel illum excedere, prout bina latera data fuerint ejusdem speciei, vel diversae.

Scholion 1.

210. Ut pateat illud semper haberi per Canones, hoc semper per regulas; subjiciemus indicem combinatorum, & canonum, quibus ipsae combinationes continentur, ac regularum, quarum ope in singulis combinationibus invenietur species : & quoniam secunda regula tres habet partes; earum singulas exprimemus.

1. Basis cum utroque latere.   Can. 4. Reg. 2. pars 1.
2. Basis cum utroque angulo.   Can. 6. Reg. 2. pars 2.
3. Basis cum latere, & angulo adjacente.   Can. 2. Reg. 2. pars 3.
4. Basis cum latere, & angulo opposito.   Can. 1. Reg. 1, vel nulla in casu ambiguo.
5. Utrumque latus cum altero angulo.   Can. 3. Reg. 1, vel nulla in casu ambiguo.
6. Uter-

6. *Uterque angulus cum alte-*   *Can. 5. Reg.* 1 , *vel nulla*
   ro latere.   *in casu ambiguo.*

211. Ut methodus refolvendi cafum quemlibet illuftretur exemplo, detur bafis $=$ 57°. 25'. cum latere $=$ 41°. 16'. , & quæratur angulus adjacens ipfi lateri . Tria, quæ hic combinantur funt bafis cum latere, & angulo adjacente , quorum priora duo dantur, tertium quæritur. Huic combinationi , quæ eft tertia , refpondet Canon fecundus, & regulæ fecundæ pars tertia . In eo canone habetur *Radius ad cofinum anguli* , *ut tangens bafis ad tangentem lateris adjacentis* . Quare Log. cofinus anguli $=$ Log. rad. $+$ Log. tang. 41°. 16' $-$ Log. tang. 57°. 25'. $=$ 10.00000 $+$ 9. 94323 $-$ 10.19445 $=$ 8. 74878 , cum refpondet in tabulis 55°. 54'. Quoniam autem eidem combinationi refpondet Reg. 2. pars 3., inde fpecies determinabitur. Ibi enim habetur: *fi latus cum angulo adjacente fuerint ejufdem fpeciei*, *bafis erit quadrante minor* , & *viceverfa*. Nimirum cum hic bafis 57°. 25' fit minor quadrante; latus cum angulo adjacente erunt ejufdem fpeciei. Eft autem latus 41°. 16' quadrante minus . Erit igitur recto minor & angulus quæfitus ; adeoque fumendus erit ille ipfe 55°. 54', quem exhibent tabulæ, non ejus complementum ad duos rectos.

212. Singulæ combinationes continent terna Problemata , cum nimirum quodlibet ex iis tribus poffit quæri, datis reliquis binis. Sic in combinatione , qua in exemplo allato ufi fumus, poffet potius quæri latus data bafi & angulo adjacente, vel quæri bafis, dato latere, & angulo adjacente. Eo pacto cum habeantur fex combinationes, Problemata effent 18. Sed bina Problemata primæ, & fecundæ combinationis, coincidunt inter fe; ac ejufmodi combinationes bina fingulæ Problemata inter fe diverfa complectuntur. Nam in prima utrumlibet latus quæratur data bafi , & altero latere , eodem res redit, ut in fecunda idem dicendum de angulis; ac proinde omnis triangulorum rectangulorum

resolu-

utio continetur 16 Problematis, quæ iis combina-
nibus includuntur. Postremæ tres combinationes habent singulos singulæ casus ambiguos, cum nimirum
dato latere & angulo opposito possit quæri basis in 4¹,
latus alterum in 5², alter angulus in 6¹, in quibus
tantum, ut supra monuimus deserimur ab iis regulis'cę-
tros omnes complectentibus.

Scholion 2.

213. Addemus hoc secundo scholio quædam, quæ
facile eruuntur è canonibus, & ostendunt, qui casus
possint involvere impossibilitatem, quæ tamen, ut minus necessaria, omittere etiam Tyro poterit, si libuerit.

214. Basis in triangulo rectangulo non potest distare
à quadrante magis quam latus utrumlibet.

215. Infertur e primo canone, in quo Radius ad
sinum anguli, ut sinus basis ad sinum lateris oppositi.
Cum enim radius non possit esse minor sinu ullius anguli (per num. 39.); sinus basis non potest esse minor
sinu lateris oppositi: æque autem facile infertur ex canone 2, vel 4.

216. At basis ipsa respectu anguli utriuslibet potest habere magnitudinem quamcumque.

217. Infertur ex can. 6, in quo radius ad tangentem
unius anguli, ut cosinus basis ad cotangentem alterius.
Cum anim radius possit habere (per num. 39) quancunque rationem ad tangentem unius anguli, potest,
& cosinus basis habere pariter quancunque ad cotangentem alterius.

218. Patet autem etiam ex eo, quod capta utcùm-
que basi DB, & facto utcunque angulo BDA, possit
semper (per num. 129) duci ex B circulus perpendicularis circulo DAF, qui ubi semicirculum DAF secabit
in A, constituet triangulum rectangulum.

219. Angulus non potest distare a quadrante minus,
quam latus oppositum.

220. Infertur ex canone 1. ubi alternando est radius
ad sinum basis, ut sinus lateris, ad sinum anguli op-

M   positi.

positi. Patet enim simul lateris non posse esse minorem
sinu anguli oppositi, ut radius non potest esse minor
sinu basis, Idem aeque facile deducitur ex can. 3. pariter alternando, vel ex can. 5.

221. Bini anguli simul debent esse majores uno recto.

222. Infertur ex can. 5. ubi alternando est radius ad
cosinum lateris ut sinus anguli adjacentis ad cosinum
oppositi. Cum enim radius debeat esse major cosinu
lateris, etiam sinus unius anguli debebit esse major cosinu alterius. Quare si uterque sit acutus alter debebit
esse major complemento alterius; adeoque ambo simul
rectum excedent. Si vero neuter acutus est; patet utrumque simul debere rectum excedere. Idem inferri posset
ex can. 6, pariter alternando: & idem infertur etiam
ex num. 175. Cum nimirum omnes tres anguli simul
debeant duobus rectis majores esse, & unus jam rectus
sit; non possunt reliqui duo simul non esse majores
recto.

223. Angulus respectu lateris adjacentis potest habere magnitudinem quancunque.

224. Infertur ex can. 2, in quo est radius ad cosinum anguli, ut tangens basis ad tangentem lateris adjacentis. Assumptis enim utcumque basi, & angulo; invenietur tangens lateris adjacentis; & nulla tangens est
impossibilis utcumque magna, vel parva.

225. Patet autem etiam ex eo, quod capto utcumque latere AB, & facto quovis angulo ABD; semper
arcus BD occurret arcui ADE alicubi in D, & triangulum constituet.

226. Angulum autem respectu basis posse habere magnitudinem quamcumque diximus num. 216.

227. Latus non potest distare a quadrante minus quam
basis, nec magis quam angulus oppositus; respectu vero
anguli adjacentis & alterius lateris potest habere magnitudinem quamcumque.

228. Patet primum ex num. 214, secundum ex num.
219, tertium ex num. 223, quartum infertur ex can. 3,
in quo quicumque fuerit sinus alterius lateris, invenietur

tur tangens alterius, quæ impoſſibilis eſſe non poteſt ; ac ex can. 5, in quo coſinus lateris utriuslibet ſemper proveniet minor radio adeoque poſſibilis.

229. Ex his patebit, qui caſus poſſint impoſſibilitatem involvere qui ſemper poſſibiles ſint. Id vero obtinebitur percurrendo alias ſex combinationes, quæ contineant bina quævis; quæ dari poſſunt ex illis quinque.

230. Data baſi, & altero latere; Problema erit impoſſibile; ſi baſis data diſtet à quadrante magis, quam latus (per num. 214.)

231. Data baſi & altero angulo, Problema erit ſemper poſſibile (per num. 216.)

232. Datis binis angulis, erit impoſſibile; ſi eorum ſumma rectum non ſuperet (per num. 221.).

233. Dato angulo, & latere oppoſito; erit impoſſibile ſi angulus diſtet a quadrante minus, quam latus oppoſitum (per num. 219.)

234. Dato angulo, & latere adjacente; erit ſemper poſſibile (per num. 233.)

235. Datis binis lateribus, erit ſemper poſſibile (per num. 227).

236. Atque in omnibus hiſce combinationibus continentur iterum illa eadem Problemata; quæ in prioribus: nam ſingulæ terna continent; cum datis iis binis, quæri poſſit quodlibet e tribus reliquis; ac in tertia & ſexta coincidant bina Problemata, ubi datis binis angulis quæritur latus utrumlibet; vel datis binis lateribus, quæritur uterlibet angulus.

237. Quoniam autem in omnibus Problematis invenitur functio per canones, & ſpecies per regulas præter combinationem quartam numeri 233; in qua datur latus cum angulo oppoſito; quæ ſpeciem indeterminatam reliquit juxta num. 209, omnia ejuſmodi problemata unicam admittunt ſolutionem, ac angulum, vel arcum determinant, præter illa tria in ea quarta combinatione incluſa, quæ non determinant ſpeciem; & proinde binas ſingula ſolutiones admittunt.

238. Porro quotieſcumque Problema erit impoſſibile;

id ipid ipſum calculus etiam trigonometricus oſtendet, ut monuimus num. 123. Detur ex. gr. baſis 57°. 0', latus vero 76°. 0', & quæratur angulus illi lateri oppoſitus. Tria quæ hic combinantur ſunt baſis cum latere, & angulo oppoſito, quæ in indice combinationum numeri 210 eſt quarta, & ipſi reſpondet canon 1, in quo habetur: *Radius ad ſinum anguli, ut ſinus baſis ad ſinum lateris oppoſiti.* Quare erit Logarithmus ſinus anguli quæſiti $=$ Log. rad. $+$ Log. ſin. 76 .0'$-$ Log. ſin. 57° .0' $=$ 10.00000 $+$ 9.98690 $-$ 9.92359 $=$ 10.06331, qui Logarithmus eſt major quovis ſinuum Logarithmo in tabulis, cum ſit major quam 10. 00000 Logarithmus radii, adeoque requirit ſinum radio majorem, qui eſt impoſſibilis, & problematis impoſſibilitatem evincit. Eam autem facile erat deprehendere ex num. 230; cum nimirum baſis data 57°. 0'. magis diſtet a quadrante, quam latus oppoſitum 76°. 0'.

Scholion 3.

239. Iidem canones exhibent alia quoque theoremata ſanè multa, in quibus eruendis Tyronem poterit exercere Præceptor, ut ea omnia, quæ de triangulis habentibus pluſquam unum angulum rectum diximus, & alia, quæ addi poſſent. At iis omiſſis addemus pauca quædam uſui futura in conſideratione caſuum quorundam ambiguorum, vel impoſſibilium in triangulis obliquangulis.

240. In fig. 12. ſi ex polo P circuli ADE ducatur ad quodvis punctum D arcus PD circuli maximi; is ſemper erit quadranti æqualis (per num. 139.), & cum eo angulum rectum conſtituet (per num. 159.) ac proinde mutato utcunque loco puncti D per totum circulum AIEA, & magnitudo arcus PD, & angulus cum peripheria AIEA manebunt ſemper magnitudinis ejuſdem $=$ 90°. At ſi ſumatur quodcumque aliud ſuperficiei ſphericæ punctum B, & ducatur arcus BD; mutato ſitu puncti D mutatur & magnitudo arcus ejuſdem,& ejus inclinatio ad circulum ADE. Non erit abs re contemplari mutationes omnes, quæ accidunt illi arcui, & angulo.

241.

241. Si per B, & P ducatur arcus circuli maximi, qui occurret circulo AIE*i* alicubi in A, & E ad angulos rectos (per n. 159.), exiftente A ad partes B refpectu P, ac bini femicirculi AIE, A*i*E fecentur bifariam I, & *i*, qui erunt poli ipfius circuli APE, juxta num. 139; puncto D abeunte in A, arcus BD erit æqualis ipfi BA, & omnium minimus, tum puncto D recedente uttalibet ex parte verfus E, perpetuo crefcet, donec abeunte D in I, vel *i* fiet quadrans, ac demum abeunte D in E fiet æqualis ipfi BE, & omnium maximus.

242. Id facile deducitur ex can. 4. Nam in triangulo BAD ex eo can. erit radius ad cofinum lateris BA, ut cofinus lateris AD ad cofinum bafis BD. Quare ftante latere BA, & mutato latere AD, ita mutabitur bafis BD, ut cofinuum ratio fit femper eadem; ac proinde decrefcente complemento arcus AD per ejus continuum incrementum, ufque ad I, vel *i* decrefcet etiam complementum bafis BD, quæ proinde perpetuo crefcet: ac complementis fimul evanefcentibus ibidem fimul fient quadrantes, tum crefcente perpetuo ab I, & *i* ufque ad E complemento arcus AD, crefcet perpetuo etiam complementum arcus BD, qui proinde pariter crefcet.

243. Patet autem ex eadem demonftratione, tam verfus I, quam verfus *i* æque crefcere arcum BD in æqualibus diftantiis puncti D, hinc inde ab A.

244. Quare omnium arcuum, qui ex puncto B afsumpto in fuperficie fphæræ applicari poffunt ad peripheriam circuli AIE*i*, cui hemifphęrium infiftit, maximus eft BPE qui tranfit per polum P, minimus BA ipfi oppofitus, reliqui eo minores, quo magis ad minimum accedunt, ac bini tantum hinc, inde in æquali diftantia a puncto A, vel E inter fe æquales applicari poffunt.

245. Si igitur ex puncto dato B oporteat applicare arcum datum, is applicari non poterit, fi fuerit minor, quam AB, vel major, quam BE, nimirum fi diftiterit a quadrante magis, quam utervis ex arcubus AB, BE: poterit applicari in unica pofitione, fi æque diftiterit

terit , in binis hinc inde a perpendiculo , fi diftiterit minus , & eo propius punctus I , *i* , quo fuerit quadranti propior .

246. At angulus quem arcus ED continebit cum circulo ADE , puncto D abeunte in A erit utrinque rectus ; tum abeunte D verfus I vel *i*, erit femper BDA acutus verfus A, BDE obtufus verfus E , & ille perpetuo crefcet, hic decrefcet donec in I vel *i* fiat ille minimus, hic maximus, exiftente illius menfura AB , hujus BPE ; deinde vero ufque ad E ille iterum crefcet, hic decrefcet , ac abeunte D in E , iterum uterque fiet rectus .

247. Id facile deducitur ex can. 3. Nam ex eo erit radius ad tangentem anguli ADB, ut finus lateris AD, ad tangentem lateris AB. Quare mutato utcunque puncto D, productum ex finu lateris AD, & tangente anguli BDA erit femper idem ; adeoque illius finu crefcente , vel decrefcente, hujus tangens contra decrefcet, vel crefcet . Sinus autem illius perpetuo crefcet donec ipfe fiat in I vel *i* quadrans, tum decrefcet, adeoque e contrario hujus tangens decrefcet ufque ad I , vel *i* tum crefcet . Quare etiam angulus ex eâ parte , ex qua erit acutus decrefcet ufque ad I, vel *i*, tum crefcet, & ex altera parte , ex qua erit obtufus crefcet, tum decrefcet . Facto autem AD in I, vel *i* quadrante , ejus finus æquatur radio ; adeoque hoc ipfo canone tangens ejus anguli æquabitur tangenti arcus AB, vel BE, & ipfi arcus AB, BE erunt menfura angulorum BDA, BDE in illo cafu, quod etiam conftat ex n. 155, cum D in eo cafu abeat in I polum circuli ABE .

248. Patet autem etiam in æquali diftantia punctorum D, *d* hinc inde ab I, vel ab *i* angulos hinc BDA, B*d*A, inde BDE, B*d*E æquales fore . Bini enim arcus, AD, A*d* æquabuntur duplo quadrantis AI , five femicirculo , adeoque finus arcuum AD, A*d* æquales erunt; ac proinde & tangentes angulorum BDA , B*d*A eandem habebunt magnitudinem .

249. Quare omnium angulorum , qui ad circulum
AIE*i*

AIE, fieri poſſunt per arcus ductos ex B, minimum verſus A metitur AB, maximum verſus E metitur BE & uterque ab eo limite ita recedit, ut in rectum deſinat.

250. Si igitur ex puncto dato B oporteat applicare arcum, qui contineat angulum BDA, vel BDE datum; is applicari non poterit, niſi, qua parte reſpicit perpendiculum minus AB, ſit acutus, ex parte perpendiculi majoris obtuſus: nec pariter applicati poterit, ſi diſtet a recto magis, quam uterque arcuum BA, BE a quadrante: poterit autem in I, & i tantum, ſi aeque diſtiterit: ac in binis poſitionibus aeque remotis hinc inde tam ab I, quam ab i, ſi diſtiterit minus, eoque propius punctis A, E, quo fuerit propior recto.

§. III.

De reſolutione triangulorum obliquangulorum.

251. Triangula obliquangula reducuntur ad rectangula ope perpendiculi demiſſi ex angulo aliquo in latus oppoſitum habitum pro baſi, ut in triangulis planis. Sit ejuſmodi triangulum (in fig. 13) ABD: Aſſumpto pro baſi latere AD, occurrant ejus circulo in a, & d ſemicirculi arcuum AB, DB productorum. Per punctum B ducatur circulus perpendicularis circulo AD ad (per num. 129), qui ei occurret in binis punctis e diametro oppoſitis, adeoque jacebit altera interſectio E in ſemicirculo ADa, altera e in adA. Secentur demum ſemicirculi Eae, altera e in adA. Secentur demum ſemicirculi Eae, EAe bifariam in I, i.

252. Triangulum ABD, ope perpendiculi BE reducitur ad bina triangula rectangula ABE, DBE, ubi ſive ipſum perpendiculum BE cadat intra baſim, ut figura exhibet, ſive extra, ut in triangulo ABd, dicimus AE, ED ſegmenta baſis, ABE, DBE, ſegmenta verticis, & AE, ABE adjacentia lateri AB, & angulo A, ac oppoſita lateri BD, & angulo D, contra vero DE, DBE illis oppoſita, his adjacentia.

253. Porro ope priorum sex canonum eruemur alios 7 pertinentes ad hæc segmenta, latera, & angulos, ubi quidquid dicemus de triangulo ABD, habet locum in reliquis tribus triangulis *Abd*, *aBD*, *aBd*, dummodo majoribus litteris apte substituantur minores.

254. Ex can. 1. Radius ad sinum anguli A, ut sinus AB ad sinum BE. Ex eodem alternando, est sinus anguli D ad radium, ut sinus BE ad sinum DB. Igitur ex æqualitate perturbata sinus D ad sinum A, ut sinus AB ad sinum BE. Quare.

255. VII. *Sinus angulorum, ut sinus laterum oppositorum.*

256. Ex can. 2. Radius ad cosinum anguli ABE, ut tangens AB ad tangentem BE. Ex eodem alternando cosinus DBE ad radium, ut tangens BE ad tangentem DB, Igitur ex æqualitate perturbata cosinus DBE ad cosinum ABE, ut tangens AB ad tangentem DB. Quare.

257. VIII. *Cosinus segmentorum verticis. ut tangentes laterum oppositorum.*

258. Ex can. 3. Radius ad tangentem A, ut sinus AE ad sinum BE. Ex eodem alternando tangens D ad radium, ut sinus BE ad sinum DE. Igitur ex æqualitate perturbata tangens D ad tangentem A, ut sinus AE, ad sinum DE. Quare.

259. IX. *Sinus segmentorum basis, ut tangentes angulorum oppositorum.*

260. Ex can. 4. Radius ad cosinum BE, ut cosinus AE ad cosinum AB, & ut cosinus DE ad cosinum BD. Ergo alternando cosinus AE ad cosinum DE, ut cosinus AB ad cosinum DB. Quare.

261. X. *Cosinus segmentorum basis, ut cosinus laterum adjacentium.*

262. Ex can. 5. alternando, radius ad cosinum BE, ut sinus ABE ad cosinum A, & ut sinus DBE ad cosium D. Igitur alternando, sinus ABE ad sinum DBE, ut cosinus A ad cosinum D. Quare.

263. XI. *Sinus segmentorum verticis, ut cosinus angulorum adjacentium.*

264. In hisce novis 5 canonibus habentur aliæ quinque

que combinationes laterum, angulorum, segmentorum tam basis, quam verticis, nimirum in combinatione.

7. *Latera, & anguli inter se.*   Can. 7.
8. *Latera, & segmenta verticis*   Can. 8.
9. *Latera, & segmenta basis.*   Can. 10.
10. *Anguli, & segmenta verticis.*   Can. 11.
11. *Anguli, & segmenta basis.*   Can. 9.

265. Superest combinatio segmentorum verticis, cum segmentis basis, pro qua admodum facile canon eruitur ex can. 3. Est enim ex eo alternando, Radius ad sinum BE, ut tangens anguli ABE ad sinum AE, & ut tangens anguli BDE ad sinum DE. Igitur alternando; tangens ABE ad tangentem DBE, ut sinus AE ad sinum DE. Quare *Tangentes segmentorum verticis, ut sinus segmentorum basis adjacentium*. Sed hic canon hic nobis usui non erit, adeoque eum in hac serie canonum non ponimus.

266. Porro hi canones inventis jam ope triangulorum rectangulorum segmentis usui erunt, ut infra patebit; at ex iis binos alios deducemus, ex quibus ipsa etiam in binis casibus segmenta inveniantur.

267. Ex can. 10. sumendo summas & differentias terminorum, erit summa cosinuum segmentorum basis ad differentiam, ut summa cosinuum laterum ad differentiam. Quare (per num. 31.)

268. XII. *Cotangens semisummæ segmentorum basis, sive cotangens dimidiæ basis, ad tangentem semidifferentiæ, ut cotangens semisummæ laterum ad tangentem semidifferentiæ.*

269. Ex can. 11. pariter summa sinuum segmentorum verticis ad differentiam, ut summa cosinuum angulorum ad differentiam. Quare (per n. 31.)

270. XIII. *Tangens semisummæ segmentorum verticis, sive tangens dimidii anguli verticalis, ad tangentem semidifferentiæ, ut cotangens semisummæ reliquorum angulorum ad tangentem semidifferentiæ.*

271. Neperus, & alii passim pro can, 12. proponun
                                                   hunc

hunc. *Tangens semisumma segmentorum basis, sive tangens dimidia basis, ad tangentem semisumma laterum, ut tangens semidifferentia ipsorum · ad tangentem semidifferentia segmentorum basis*; ac ipsum demonstrant ex principiis Conicis. Nos eum facile admodum deducere possumus ex nostro canone 12. Prius enim alternando fit: Cotangens dimidiæ basis ad cotangentem semisummæ laterum, ut tangens semidifferentiæ segmentorum basis ad tangentem semidifferentiæ laterum . Tum pro ratione cotangentis dimidiæ basis, ad cotangentem semisummę laterum, ponendo (per n. 17.), rationem tangentis hujus ad tangentem illius habetur: *Tangens semisumma laterum ad tangentem dimidiæ basis, ut tangens semidifferentiæ segmentorum ipsius basis ad tangentem semidifferentiæ laterum.* Demum invertendo habetur ipsum Neperianum theorema. Sed quoniam hic noster idem prorsus officium præstat; eo, qui sponte propemodum profluit, utemur potius, quam Neperiano.

272. Præter hosce canones erit ad resolutionem necessaria etiam tertia regula, quæ determinet, quandonam perpendiculum cadat intra basim, quando vero extra. Eruetur autem sic.

273. Ex reg. 1. tam angulus BAE, quam BDE sunt ejusdem speciei cum arcu BE. Igitur si anguli BAD, BDA fuerint ejusdem speciei; jacebit punctum E intra basim AD, congruentibus angulis BDA, BDE, ac angulis BAD, BAE. Si vero fuerint diversæ speciei; cadet extra, ut in triangulo AB*d*, ubi cadit in E, vel *e* extra basim A*d* ita, ut angulo BA*d* non habente eandem speciem cúm B*d*A, tam ſtAE, quam B*d*E eandem habeant, ac pariter tam BA*e*, quam B*de* eandem. Quare.

274. Reg. 3. *Si duo anguli ad basim fuerint ejusdem speciei, perpendiculum intra basim cadet ; si diversæ, extra.*

PROBLEMA.

275. In triangulo sphærico obliquangulo tribus datis reliqua invenire.

276. Sex casus complectitur hoc Problema, 1., in quo

dentur

dentur bina latera angulo intercepto, 2. Bina latera cum angulo alteri eorum opposito, 3. Bini anguli cum latere intercepto, 4. Bini anguli cum latere alteri eorum opposito, 5. tria latera, 6. Tres anguli. Omnium solutio habebitur ope canonum, quos demonstravimus, excurrendo per casus singulos.

277. Ante tamen notandum est, in primo, & tertio casu Problema semper esse possibile, ac ita determinatum, ut unicam solutionem admittat. Facto enim utcunque angulo A, & assumptis, ut libuerit lateribus AB, AD, poterit per B, & D duci circulus maximus (per n. 129), qui erit unicus, cum planum transiens per puncta B, D, & centrum sphærae non in directum jacentia sit unicum (per num. 7. Solid.), ac id ipsum ejus circuli sit planum (per num. 130). Pariter facto quovis angulo ad A; assumpto quovis latere AD, quod sit minus semicirculo ADa, & facto in D quovis angulo ope semicirculi DBd, hic semicirculo ABa occurret alicubi necessario in B, & triangulum absolvet.

278. Secundus, & quartus casus possunt habere, vel binas solutiones, vel unicam vel nullam: Sit enim datus angulus BAE, & datum latus AB: ut habeatur propositum triangulum oportet ex B ita applicare arcum BD, ut in secundo casu ipse sit æqualis alteri dato lateri, in quarto vero casu efficiat angulum BDA æqualem dato. Porro ex nu. 245, & 250 facile eruitur id aliquando esse impossibile, aliquando unicam solutionem habere posse, aliquando vero binas.

279. Si latus datum vel datus angulus distet a quadrante magis quam arcus BE, qui ex datis angulo A & arcus AB facile invenitur (per combin. 4.); casus erit prorsus impossibilis, & in resolutione ejus trianguli, methodo, quam trademus infra, obveniet aliquis sinus radio major.

280. Si æque, vel minus distiterit applicabitur quidem arcus BD in una vel pluribus positionibus; sed ad hoc ut triangulum propositum sit possibile, oportet punctum D cadat in semicirculum AEa, & binorum

angu-

angulorum, qui fiunt ad D is, qui respicit A, æquetur dato.

281. Quæ ad id conditiones requirantur facile erit
determinare considerando ipsos numeros 245, & 250,
pro varia specie arcus AB & anguli A. Sit angulus BAE
acutus, & arcus AB quadrante minor ut figura exhibet:
eritque per reg. 1 etiam BE quadrante minor ac (per num.
241) arcuum omnium, qui ex B applicari possunt, minimus, & (per reg. 2.) AE pariter quadrante minor, a-
deoque assumptis quadrantibus EI, Ei, cadet punctum
I in semicirculum AEa, punctum i in Aia.

282. Hinc in secundo casu, si latus datum sit æquale
BE; solutio erit unica puncto D abeunte in E: si idem
sit majus, quam BE, sed adhuc minus, quam BA; solutio erit duplex: nam poterit arcus BD applicari vel
citra E versus A, vel ut exhibet figura, ultra E versus
a. Si sit æquale BA, vel eo majus; sed adhuc minus
quam Ba, non poterit BD applicari versus A, poterit
autem versus a, & solutio erit unica. Si demum sit
æqualis Ba, vel adhuc major, applicari jam non poterit, nec versus A, nec versus a, & casus iterum erit
impossibilis.

283. At in casu quarto, si anguli dati fuerit mensura arcus BE; poterit applicari BD, abeunte D in I, & i,
sed sola applicatio in I Problemati inserviet, adeoque solutio erit unica. Si angulus sit aliquanto major, sed adhuc minor angulo BaE, sive dato BAE; binæ erunt solutiones, puncto D cadente in arcum Ia, vel ut figura exhibet in IA. Si is æqualis fuerit ipsi BaE nimirum BAE;
vel etiam major eodem, sed adhuc minor angulo BAa
ejus complemento ad duos rectos; solutio erit unica, puncto D cadente in arcum IA, cadet enim in arcum IE, si
fuerit acutus, in punctum E si rectus, in arcum EA, si
obtusus. Quod si ipsi angulo BAa fuerit æqualis, vel eum
excesserit; iterum casus fiet impossibilis.

284. Eodem pacto facile est ex iisdem principiis de-
rivare (quando in iis casibus nulla solutio habeatur quando unica, quando binæ; sive arcus AB quadrantem ex-

cesse-

rit, vel angulus BAE excefferit rectum, vel conti-
t utrumque fimul. Verum folutio ipfa idem præbe-
femper; nam in cafu, in quo applicari non poterit
BD ullo pacto, obveniet finus aliquis radio major:
afu vero, in quo is quidem applicari poterit, fed
ctum D cadet extra femicirculum AE*a*, binorum feg-
torum AE, ED, vel ABE, DBE fumma excedet gra-
180, puncto D abeunte ultra *a*, vel differentia e-
t negativa, eodem cadente citra A.

285 In quinto cafu Problema erit femper poffibile
ummmodo bina quævis latera tertio majora fint, & in
*ex*to dummddo angulorum fumma fit minor fex re-
*ti*s, & major binis, ac in utroque cafu Problema
*er*it determinatum., & unicam folutionem admittet ut
colligitur ex num. 173, 176, & ex ipfa folutione pa-
*t*ebit.

286. Sed jam aggrediamur folutionem ipfam percur-
*r*endo fingulos cafus. In primis autem quatuor femper
*i*pro A fumendus eft angulus datus, & pro AB latus da-
*tu*m, ex quibus fegmentum AE, vel ABE eruetur refol-
vendo triangulum rectangulum AEB, In reliquis fegmenta invenientur per canones poftremos.

287. *Cafus* I. Dentur bina latera cum angulo intercepto: duo quæri poffunt, 1°. latus tertium, 2.° angulus utrilibet lateri dato oppofitus.

288. Quæratur 1.° latus tertium. Sume pro A angulum datum; eruatque data latera AB, AD, & quæretur BD. Ex datis in triangulo rectangulo AEB bafi
AB, & angulo A quære AE (per combin. 3) & fi forte id evaferit æquale arcui AD; abibit D in E, & triangulum erit rectangulum ad D: fi minus; perpendiculum BE cadet intra bafim AD: fi majus, extra. Invento fegmento AE, habebis & ED ob datum arcum
AD. Ex fegmentis AE, ED, & latere AB invenies cofinum BD (per combin. 9, & can. 10): Ex dato A habes fpeciem BE (per reg. 1.). Ex ipfa, & fpecie ED habes fpeciem BD (per reg. 2).

289. Quæratur 2.° angulus utervis. Affume pro AB
latus

latus ipsi oppositum, pro AD alterum latus datum ipsi adjacens, eritque A datus, D quæsitus angulus. Quære segmenta AE, ED ut prius. Ex iis & angulo A (per combin.
11. can. 9) invenies tangentem D. Species autem anguli D erit eadem ac A, vel diversa (per reg. 3), prout segmentum AE obvenerit majus, vel minus basi AD.

290. *Casus* 2. Dentur bina latera cum angulo opposito alteri ex iis: tria quæri possunt, 1. tertium latus,
2.° angulus datis lateribus interceptus, 3.° angulus alteri
lateri oppositus.

291. Quæratur 1.° tertium latus. Sume pro A angulum datum, pro AB latus ipsi adjacens: eritque datum
& latus BD, ac quæretur AD. Invenies AE, ut num.
288: Ex datis lateribus AB, BD, & segmento AE, invenies (per combin. 9, can. 10) cosinum ED, qui cosinus si obvenerit æqualis radio, erit ED = o, & puncto
D abeunte in E, triangulum rectangulum ad D. Ex
specie BE, (quæ est eadem ac BAE), & BD invenies
speciem ED (per reg. 2.). Sed quoniam aliquando haberi poterit duplex solutio hinc inde ab E, subtrahe ED
ab EA, & habebis primam, adde & habebis secundam.
Si forte AD ex subtractione evaserit = o, vel negativa
ob AE æqualem ipsi ED vel minorem, vel ex additione
evaserit æqualis, vel major semicirculo ob ED æqualem
vel majorem EA; eam solutionem rejice abibit enim
in primo casu D in A vel citra ipsum, in secundo in
a vel ultra ipsum, juxta num. 284.

292. Quæratur 2.° angulus ABD interceptus. Ex datis
AB, & A quære segmentum verticis ABE (per combin.
2.). Ex lateribus AB, BD, & segmento verticis ABE
invenies (per combin. 8, can. 8.) cosinum EBD, qui
cosinus si fuerit æqualis radio, erit pariter DBE = o,
& triangulum rectangulum ad D. Ex BD dato, & specie
BE communi angulo dato BAE invenies speciem DBE (per
reg. 2.). Subduc DBE, ab ABE, & habebis primam solutionem; adde, & habebis alteram: Si angulus ABD, ex subtractione evaserit = o, vel negativus,
vel ex additione æqualis, aut major duobus rectis; eam
solutionem rejice, ut prius.

·293. Quæratur 3.º angulus D oppoſitus lateri AB. E lateribus AB, BD & angulo A invenies (per combin. 7. can. 7.) ſinum D: ſpecies in ſecundâ ſolutione erit eadem ac A, in primâ diverſa, (per reg. 3.).

294. *Caſus* 3. Dentur bini anguli cum latere intercepto: duo quæri poſſunt, 1.º tertius angulus, 2.º latus utrilibet angulo oppoſitum.

295. Quæratur 1.º tertius angulus. Sume prò latere AB latus datum, eruntque dati anguli A, & B, acquæretur D. Ex datis AB, & A quære ſegmentum verticis ABE, (per combin. 2.), quod ſegmentum ſi evaſerit æquale angulo ABD, punctum D abibit in E, & triangulum erit rectangulum ad D, ſi minus, perpendiculum BE cadet intra baſim BD; ſi majus, extra. Invento ſegmento ABE, habebis eſt DBE ob datum totum ABD. E ſegmentis ABE, DBE, & angulo A invenies (per comb. 10. can. 11.) coſinum D. Is erit ejuſdem ſpeciei cum A, ſi ABE fueritminor, quam ABD, perpendiculo BE cadente intra baſim, diverſæ, ſi major.

296. Quæratur ſecundo latus utrumvis. Aſſume prò A angulum ipſi oppoſitum, pro ABD alterum angulum ipſi adjacentem; eritque AB latus datum, BD quæſitum. Quare ſegmenta ABE, DBE, ut prius. Ex iis, & latere AB (per combin. 8. can. 8.), invenies tangentem BD. Ejus ſpeciem invenies (per reg. 2), e ſpecie DBE inventa, & ſpecie BE, quæ eſt eadem, ac anguli dati A.

297. *Caſus* 4. Dentur bini anguli cum latere oppoſito alteri ex iis: tria quæri poſſunt, 1º tertius angulus, 2.º latus datis angulis intereoptum, 3.º latus alteri angulo oppoſitum.

298. Quæratur 1.º tertius angulus. Sume prò AB latus datum, pro A angulum datum ipſi adjacentem; eritque datus etiam angulus D, & quæretur ABD. Invenies ABE, ut num. 295. Ex datis angulis A, D, & ſegmento ABE invenies (per combin. 10. can. 11.) ſinum DBE, qui in eo canone non poterit evadere = 0, exiſtente angulo D obliquo. Ejus autem ſpecies erit indeter-

determinata, cum folum detur fpecies lateris BE eadem, ac anguli A, & fpecies anguli D oppofiti ipfi lateri BE in triangulo BDE, qui eft cafus ambiguus trianguli re- ctanguli (per num. 209.). Inde autem colligitur poffe aliquando haberi duplicem folutionem, puncto D caden- te hinc, vel inde ab I, vel *i*. Quare poterit affumi feg- mentum DBE tam acutum, quam obtufum. Si autem angulus D fuerit ejufdem fpeciei cum A, debebit ad ha- bendos pro binis folutionibus binos angulos ABD, u- trumque addi fegmento ABE, ut (juxta reg. 3.), per- pendiculum intra bafim cadat. Si verò D fuerit diverfæ fpeciei, debebit utrumque fubtrahi. Si ex additione non obvenerit angulus minor binis rectis, vel ex fubtractio- ne pofitivus; eæ folutiones rejiciendæ erunt; abibit e- nim punctum D in *i*, vel ultra ipfum, aut in A, vel citra ipfum, ut num. 291.

299. Quæratur 2.° latus AD interceptum. Ex datis AB, & A quære fegmentum AE (per combin. 3.). Ex angulis A, D, & fegmento AE invenies (per combin. XI. can. 9.) finum ED. Species ipfius erit pariter inde terminata: affume valorem tam minorem, quam majo- rem quadrante, & adde fegmento AE, vel fubtrahe, prout angulus D habuerit eandem fpeciem, ac A, vel diverfam, & habebis binas bafes AD pro binis folutio- nibus. Sed fi bafis ipfa ex additione non obvenerit fe- micirculo minor, vel e fubtractione non manferit pofi- tiva, eam folutionem rejice, ut prius.

300. Quæratur 3.° latus BD oppofitum angulo A. Ex angulis A, D, & latere AB invenies (per combin. 7. can. 7.) finum BD. Species altera adhibenda erit in al- tera e folutionibus, quam in triangulo rectangulo BED definiet (per reg. 2) fpecies BE cognita, nimirum eadem ac fpecies A, una cum fpecie affumpta fegmenti ED, five fegmenti EBD.

301. *Cafus 3.* Dentur tria latera; poteft quæri angu- lus quivis.

302. Sume pro A angulum quæfitum, pro bafi AD utrumvis latus ipfi adjacens. Ex datis AB, BD, & dimidia

midia bafi AD invenies (per can. 12.) tangentem femidifferentiæ fegmentorum AE, ED, quam femidifferentiam fumes quadrante minorem. Eam adde dimidiæ bafi,
& fubtrahe, & cum dimidia bafis fit femmifumma eorundem fegmentorum, habebis (per num. 28) bina fegmenta AE, DE. Sed pro AE affumes fegmentum illud,
quod magis vel minus diftet a quadrante, prout latus
adjacens . AB diftabit pariter magis vel minus; cum nimirum (per can. 10.) fint : *Cofinus fegmentorum bafis,
ut cofinus laterum adjacentium*, & arcus propioris quadranti cofinus fit minor (per n. 39.) Jam in triangulo rectangulo AEB ex AB, & AE invenies angulum BAE
(per combin. 3. . Sed fi AE habitum fuerit per fubtractionem, & obvenerit negativum, perpendiculo BE cadente citra A, Angulus quæfitus BAD non erit idem,
ac BAE, fed ejus complementum ad duos rectos.

303. *Cafus* 6. Dentur tres anguli : poteft quæri latus quodvis.

304. Sume pro AB latus quæfitum, pro vertice ABD
utrumvis angulum ipfi adjacentem . Ex datis A, D &
dimidio angulo verticali ABD invenies. per can. 13.)
tangentem femidifferentiæ fegmentorum ABE, EBD,
quam femidifferentiam fumes quadrante minorem. Eam
adde dimidio angulo verticali & fubtrahe, & cum dimidius angulus verticalis fit femifumma eorundem fegmentorum , habebis (per num. 28.) bina fegmenta
ABE , DBE . Sed pro ABE affumes fegmentum illud,
quod magis , vel minus diftet ab angulo recto , prout e contrario angulus A adjacens diftabit minus, vel
magis ; cum nimirum (per can. 11.) fint finus fegmentorum verticis, ut cofinus angulorum adjacentium,
& arcus propioris quadranti cofinus fit minor , finus
major (per num. 39.) . Jam in triangulo rectangulo
AEB ex AB, & ABE invenies angulum BAE (per comb.
2.) . Sed fi ABE habitum fuerit per fubtractionem, &
obvenerit negativum, perpendiculo BE cadente citra A,
angulus quæfitus BAD non erit idem , ac BAE , fed
ejus complementum ad duos rectos.

N   *Scholion*

Scholion 1.

305. Licebit inter se conferre solutiones casus 1, 3, 5, cum 2, 4, 6, quæ ita sibi respondent, ut sæpe eadem prorsus verba adhibeantur. Plerumque solent demonstrare insignem proprietatem triangulorum sphæricorum ac eam in solutione adhibere. Si nimirum in quovis triangulo latera mutentur in angulos, anguli viceversa mutantur in latera, & e contrario. Sed in ea mutatione in novo triangulo angulis quibusdam, vel lateribus substituenda sunt eorum complementa ad duos rectos. Hinc expositis casibus 1, 3, 5, ad eos reducunt reliquos tres ope ejusmodi transformationis. Sed quoniam & transformationis ipsius demonstratio, & determinatio casuum, in quibus lateri, vel angulo transformato substitui debeat ejus complementum ad duos rectos, est aliquanto operosior, & per nostros canones æque facile immediate solvuntur posteriores tres casus, ac priores tres; libuit potius hanc aliam adhibere methodum, quæ multo & expeditior est visa, & magis concinna.

306. Pariter cum secantium Logarithmi in tabulis adscribi non soleant, consulto ubique secantes vitavimus, per solos sinus, & tangentes re perfecta.

307. In quinti & sexti casus solutione semidifferentiam ex tangente deduximus minorem 90.° Potuisset assumi etiam major, & solutio eadem prorsus obvenisset. Secto enim arcu AD bifariam in L, si in casu quinto pro semidifferentia LE, assumptum fuisset ejus complementum ad duos rectos, nimirum L*e*; pro segmentis AE, DE obvenissent segmenta AE, DE*e*, & in triangulo quidem rectangulo BA*e* inventus fuisset angulus BA*e*, complementum ad duos rectos anguli BAE; sed angulus BAD obvenisset idem. Præstat tamen adhibere semidifferentiam minorem 90.° ; tum quia immediate eruitur e tabulis, tum quia ob AL quoque minorem quadrante numquam segmentum ex additione proveniens semicirculum excedet, qui aliquando excederetur, ut in ipso casu hujus figuræ segmentum DEA*e*

pro-

proveniret femicirculo majus, pro quo, ad conferendá ipfa fegmenta inter fe, fumendum effet De ejus complementum ad circulum, cum in vulgati Trigonometria, nec anguli, nec arcus femicirculo majores confiderari foleant, ac eadem eft ratio pro cafu 6.

Scholion 2.

308. In quibufdam cafibus folutiones aliquando faciliores haberi poffunt. Si bina latera BA, BD effent inter fe æqualia, vel bini anguli A, D æquales; perpendiculum BE fecaret bifariam bafim AD, & angulum ABD. Nam (per num. 244) bini arcus AB, BD poffunt effe æquales folum in æquali hinc inde diftantia à puncto E, & ibi anguli EBD, EBA, quorum fpecies debet (per reg. 1.) effe eadem ac fpecies EA, ED, erunt ejufdem fpeciei; functiones vero æquales habebunt (per can. 8.), adeoque & inter fe æquales erunt. Si autem affumatur ID ⊐ IA, erit angulus BDE ⊐BAE (per num. 248), adeoque ⊐ BAE, per n. 157), nec ufquam alibi in femicirculo AEA conftitui poterit angulus ipfi BAE æqualis. Cum autem quadrans EI fit æqualis dimidio femicirculo ADA, & arcus DI dimidio DA, erit DE æqualis dimidio AD, adeoque æqualis AE, & inde eodem argumento etiam ABE ⊐ DBE. Porro fatis patet, quanto facilior inde folutio debeat profluere in hujufmodi triangulis Ifofceliis.

309. Quod fi aliquo triangulo detur latus quadranti æquale admodum facile dato triangulo fubftituitur aliud, quod rectangulum fit, & quo refoluto, illud etiam refolvitur. Capto enim quadrante AE, & per B, & E ducto circulo maximo, erunt (per n. 162) anguli AEB, ABE recti, & latus BE menfura anguli A; ac proinde arcus ED, & angulus EBD erunt complementa arcus AD, & anguli ABD. Datis igitur iis, quæ pertinent ad triangulum ABD, dantur ea, quæ pertinent ad BED, & hoc refoluto illud refolvitur.

Scholion.

Ut unico confpectu pateant omnia, quæ ad ufum

spectant, apponemus hic canones, cum combinationi_
bus, & regulas.

Pro triangulis rectangulis

I. *Radius ad sinum anguli, at sinus basis ad sinum
lateris oppositi.*

II. *Radius ad cosinum anguli, ut tangens basis ad
tangentem lateris adjacentis.*

III. *Radius ad tangentem anguli, ut sinus lateris adjacentis ad tangentem oppositi.*

IV. *Radius ad cosinum unius lateris, ut cosinus alterius ad cosinum basis.*

V. *Radius ad sinum anguli adjacentis, ut cosinus lateris ad cosinum anguli oppositi.*

VI. *Radius ad tangentem unius anguli, ut cosinus basis ad cotangentem alterius.*

Reg. I. *Latera sunt ejusdem speciei cum angulis oppositis.*

Reg. II. *Si duo latera vel duo anguli, vel latus
cum angulo adjacente fuerint ejusdem speciei; basis erit quadrante minor, si diversa, major, &
viceversa.*

	1.	Basis cum utroque la- tere :	Can. 4. Reg. 2. pars 1.
Combin.	2.	Basis cum utroque an- gulo :	Can. 6. Reg. 2. pars 2.
	3.	Basis cum latere, & an- gulo adjacente :	Can. 2. Reg. 2. pars 3.
	4.	Basis cum latere, & an- gulo opposito :	Can. 1.)
Combin.	5.	Utrumque latus cum altero angulo :	Can. 3.) Reg. 1. vel nul-
	6.	Uterque angulus cum altero latere :	Can. 5.) la in ca- su am- biguo.

Pro

Pro obliquangulis.

VII. *Sinus angulorum, ut sinus laterum oppositorum.*

VIII. *Cosinus segmentorum verticis, ut tangentes laterum oppositum.*

IX. *Sinus segmentorum basis ut tangentes angulorum oppositorum.*

X. *Cosinus segmentorum basis, ut cosinus laterum adjacentium.*

XI. *Sinus segmentorum verticis, ut cosinus angulorum adjacentium.*

Reg. *III. Si duo anguli ad basim fuerint ejusdem speciei perpendiculum intra basim cadet; si diversa, extra.*

	7.	Latera, & anguli.	can.	7.
	8.	Latera, & segmenta verticis	can.	8.
Combin.	9	Latera, & segmenta basis.	can.	10.
	10.	Anguli, & segmenta verticis.	can.	11.
	11.	Anguli, & segmenta basis.	can.	9.

Pro inveniendis segmentis in casu datorum laterum, vel angulorum.

XII. *Cotangens dimidiæ basis ad tangente m semidifferentiæ segmentorum, ut cotangens semisummæ laterum ad tangentem semidifferentiæ.*

XIII. *Tangens dimidii anguli verticalis ad tangentem semidifferentiæ segmentorum, ut cotangens semisummæ angulorum ad basim ad tangentem semidifferentiæ.*

TABULÆ FUNCTIONUM ARCUUM.

Gr.	Sinus	Tangen.	Secantes	Log. Sin.	Log. Tang
0	0	0	100000.00	—Infin.	—Infin.
1	1745.24	1745.51	100015.23	8.2418553	8.2419215
2	3489.95	3492.08	100060.95	8.5428192	8.5430838
3	5233.60	5240.78	100137.23	8.7188002	8.7193958
4	6975.65	6992.68	100244.19	8.8435845	8.8446437
5	8715.57	8748.87	100381.98	8.9402960	8.9419518
6	10452.85	10510.42	100550.82	9.0192346	9.0216202
7	12186.93	12278.46	100750.99	9.0858945	9.0891438
8	13917.31	14054.08	100982.76	9.1435553	9.1478025
9	15643.45	15837.44	101246.51	9.1943324	9.1997125
10	17364.82	17632.70	101542.67	9.2396702	9.2463188
11	19080.90	19438.03	101871.68	9.2805988	9.2886523
12	20791.17	21255.65	102234.07	9.3178789	9.3274745
13	22495.11	23086.82	102630.39	9.3520880	9.3633641
14	24192.19	24932.80	103061.35	9.3836752	9.3967711
15	25881.90	26794.92	103527.62	9.4129962	9.4280525
16	27563.74	28974.54	104028.94	9.4403381	9.4574964
17	29237.17	30573.07	104569.18	9.4659353	9.4853390
18	30901.70	32491.97	105146.22	9.4899824	9.5117766
19	32556.82	34432.26	105762.07	9.5126419	9.5369719
20	34202.02	36397.02	106417.78	9.5340519	9.5610659
21	35836.79	38386.40	107114.50	9.5543292	9.5841774
22	37460.66	40402.62	107853.47	9.5735754	9.6064096
23	39073.11	42447.49	108636.04	9.5918780	9.6178519
24	40673.66	44522.87	109463.63	9.6093133	9.6485831
25	42261.83	46630.77	110337.79	9.6259483	9.6686725

TABULÆ FUNCTIONUM ARCUUM.

Gr.	Sinus	Tangen.	Secantes	Log. Sin.	Log. Tang
90	100000.00	Infin.	Infin	10.0000000	Infin.
89	99984.77	5728996.16	5729868.85	9.9999338	11.7580785
88	99939.08	2563625.33	2865370.83	9.9997354	11.4569162
87	99862.95	1908113.67	1910732.26	9.9994044	11.2806042
86	99756.40	1430066.63	1433558.70	9.9989408	11.1553563
85	99619.47	1143005.23	1147371.32	9.9983442	11.0580848
84	99452.18	951436.45	956677.22	9.9976143	10.97837
83	99254.62	814434.64	820550.90	9.9967507	10.9108562
82	99026.80	711536.97	718429.65	9.9957528	10.8521975
81	98768.83	631375.15	639245.32	9.9946199	10.8002875
80	98480.77	567128.18	575877.05	9.9933515	10.7536812
79	98162.71	514455.40	524084.31	9.9919466	10.7113477
78	97814.76	470463.01	480973.48	9.9904044	10.6725255
77	97437.01	433147.59	444541.15	9.9887239	10.6366359
76	97029.57	401078.09	413356.55	9.9869036	10.6032289
75	96592.58	372205.08	386370.33	9.9849438	10.5719475
74	96126.17	348741.44	362795.53	9.9828416	10.5425036
73	95630.48	328075.26	342030.36	9.9805963	10.5146610
72	95105.65	307768.35	323606.80	9.9782063	10.4882240
71	94551.85	290421.09	307155.35	9.9756701	10.4630281
70	93969.26	274747.74	292380.44	9.9729858	10.4389341
69	93358.04	260508.21	279042.82	9.9701517	10.4158226
68	92718.39	247508.69	266946.72	9.9671659	10.3935904
67	92050.49	235585.24	255930.47	9.9640261	10.3721481
66	91354.54	224603.68	245859.33	9.9607302	10.3514169
65	90630.78	214450.69	236620.16	9.9572757	10.3313275

TABULÆ FUNCTIONUM ARCUUM.

Gn	Sinus	Tangen.	Secantes	Log. Sin.	Log. Tang
26	43837.12	48773.26	111260.19	9.6418420	9.6881818
27	45399.05	50952.54	112232.62	9.6570468	9.7071659
28	46947.16	53170.94	113257.01	9.6716093	9.7256744
29	48480.96	55430.09	114335.41	9.6855712	9.7437520
30	50000.00	57735.03	117735.05	9.6989700	9.7614394
31	51503.81	60086.08	116663.34	9.7118393	9.7787737
32	52991.93	62486.94	117917.84	9.7242097	9.7957892
33	54463.90	64940.76	119236.33	9.7361088	9.8125174
34	55919.29	67450.85	120621.80	9.7475617	9.8289874
35	57357.64	70020.75	122077.46	9.7585913	9.8452268
36	58778.53	72654.26	123606.80	9.7692187	9.8612610
37	60181.50	75355.40	125213.57	9.7794630	9.8771144
28	61566.15	78128.56	126901.82	9.7893420	9.8928098
39	62938.04	80978.40	128675.96	9.7988718	9.9083692
40	64278.76	83909.96	130540.73	9.8080975	9.9238135
41	65605.90	86928.68	131501.30	9.8169429	9.9391631
42	66913.06	90040.41	134563.27	9.8255109	9.9544374
43	68199.84	93257.51	136732.75	9.8337833	9.9696559
44	69465.84	96568.88	139016.36	9.8417713	9.9848372
45	70710.68	100000.00	141421.36	9.8494850	10.0000000

TABULÆ FUNCTIONUM ARCUUM.

Sinus	Tangen.	Secantes	Log. Sin.	Log. Tang
89879.40	205030.38	228117.20	9.9536602	10.3118181
89100.65	196261.05	220268.93	9.9498809	10.2928341
88294.76	188072.65	213005.45	9.9459349	10.2743256
87461.97	180404.78	206266.53	9.9418193	10.2562480
86602.54	173205.08	200000.00	9.9375306	10.2385606
85716.73	166427.95	194160.40	9.9330656	10.2212263
84804.81	160033.45	188707.99	9.9284205	10.2042108
83867.06	153986.50	183607.84	9.9235914	10.1874826
82903.76	148356.10	178829.16	9.9185742	10.1710126
81915.21	142814.80	174344.68	9.9133645	10.1547732
80901.70	137638.19	170130.16	9.9079576	10.1387390
79863.55	132704.48	166164.01	9.9023486	10.1228856
78801.08	127994.16	162426.92	9.8965321	10.1071902
77714.60	123489.72	158901.57	9.8905026	10.0916308
76604.44	119175.36	155572.38	9.8842540	10.0761865
75470.96	115036.84	152425.31	9.8777799	10.0608369
74314.48	112061.25	149447.65	9.8710735	10.0455626
73135.37	107236.87	146627.92	9.8641275	10.0303441
71933.98	103553.03	143955.65	9.8569341	10.0151628
70710.68	100000.00	141421.36	9.8494850	10.0000000

NUMERORUM LOGARITHMI.

N.	Logarith.	N.	Logarith.	N.	Logarith.
1	0. 0000000	34	1. 5314789	67	1. 8260748
2	0. 3010300	35	1. 5440680	68	1. 8325089
3	0. 4771213	36	1. 5563025	69	1. 8388491
4	0. 6020600	37	1. 5682017	70	1. 8450980
5	0. 6989700	38	1. 5797836	71	1. 8512583
6	0. 7781512	39	1. 5610646	72	1. 8573325
7	0. 8450980	40	1. 6020600	73	1. 8633228
8	0. 9030900	41	1. 6127839	74	1. 8692317
9	0. 9542425	42	1. 6232493	75	1. 8750613
10	1. 0000000	43	1. 6334685	76	1. 8808136
11	1. 0413927	44	1. 6434527	77	1. 8864907
12	1. 0791812	45	1. 6532125	78	1. 8920946
13	1. 1139433	46	1. 6627578	79	1. 8976271
14	1. 1461280	47	1. 6720979	80	1. 9030900
15	1. 1760913	48	1. 6812412	81	1. 9084850
16	1. 2041200	49	1. 6901961	82	1. 9138138
17	1. 2304489	50	1. 6989700	83	1. 9190781
18	1. 2552725	51	1. 7075702	84	1. 9242793
19	1. 2787536	52	1. 7160033	85	1. 9294189
20	1. 3010300	53	1. 7242752	86	1. 9344984
21	1. 3222193	54	1. 7323938	87	1. 9395192
22	1. 3424227	55	1. 7403627	88	1. 9444827
23	1. 3617278	56	1. 7481880	89	1. 9493900
24	1. 3802112	57	1. 7558749	90	1. 9542425
25	1. 3979400	58	1. 7634280	91	1. 9590414
26	1. 4149733	59	1. 7708520	92	1. 9637878
27	1. 4313638	60	1. 7781512	93	1. 9684829
28	1. 4471580	61	1. 7853298	94	1. 9731279
29	1. 4623980	62	1. 7923917	95	1. 9777236
30	1. 4771213	63	1. 7993405	96	1. 9822712
31	1. 4913617	64	1. 8061800	97	1. 9867717
32	1. 5051500	65	1. 8129134	98	1. 9912261
33	1. 5185139	66	1. 8195439	99	1. 9956352
34	1. 5314789	67	1. 8260748	100	1. 0000000

UMERORUM LOGARITHMI.

N.	Logarith.	N.	Logarith.	N.	Logarith.
1	2.0043214	134	2.1271048	167	2.2227165
2	2.0086002	135	2.1303338	168	2.2253093
3	2.0128372	136	2.1335389	169	2.2278867
4	2.0170333	137	2.1367206	170	2.2304489
105	2.0211893	138	2.1398791	171	2.2329961
106	2.0253059	139	2.1430148	172	2.2355284
107	2.0293838	140	2.1461280	173	2.2380461
108	2.0334238	141	2.1492191	174	2.2405492
109	2.0374265	142	2.1522883	175	2.2430380
110	2.0413927	143	2.1553360	176	2.2455127
111	2.0453230	144	2.1583625	177	2.2479733
112	2.0492180	145	2.1613680	178	2.2504200
113	2.0530784	146	2.1643529	179	2.2528530
114	2.0569049	147	2.1672173	180	2.2552725
115	2.0606978	148	2.1702617	181	2.2576786
116	2.0644580	149	2.1731863	182	2.2600714
117	2.0681859	150	2.1760913	183	2.2624511
118	2.0718820	151	2.1789769	184	2.2648178
119	2.0755470	152	2.1818436	185	2.2671717
120	2.0791812	153	2.1846914	186	2.2695129
121	2.0827854	154	2.1875207	187	2.2718416
122	2.0863598	155	2.1903317	188	2.2741578
123	2.0899051	156	2.1931246	189	2.2764618
124	2.0934217	157	2.1958996	190	2.2787536
125	2.0969100	158	2.1986571	191	2.2810334
126	2.1003705	159	2.2013971	192	2.2833012
127	2.1038037	160	2.2041200	193	2.2855573
128	2.1072100	161	2.2068259	194	2.2878017
129	2.1105897	162	2.2095150	195	2.2900346
130	2.1139433	163	2.2121876	196	2.2922561
131	2.1172713	164	2.2148438	197	2.2944662
132	2.1205739	165	2.2174839	198	2.2966652
133	2.1238516	166	2.2201081	199	2.2988531
134	2.1271048	167	2.2227165	200	2.3010300

200

NUMERORUM LOGARITHMI.

N.	Logarith.	N.	Logarith.	N.	Logarith.
201	2.3031961	234	2.3692159	267	2.4265113
202	2.3053541	235	2.3710679	268	2.4281346
203	2.3074960	236	2.3729120	269	2.4297523
204	2.3096302	237	2.3747483	270	2.4313638
205	2.3117539	238	2.3765770	271	2.4329693
206	2.3138672	239	2.3783979	272	2.4345689
207	2.3159703	240	2.3802112	273	2.4361626
208	2.3180633	241	2.3820170	274	2.4377506
209	2.3201463	242	2.3838154	275	2.4393327
210	2.3222193	243	2.3856063	276	2.4409091
211	2.3242825	244	2.3873898	277	2.4424798
212	2.3263359	245	2.3891661	278	2.4440449
213	2.3283796	246	2.3909351	279	2.4456042
214	2.3304138	247	2.3926970	280	2.4471580
215	2.3324385	248	2.3944517	281	2.4487063
216	2.3344537	249	2.3961993	282	2.4502491
217	2.3364597	250	2.3979400	283	2.4517864
218	2.3384565	251	2.3996737	284	2.4533183
219	2.3404441	252	2.4014005	285	2.4548449
220	2.3424227	253	2.4031205	286	2.4563660
221	2.3443923	254	2.4048337	287	2.4578819
222	2.3463530	255	2.4065402	288	2.4593925
223	2.3483049	256	2.4082400	289	2.4608978
224	2.3502480	257	2.4099331	290	2.4623980
225	2.3521825	258	2.4116197	291	2.4638930
226	2.3541084	259	2.4132998	292	2.4653828
227	2.3560259	260	2.4149733	293	2.4668676
228	2.3579348	261	2.4166405	294	2.4683473
229	2.3598355	262	2.4183013	295	2.4698220
230	2.3617278	263	2.4199557	296	2.4712917
231	2.3636120	264	2.4216039	297	2.4727564
232	2.3654880	265	2.4232459	298	2.4742163
233	2.3673559	266	2.4248816	299	2.4756712
234	2.3692159	267	2.4265113	300	2.4771213

· NUMERORUM LOGARITHMI.

N.	Logarith.	N.	Logarith.	N.	Logarith.
301	2.4785665	334	2.5237465	367	2.5646661
302	2.4800069	335	2.5250448	368	2.5658478
303	2.4814426	336	2.5263393	369	2.5670264
304	2.4828736	337	2.5276299	370	2.5682017
305	2.4842998	338	2.5289167	371	2.5693739
306	2.4857214	339	2.5301997	372	2.5705429
307	2.4871384	340	2.5314789	373	2.5717088
308	2.4885507	341	2.5327544	374	2.5728716
309	2.4899585	342	2.5340261	375	2.5740313
310	2.4913617	343	2.5352941	376	2.5751878
311	2.4927604	344	2.5365584	377	2.5763413
312	2.4941546	345	2.5378191	378	2.5774918
313	2.4955443	346	2.5390761	379	2.5786392
314	2.4969296	347	2.5403295	380	2.5797836
315	2.4983106	348	2.5415792	381	2.5806250
316	2.4996871	349	2.5428254	382	2.5820634
317	2.5010593	350	2.5440680	383	2.5831988
318	2.5024271	351	2.5453071	384	2.5843312
319	2.5037907	352	2.5465427	385	2.5854607
320	2.5051500	353	2.5477747	386	2.5865873
321	2.5065050	354	2.5490033	387	2.5877110
322	2.5078559	355	2.5502284	388	2.5888317
323	2.5092025	356	2.5514500	389	2.5899496
324	2.5105450	357	2.5526682	390	2.5910646
325	2.5118834	358	2.5538830	391	2.5921768
326	2.5132176	359	2.5550944	392	2.5932861
327	2.5145477	360	2.5563025	393	2.5943925
328	2.5158738	361	2.5575072	394	2.5954962
329	2.5171959	362	2.5587086	395	2.5965971
330	2.5185139	363	2.5599066	396	2.5976952
331	2.5198280	364	2.5611014	397	2.5987905
332	2.5211381	365	2.5622929	398	2.5998831
333	2.5224442	366	2.5634811	399	2.6009729
334	2.5237465	367	2.5646661	400	2.6020600

NUMERORUM LOGARITHMI.

N.	Logarith.	N.	Logarith.	N.	Logarith
401	2.6031444	434	2.6374897	467	2.6693169
402	2.6042261	435	2.6384893	468	2.6702459
403	1.6053050	436	2.6394865	469	2.6711718
404	2.6063814	437	2.6404814	470	2.6720979
405	2.6074550	438	2.6414741	471	2.6730209
406	2.6085260	439	2.6424645	472	2.6739420
407	2.6095944	440	2.6434527	473	2.6748611
408	2.6106602	441	2.6444386	474	2.6757783
409	2.6117233	342	2.6454223	475	2.6766936
410	2.6127839	443	2.6464037	476	2.6776069
411	2.6138418	444	2.6473830	477	2.6785184
412	2.6148972	445	2.6483600	478	2.6794279
413	2.6159500	446	2.6493349	479	2.6803355
414	2.6170003	447	2.6503075	480	2.6812412
415	2.6180481	448	2.6512780	481	2.6821451
416	2.6190933	449	2.6522463	482	2.6830470
417	2.6201361	450	2.6532125	483	2.6839471
418	2.6211763	451	2.6541765	484	2.6848454
419	2.6222140	452	2.6551384	485	2.6857417
420	2.6232493	453	2.6560982	486	2.6866363
421	2.6242821	454	2.6570558	487	2.6875290
422	2.6253124	455	2.6580114	488	2.6884198
423	2.6263404	456	2.6589648	489	2.6893089
424	2.6273659	457	2.6599162	490	2.6901961
425	2.6283889	458	2.6608655	491	2.6910815
426	2.6294096	459	2.6618127	492	2.6919651
427	2.6304379	460	2.6627578	493	2.6928469
428	2.6314438	461	2.6630709	494	2.6937269
429	2.6324573	462	2.6646420	495	2.6946052
430	2.6334685	463	2.6655810	496	2.6954817
431	2.6344773	464	2.6665180	497	2.6963564
432	2.6354837	465	2.6674529	498	2.6972293
433	2.6364879	467	2.6683859	499	2.6981005
434	2.6374897	467	2.6693169	500	2.6989700

NUMERORUM LOGARITHMI.

N.	Logarith.	N.	Logarith.	N.	Logarith.
501	2.6998377	534	2.7275413	567	2.7535831
502	2.7007037	535	2.7283538	568	2.7543483
503	2.7015680	536	2.7291648	569	2.7551123
504	2.7024305	537	2.7299743	570	2.7558749
505	2.7032914	538	2.7307823	571	2.7566361
506	2.7041505	539	2.7315888	572	2.7573960
507	2.7050080	540	2.7323958	573	2.7581546
508	2.7058637	541	2.7331973	574	2.7589119
509	2.7067178	542	2.7339993	575	2.7596678
510	2.7075702	543	2.7347998	576	2.7604225
511	2.7084209	544	2.7355989	577	2.7611758
512	2.7092700	545	2.7363965	578	2.7619278
513	2.7101174	546	2.7371926	579	2.7626786
514	2.7109631	547	2.7379873	580	2.7634280
515	2.7118072	548	2.7387806	581	2.7641761
516	2.7126497	449	2.7395723	582	2.7649230
517	2.7134905	550	2.7403627	583	2.7656686
518	2.7143298	551	2.7411516	584	2.7664128
519	2.7151674	552	2.7419391	585	2.7671559
520	2.7160033	553	2.7427251	586	2.7678976
521	2.7168377	554	2.7435098	587	2.7686381
522	2.7176705	555	2.7442930	588	2.7693773
523	2.7185017	556	2.7450748	589	2.7701153
524	2.7193313	557	2.7458552	590	2.7708520
525	2.7201593	558	2.7466342	591	2.7715875
526	2.7209857	559	2.7474118	592	2.7723217
527	2.7218106	560	2.7481880	593	2.7730547
528	2.7226339	561	2.7489629	594	2.7737864
529	2.7234557	562	2.7497363	595	2.7745170
530	2.7242759	563	2.7505084	596	2.7752463
531	2.7250945	564	2.7512791	597	2.7759743
532	2.7259116	565	2.7520484	598	2.7767012
533	2.7267272	566	2.7528164	599	2.7774268
534	2.7275413	567	2.7535831	600	2.7781512

NUMERORUM LOGARITHMI.

N.	Logarith.	N.	Logarith.	N.	Logarith.
601	2.7788745	634	2.8020893	667	2.8241258
602	2.7795965	635	2.8027737	668	2.8247765
603	2.7803173	636	2.8034571	669	2.8254261
604	2.7810369	637	2.8041394	670	2.8260748
605	2.7817554	638	2.8048207	671	2.8267225
606	2.7824726	639	2.8055009	672	2.8273695
607	2.7831887	640	2.8061800	673	2.8280151
608	2.7839036	641	2.8068580	674	2.8286599
609	2.7846173	642	2.8075350	675	2.8293038
610	2.7853298	643	2.8082110	676	2.8299467
611	2.7860412	644	2.8088859	677	2.8305887
612	2.7867514	645	2.8095597	678	2.8312297
613	2.7874605	646	2.8102325	679	2.8318698
614	2.7881684	647	2.8109043	680	2.8325089
615	2.7888751	648	2.8115750	681	2.8331471
616	2.7895807	649	2.8122447	682	2.8337844
617	2.7902852	650	2.8129134	683	2.8344207
618	2.7909885	651	2.8135810	684	2.8350561
619	2.7916906	652	2.8142476	685	2.8356906
620	2.7923917	653	2.8149132	686	2.8363241
621	2.7930916	654	2.8155777	687	2.8369567
622	2.7937904	655	2.8162413	688	2.8375884
623	2.7944880	656	2.8169038	689	2.8382192
624	2.7951846	657	2.8175654	690	2.8388491
625	2.7958800	658	2.8182259	691	2.8394780
626	2.7965743	659	2.8188854	692	2.8401061
627	2.7972675	660	2.8195439	693	2.8407332
628	2.7979596	661	2.8202025	694	2.8413595
629	2.7986506	662	2.8208580	695	2.8419848
630	2.7993405	663	2.8215135	696	2.8426092
631	2.8000294	664	2.8221681	697	2.8432328
632	2.8007171	665	2.8228216	698	2.8438554
633	2.8014037	666	2.8234742	699	2.8444772
634	2.8020893	667	2.8241258	700	2.8450980

NUMERORUM LOGARITHMI.

N.	Logarith.	N.	Logarith.	N	Logarith.
701	2.8457180	734	2.8656961	767	2.8857954
702	2.8463371	735	2.8662873	768	2.8853612
703	2.8469553	736	2.8668778	769	2.8859263
704	2.8475727	737	2.8674675	770	2.8864907
705	2.8481891	738	2.8680564	771	2.8870544
706	2.8488047	739	2.8686444	772	2.8876173
707	2.8494194	740	2.8692317	773	2.8881795
708	2.8500333	741	2.8698182	774	2.8887410
709	2.8506462	742	2.8704039	775	2.8893017
710	2.8512583	743	2.8709888	776	2.8898617
711	2.8518896	744	2.8715729	777	2.8904210
712	2.8524800	745	2.8721563	778	2.8909796
713	2.8530895	746	2.8727388	779	2.8915375
714	2.8536982	747	2.8733206	780	2.8920946
715	2.8543060	748	2.8739016	781	2.8926510
716	2.8549130	749	2.8744818	782	2.8932068
717	2.8555192	750	2.8750613	783	2.8937618
718	2.8561244	751	2.8756399	784	2.8943161
719	2.8567289	752	2.8762178	785	2.8948697
720	2.8573325	753	2.8767950	786	2.8954225
721	2.8579353	754	2.8773712	787	2.8959747
722	2.8585372	755	2.8779469	788	2.8965262
723	2.8591383	756	2.8785218	789	2.8970770
724	2.8597386	757	2.8790959	790	2.8976271
725	2.8603380	758	2.8796692	791	2.8981765
726	2.8609366	759	2.8802418	792	2.8987252
727	2.8615344	760	2.8808136	793	2.8992732
728	2.8621314	761	2.8813847	794	2.8998205
729	2.8627275	762	2.8819550	795	2.9003571
730	2.8633229	763	2.8825245	796	2.9009131
731	2.8639174	764	2.8830934	797	2.9014583
732	2.8645111	765	2.8836614	798	2.9020029
733	2.8651040	766	2.8842288	799	2.9025468
734	2.8656961	767	2.8847954	800	2.9030900

O   800

NUMERORUM LOGARITHMI.

N.	Logarith.	N.	Logarith.	N.	Logarith.
801	2.9036325	834	2.9211660	867	2.9380191
802	2.9041744	835	2.9216865	868	2.9385197
803	2.9047155	836	2.9222063	869	2.9390198
804	2.9052560	837	2.9227255	870	2.9395192
805	2.9057959	838	2.9232440	871	2.9400181
806	2.9063350	839	2.9237620	872	2.9405165
807	2.9068735	840	2.9242793	873	2.9410142
808	2.9074114	841	2.9247960	874	2.9415114
809	2.9079485	842	2.9253121	875	2.9420080
810	2.9084850	843	2.9258276	876	2.9425041
811	2.9090209	844	2.9263424	877	2.9429996
812	2.9095560	845	2.9268567	878	2.9434945
813	2.9100905	846	2.9273704	879	2.9439889
814	2.9106244	847	2.9278834	880	2.9444827
815	2.9111576	848	2.9283958	881	2.9449759
816	2.9116902	849	2.9289077	882	2.9454680
817	2.9122221	850	2.9294189	883	2.9459607
818	2.9127533	851	2.9299296	884	2.9464523
819	2.9132839	852	2.9304396	885	2.9469433
820	2.9138138	853	2.9309490	886	2.9474337
821	2.9143432	854	2.9314579	887	2.9479236
822	2.9148718	855	2.9319661	888	2.9484130
823	2.9153998	856	2.9324738	889	2.9489018
824	2.9159272	857	2.9329808	890	2.9493900
825	2.9164539	858	2.9334873	891	2.9498777
826	2.9169800	859	2.9339932	892	2.9503648
827	2.9175055	860	2.9344984	893	2.9508514
828	2.9180303	861	2.9350031	894	2.9513375
829	2.9185545	862	2.9355073	895	2.9518230
830	2.9190781	863	2.9360108	896	2.9523080
831	2.9196010	864	2.9365137	897	2.9527924
832	2.8201233	865	2.9270161	898	2.9532763
833	2.9206450	866	2.9375179	899	2.9537597
834	2.9211660	867	2.9380191	900	2.9542425

NUMERORUM LOGARITHMI.

N.	Logarith.	N.	Logarith.	N.	Logarith.
901	2.9547248	934	2.9703469	967	2.9854265
902	2.9552065	935	2.9708116	968	2.9858754
903	2.9556877	936	2.9712758	969	2.9863238
904	2.9561684	937	2.9717396	970	2.9867717
905	2.9566486	938	2.9722028	971	2.9872192
906	2.9571282	939	2.9726656	972	2.9876663
907	2.9576073	940	2.9731279	673	2.9881128
908	2.9580858	941	2.9735896	974	2.9885590
909	2.9585639	942	2.9740509	975	2.9890046
910	2.9590414	943	2.9745117	976	2.9894498
911	2.9595184	944	2.9749720	977	2.9898946
912	2.9599948	945	2.9754318	978	2.9903389
913	2.9604708	946	2.9758911	979	2.9907827
914	2.9609462	947	2.9763500	980	2.9912261
915	2.9614211	948	2.9768083	981	2.9916690
916	2.9618955	949	2.9772662	582	2.9921115
917	2.9623653	950	2.9777236	983	2.9925535
918	2.9628427	951	2.9781805	984	2.9929951
919	2.9633155	952	2.9786369	985	2.9934362
920	2.9637878	953	2.9790929	986	2.9938769
921	2.9642596	954	2.9795484	987	2.9943171
922	2.9647309	955	2.9800034	988	2.9947569
923	2.9652017	956	2.9804579	989	2.9951963
924	2.9656720	957	2.9809119	990	2.9956352
925	2.9661417	958	2.9813655	991	2.9960737
926	2.9666110	959	2.9818186	992	2.9965117
927	2.9670797	960	2.9822712	993	2.9969492
928	2.9675480	961	2.9827234	994	2.9973864
929	2.9680157	962	2.9831751	995	2.9978231
930	2.9684829	963	2.9836263	996	2.9982593
931	2.9689497	964	2.9840770	997	2.9986952
932	2.9694159	965	2.9845273	998	2.9991305
933	2.9698816	966	2.9849771	999	2.9995655
934	2.9703469	967	2.9854265	1000	3.0000000

APPENDIX.

ADDEMUS hic nonnulla, quæ ad Geometriæ planæ potiſſimum, & Arithmeticæ tractatus vel prorſus neceſſaria cenſuimus, vel maxime utilia. Tractatus eoſdem jam olim conſcripſeramus in privatum auditorum uſum, qui ab Editore latinè redditi, & cæteris nunc a nobis conſcriptis vel auctis præmiſſi ſunt. Porro in Geometria plana ſeriem quandam theorematum jam tum ordinavimus, ex quibus fere omnia, quæ apud Euclidem, & cæteros Elementorum conſtructores occurrunt, vel ſponte fluerent vel facile, Præceptore indicante, deduci poſſent, ſoliti viva voce Tyronibus indicare deductiones ipſas, eoſque ea ratione exercere in demonſtratione theorematum, & problematum ſolutione. In Arithmetica verò demonſtrationes pariter viva voce exponere ſoliti, eas plerumque ibidem omiſimus cum obrui ſoleat Tyronis animus, ſi dum in operationibus Arithmeticis exercetur, & præcepta ad uſum deducit, demonſtrationum, quæ ſcripto admodum difficulter ſatis dilucidè exponi poſſunt, longiore ambitu interturbatur.

Hìc igitur ea, quæ Præceptor Tyroni inſinuare poteſt, & quæ nos noſtris Auditoribus inſinuabimus, indicata potius, quam explicata adjiciemus. Erunt in iis & adnotationes quædam, & problemata exercendo Tyroni apta. Poterit autem hæc Tyroni ipſi Præceptor vel omnia, vel aliqua tantum ſelectiora pro ejus captu, & otio proponere, vel dum primum elementa percurrit, vel dum, abſolutis ſemel ſine hac appendice elementis, ea iterum relegit. Si Tyro ſine ullo Præceptore Geometriam addiſcit, hæc ubi elementa illa abſolverit, videre poterit, ſed nonnunquam conſulendus erit aliquis Geometriæ peritior, ubi in deductione theorematum, vel ſolutione problematum vires ſuas incaſſum exercuerit: quod tamen multo rarius continget, ſi ſchemata, quæ hìc præcipimus, dililigenter delineare curet. Omittimus autem delineationem ipsam, ut eo acrius addiscentis industria excitetur, & ex rectitatibus, tanquam suis quodammodo compertis, jucundiorem capiat voluptatem. Censemus autem nihil utilius ad Geometriam penitius cognoscendam haberi posse, quam hujusmodi contentio Tyronis in deducendis theorematis, vel solvendis problematis; qua fit, ut Geometria ipsa ejus animo multo altius insideat, & investigationis fontes aperiantur.

§. I.

De iis, quæ pertinent ad Geometriam Planam.

1. Axioma 5 converti posse notet in lineis rectis, & angulis æqualibus, quæ si æqualia sunt, debent congruere, & inde pendet demonstratio prop. 2, & 3.

2. Lineæ rectæ, vel curvæ, ut & superficiei planæ, vel curvæ definitionem omisimus, quod nota sint æquè ac quid sit majus, æquale, minus. At illud notandum, eam esse rectitudinis naturam, ut si bina puncta rectæ congruant cum binis alterius, debeant totæ ipsæ rectæ congruere, licet in infinitum productæ. Inde eruuntur hæc bina Euclidis axiomata. Rectæ lineæ spatium non claudunt: Rectæ lineæ segmentum commune non habent nimirum in communem caudam non desinunt.

3. In schol. post def. 4 pag. 2. lin. 35. notentur illa verba: *posita corporum continuitate*: nam si corpora constent punctis indivisibilibus, & à se invicem remotis; licet connexis ratione quadam exposita in dissertatione de lumine habita in Collegio Rom. an. 1748, puncta quidem realia sunt, & punctum quodvis potest solum etiam existere: corpora continuam extensionem, quam in iis Physici communiter admittunt nullam habent, ac in ea sententia alia est lineæ, superficiei, solidi idea. Linea est spatium per cursum motu puncti, superficies concipitur generari motu lineæ, solidum motu superficiei.

4. Post def. 6. addi potest segmentum circumferentiæ circuli dici *arcum*, rectam, quæ ipsum subtendit, *chordam*, figuram interceptam arcu & chorda, *segmentum*, interceptam binis radiis *sectorem*.

5. In schol. post def. 6. assumitur pag. 3 lin. 22. binas rectas ductas ex communi centro binorum circulorum, intercipere tot gradus in minori, quot in majori. Id ipsum accuratè demonstrari potest. Si majoris circuli circumferentia concipiatur divisa in quotcumque partes æquales, ut in gradus, & ad singulas divisiones ducantur rectæ: eæ secabunt in partes pariter æquales etiam peripheriam circuli minoris: Nam si quivis sector majoris circuli concipiatur revolvi circa alterum radium; arcus circuli majoris debebit congruere arcui sibi proximo, cum omnia eorum puncta æque distent a centro, & ipsi æquales sint. Inde autem facile eruitur, debere simul & arcum minoris circuli arcui sibi proximo congruere, adeoque æqualem esse. Inde autem cætera sponte fluunt.

7. Eadem conversione demonstratur etiam circulum à diametro secari in binos æquales semicirculos, quod in defin. 5. assumitur.

8. Ope postulati 3 ad datum punctum poni potest recta æqualis rectæ datæ, quod Euclidi est prop. 2 l. 1. Id ipse operosiore methodo solvit; cum non assumat inter postulata translationem intervalli ex uno in alium locum, quod nos, ut evidenter possibile, & factu facile assumpsimus cum aliis multis.

9. Potest jam hinc insinuare Tyroni Præceptor discrimen inter problemata determinata, quæ vel unicam solutionem admittunt, ut ubi a recta majore abscindenda est recta datæ minori æqualis incipiendo a dato extremo, vel earum numerum determinatum, cujusmodi plura infra occurrent, & indeterminata, quæ infinitas solutiones admittunt, ut hic, ubi circa datum punctum descripto circulo cum intervallo rectæ datæ, quævis recta ad ejus peripheriam terminata solvit problema.

10. Hinc Tyro loci geometrici ideam habebit, qui

nimi-

nimirum omnes indeterminati problematis solutiones continet. Circuli defcripti peripheria refpectu hujus problematis eft locus geometricus.

11. In fcholio poft def. 7 affumuntur arcus circuli pro menfura angulorum. Notet Tyro, id rite præftari, ubi vertex anguli fit in centro. Facile enim demonftratur ope fuperpofitionis, angulos ad centrum æquales fubtendi arcubus æqualibus, & viceverfa. Quare duplo, triplo, centuplo angulo refpondet duplus, triplus, centuplus arcus.

12. In Coroll. fequenti affumitur arcum PQ abfciffum centro P intervallo BE effe æqualem arcui BE. Id accurate demonftrari poteft ex prop. 4, quæ hinc non pendet. Ductis enim rectis BE, PQ, habebuntur bina triangula BCE, PMQ, in quibus latera unius erunt æqualia lateribus alterius, adeoque & angulus ad centrum C æqualis; unde patet, quo pacto in dato circulo applicari poffit chorda æqualis datæ cuivis rectæ, quam tamen non poffe diametro majorem effe patebit infra n. 50.

13. Porro hinc deducitur hoc theorema. In æqualibus circulis chordæ æquales fubtendunt arcus æquales ita nimirum, ut cùm quævis chorda fubtendat hinc inde binos arcus; bini minores æquentur inter fe, & bini majores inter fe.

14. Ad defin. 8. exponi poteft norma, cujus ope rectæ datæ rectæ perpendicularis duci poteft per datum punctum, & ejus examen, quod fit producto altero anguli recti latere, videndo an ea congruat novo angulo recto, qui fit ejufmodi productione. A norma ipfa perpendicularis appellatur normalis.

15. Corollarium 2, & 4. defin. 10. converti poffunt. Si fuerint (Fig. 2.) anguli HCF, HCL fimul æquales duobus rectis, rectæ, CF, CL jacebunt in directum, quia FC producta debet efficere cum HC angulum, qui fit complementum ad duos rectos anguli HCF, adeoque æqualis ipfi HCL, & fi binæ rectæ CH, CK efficient cum recta FL angulos FCK, LCH ad verticem oppofitos æquales, jacebunt pariter in directum.

Utri-

Utriufque hujus inverfi theorematis ufus eft frequenti-
fimus, primum Euclides demonftravit, fecundum omiffit.

16. Poteft Tyroni praeceptor proponere, ut ope horum corollariorum oftendat, quo pacto extrorfum metiri liceat angulum, quem binae externae facies arcis
vel cujuvis alterius aedificii continent in plano horizontali. Praeftabitur ope corol. 2. fi producto altero anguli latere, menfuretur is, quem ea linea continet cum
latere altero, & capiatur complementum ad gr. 180, ope
corol. 3, fi ducatur quaevis recta ab ipfo anguli; vertice,
& a gradibus 360. demantur bini anguli, quos ea cum
binis iis lateribus continet; ope cor. 4, fi producto u-
troque latere menfuretur angulus ad verticem oppofitus.

17. Quod fi eo pacto omnes arcis anguli determinen-
tur, & angulorum latera menfurentur paffibus; fubftituendo paffibus ipfis particulas aequales quafcunque, poterit arcis ambitus delineari.

18. In parallelarum doctrina affumpfimus in fchol.
poft defin. 17. aequalem inclinationem ad quamvis rectam,
quae nihilo minus evidens eft, quam quidquid alii af-
fumunt. At addi poteft illud, rectas, quae convergunt,
fi fatis producantur, debere demum concurrere, licet infinita fint genera curvarum, quae in infinitum productae
ad rectam, vel ad fe invicem accedunt ultra quofcunque
limites; quin ufquam concurrant, adeoque rectam, quae
parallelarum alteram fecet, debere fecare & alteram.

19. Hinc infertur theorema, quod Euclides pro axiomate affumpfit. Si recta incidens in binas rectas fecerit
angulos internos ad eandem partem minores duobus rectis, eae rectae fatis productae concurrent. Parallelae enim
continent angulos aequales binis rectis. Quare fi per
concurfum alterius ducatur recta alteri parallela; illa
prior hanc novam parallelam fecabit, adeoque & illam
alteram rectam.

20. Poft hic proponi demonftrandum theorema,
quod fummo ufui effe folet, Binae rectae binis aliis parallelae, fi ufpiam concurrunt, continent angulos ad eafdem partes aequales angulis, qui ab iis continentur. Facile

esse demonstrabitur producendo earum alteram, si opus sit, donec occurrat harum alteri. Statim enim apparebit in ipso concursu haberi angulum æqualem utrilibet e præcedentibus.

21. Post def. 18. addi potest, inter figuras quadrilineas *Trapezium* esse id, quod habet latera & angulos utcunque inæquales, *Rhombum*, qui omnia latera æqualia habet *Rhomboidem*, quæ bina quævis opposita æqualia. *Multilateras*, *multangulas*, vel *polygonas* dici figuras plurium laterum, & angulorum, *pentagonum* quinque, *exagonum* sex, *decagonum* decem habere latera, & ita porro. *Polygonum regulare* & latera omnia habere æqualia, & omnes angulos æquales.

22. Post prop. 1. proponi potest quærendum, quam summam conficiant omnes anguli interni cujusvis polygoni, quam omnes externi. Si a singulis angulis ad quodvis punctum assumptum intra ipsum ducantur rectæ, sient tot triangula, quot sunt latera; & omnes eorum anguli simul æquantur omnibus angulis internis polygoni, una cum angulis, qui sunt in eo puncto, & æquantur 4. rectis. Hinc omnes anguli interni æquantur tot rectis, quot exprimit duplus numerus laterum demptis 4. Cumque quivis externus cum suo interno æquetur duobus rectis; omnes simul externi æquabuntur illis 4. rectis, qui a duplo laterum numero dempti sunt ad habendos omnes internos.

23. Inde eruetur quot graduum debeat esse angulus internus cujusvis polygoni regularis, dividendo summam per numerum laterum. In pentagono summa æquatur 6. rectis sive gradibus 540, quæ divisa per 5. exhibet angulum graduum 108.

24. Post coroll. 3. proponi potest hoc probl. A puncto dato extra rectam datam ducere aliam rectam, quæ cum ipsa contineat angulum æqualem dato. Solvetur, e quovis puncto rectæ datæ ducendo rectam, quæ cum data contineat angulum æqualem dato, tum aliam huic parallelam e puncto dato vel ducendo e puncto dato rectam parallelam rectæ datæ, tum aliam, quæ cum ea con-

contineat angulum æqualem dato. Facta conftructione statim patebit hanc rectam poftremam cum data continere angulum æqualem dato.

35. In propr.2. notandum, quodvis latus pro bafi affumi poffe; fed in triangulis rectangulis bafis nomine, nifi quid aliud exprimatur, intelligi hypothenufam, five latus recto angulo oppofitum.

26. Indicari hic poteft, quo pacto diftantiam aliquam metiri liceat ope hujus propofitionis, ducendo ab extremis ejus punctis ad punctum quodvis binas rectas, menfurando eas, & angulum ibidem contentum, conftruendo alibi angulum ejufmodi, cum lateribus æqualibus, & menfurando bafim novi trianguli obventuram æqualem quæfitæ diftantiæ.

27. Ex eadem deducitur chordas æqualium arcuum in æqualibus circulis æquales effe; cum nimirum fi utrobique ducantur ab earum extremis radii ad centrum anguli in centris æquales fiant, & latera circa ipfos æqualia.

28. E coroll.2. eruitur, in triang. ifofcelio productis lateribus, etiam angulos infra bafim æquales effe inter fe; nam cum iis, qui fupra bafim funt finguli binos rectos complent.

29. Poft corol. 4. poteft proponi conftruendum fuper data recta triangulum vel æquilaterum; vel ifofceles datorum laterum; cumque id folvatur, facto centro in utroque extremo datæ rectæ, intervallo ipfius in primo cafu, dati lateris in fecundo, ductis binis circulis, & ad eorum interfectiones binis rectis: notari poteft folutionem ejufmodi haberi per interfectionem binorum locorum geometricorum, de quibus n.9, & in primo cafu femper haberi duas folutiones hinc inde a recta data, in fecundo vel duas, vel nullam, lateribus nimirum dimidiam bafim non excedentibus; ubi problematis impoffibilis cafus primo occurret.

30. Aliquanto difficilius, fed varietate cafuum multo utilius problema erit hujufmodi. Dato puncto in altero latere dati anguli rectilinei, conftruere triangulum æquila-

terum,

terum, cujus bafis fit in eo latere, & incipiat a dato
puncto, vertex vero fit in latere altero. Solvetur, af-
fumendo in illo primo latere fegmentum quodvis a puncto dato, conftruendo fupra ipfum hinc inde bina triangula æquilatera, producendo utriufque latus illud, quod
ad datum punctum terminatur, donec alteri lateri occurrat, ac ex hoc occurfu ducendo rectam parallelam
alteri lateri ejufdem trianguli æquilateri. Admodum facile demonftrabitur haberi intentum ob angulorum æ-
qualitatem in parallelis, ex quibus deducetur angulos
triangulorum prodeuntium inter fe omnes æquari. Pa-
rebit verò folutiones fore femper binas, præter cafum,
in quo angulus datus fit graduum 60, vel 120, quo
cafu alterius trianguli vertex in infinitum recedet, nec
ufpiam jam erit.

31. In Coroll. 1. pr. 3. notetur, latera æqualia debere opponi angulis æqualibus. Poffunt enim bini anguli cum uno latere æquari fine triangulorum æqualitate, fi nimirum in altero latus illud iis angulis inter-
jaceat in altero opponatur, vel non opponatur angulis
æqualibus.

32. Poft Coroll. 4. addendum illud. Si per quodvis
diametri punctum ducantur binæ rectæ lateribus parallelæ; eæ parallelogrammum divident in 4 parallelogramma, quorum bina, per quæ diameter tranfit, dicuntur
circa diametrum, reliqua bina dicuntur complementa.
Porro complementa ipfa femper æqualia erunt. Nam integrum parallelogrammum fecatur a diametro in bina
triangula æqualia, a quibus fingulis demendo bina triangula, quæ pariter funt dimidia parallelogrammorum
circa diametrum, relinquentur complementa quoque æ-
qualia.

33. Tum proponi poffunt demonftranda hæc theoremata, quorum ufus fæpiffimè occurrit. In quovis parallelogrammo binæ diametri fe mutuo bifariam fecant: fi
rectangulum fit, æquales funt, & in ipfarum interfectione
facto centro, circulus ipfi circumfcribi poteft. Demonftrabitur primum, confiderando bina triangula ad verticem

tem opposita, in quibus invenientur latera parallelogram mi opposita aequalia, & anguli hinc inde ab ipsis alterni in parallelis aequales. Demonstrabitur secundum, considerando triangula, quae utravis diameter continet cum binis rectanguli lateribus continentibus rectum angulum quae habebunt latera aequalia, adeoque & bases. Tertium a primo, & secundo conjunctis sponte fluit :

34. In demonstratione Prop. 4. superpositis basibus non est ostensum verticem unius trianguli non posse cadere in latus alterius, vel intra triangulum ipsum. At non posse cadere in latus, satis patet ob ipsam laterum aequalitatem : non posse cadere intra alterum triangulum, demonstrabitur, si conjunctis verticibus, ut in ipsa demonstratione, considerentur bina triangula isoscelia ; nam ad absurdum devenietur eodem modo, si productis alterius lateribus consideretur in eo aequalitas angulorum ultra basim, in altero vero citra, ac illorum alter erit pars alterius ex his, alter vero totum respectu alterius.

35. Atque hic quidem exemplum habet Tyro demonstrationis indirectae per reductionem ad absurdum. Directa, & expeditior demonstratio habebitur ; si bases ita conjungantur, ut vertices cadant ad partes oppositas. Conjunctis enim verticibus, orientur bina triangula isoscelia ; ex quorum angulis ad basim communem aequalibus, sponte fluet aequalitas angulorum oppositorum basi in dictis triangulis, & inde eorum aequalitas per prop. 2.

36. Ex eadem Prop. demonstrati potest Rhombum, ac Rhomboidem esse parallelogramma. Ducta enim diametro habebuntur bina triangula per hanc propositionem aequalia, in quibus anguli ipsius diametri cum lateribus exhibebunt aequalitatem angulorum alternorum, pro demonstrando parallelismo laterum. Porro hinc ; & ex corollariis Prop. 2., & 3, eruitur in quadrilineo, si ex hisce tribus, 1. quod utrumque par oppositorum laterum servet parallelismum, 2. utrumque servet aequalitatem, 3. alterum & parallelismum, & aequalitatem servet, habeatur

beatur unum, haberi semper reliqua duo. Bina ex his Euclides demonstravit: tertium, quod hîc demonstravimus, licet aeque necessarium, omisit.

37. Notandum hîc in solis triangulis ab aequalitate laterum deduci aequalitatem angulorum, & arearum.

38. Ope prop. 5. facile solvitur hoc problema. Cuivis polygono regulari circulum circumscribere. Solvetur, secando bifariam binos angulos proximos. Bissecantium concursus exhibebit centrum quaesiti circuli. Nam ob angulorum aequalitatem eae rectae cum latere poligoni constituent triangulum isoscele. Ex ipso concursu ducta recta ad angulum proximum, fiet novum triangulum aequale priori; habebit enim mediam e tribus rectis bissecantibus angulos communem, latus ipsi proximum aequale lateri prioris, & angulum interceptum aequalem. Quare haec tertia recta a suo angulo abscindet quantum & prima, nimirum ejus dimidium. Erit igitur & hoc isoscele, ac ita porrò.

39. Ex Coroll. 3. ipsius pr. 5. facile deducitur, quo pacto super data recta quadratum construi possit, vel rectangulum datorum laterum, & concipiendo superposita latera binorum quadratorum, patebit lateris majoris quadratum majus esse, & viceversa.

40. Licebit hîc eruere alium locum geometricum, qui contineat vertices omnes omnium triangulorum isoscelium habentium datam rectam pro basi, sive centra omnium circulorum transeuntium per data duo puncta. Is erit recta indefinita secans bifariam, & ad angulos rectos rectam datam, seu jungentem data puncta:

41. Eruetur etiam hoc theorema summo saepe futurum usui. In triangulo isoscelio ducta ab angulo basi opposito recta quadam, si ex hisce tribus, 1. quod angulus secetur bifariam, 2. quod basis secetur bifariam, 3. quod eadem secetur ad angulos rectos, habeatur unum, habebuntur & reliqua duo, & si in quodam triangulo habeantur duo ex iis, id triangulum erit isoscele. Demonstratio ex propositionis demonstratione sponte fluit.

42. Pro-

42. Problema Tyroni exercendo aptum esse potest hujusmodi. In data recta invenire punctum a binis datis punctis aequè distans. Solvetur jungendo recta puncta data, & ex ipsa bifariam secta ducendo rectam perpendicularem indefinitam, cujus occursus cum data recta solvet problema, qui concursus abibit in infinitum, nec usquam jam erit; si bina puncta jacuerint in recta datae rectae perpendiculari.

43. Omitti autem non debet hoc aliud; datis tribus punctis invenire centrum circuli per ea transeuntis. Solvetur conjungendo unum cum reliquis, secando bifariam rectas jungentes, & ducendo per sectionum puncta rectas perpendiculares iis, quarum concursus determinabit quesitum centrum; quod tamen in infinitum recedet, nec usquam jam erit, si tria data puncta in directum jaceant, recta illa quodammodo aequivalente arcui circuli infiniti.

44. Id autem coincidit cum solutione hujus problematis: dato triangulo circumscribere circulum. Et quoniam datis tribus punctis, unicum invenitur centrum circuli per ea transeuntis, eruitur hoc theorema: Si binorum circulorum tria peripheriae puncta congruant, congruunt reliqua omnia. Inde autem fluit solutio hujus problematis: dato circuli arcu invenire centrum, & ipsum complere. Satis erit assumptis in eo tribus punctis ad arbitrium invenire centrum circuli per ea transeuntis.

45. Potest exercitationis gratia proponi & hoc: In data recta invenire punctum, ad quod a binis datis punctis ductae binae rectae contineant cum recta ipsa angulos aequales. Solvetur ducendo ex altero rectam perpendicularem rectae datae, & eam producendo tantundem; tum ex altero dato puncto ad punctum extremum rectae productae ducendo rectam; & erit idem casus, quem solvimus in scholio, pertinens ad reflexionis punctum.

46. Post Coroll. 4. hujus prop. 5. proponendum hoc problema. Datum circuli arcum bifariam secare. Solvetur ducendo e centro rectam perpendicularem chordae dati

dati arcus. Deducenda autem sequentia theoremata summo usui futura. Diameter, quæ chordam non per centrum transeuntem bifariam secat, vel quæ chordam quamvis secat ad angulos rectos, secat bifariam & arcum. Si arcum secat bifariam, secat bifariam, & ad angulos rectos chordam. Chorda, quæ aliam chordam, & ejus arcum bifariam secat; vel arcum bifariam, & ejus chordam ad angulos rectos, est diameter. Hæc facile demonstrantur. Inde fluit hoc aliud: Binæ chordæ, quæ diametri non sint, non possunt se mutuo secare bifariam; recta enim e centro ad intersectionem ducta esset utrique perpendicularis. Demum habetur solutio hujus problematis: Dati circuli centrum invenire: solvitur, si ducta chorda quavis, & secta bifariam, per sectionem ducatur recta ipsi perpendicularis utrinque terminata ad circumferentiam, quæ erit diameter, & secta bifariam exhibebit centrum quesitum.

47. In prop. 6. si punctum E cadat inter puncta C, & B, vel in B, demonstratio habebitur addendo binis triangulis æqualibus trapezium commune in primo casu, triangulum in secundo.

48. Ipsa prop. ac ejus corollaria convertenda sunt. Maximos enim conversa usus habent. Nimirum parallelogramma, vel triangula æqualia super eadem basi, & ad easdem partes, vel parallelogrammum duplum trianguli, sunt inter easdem parallelas: Facile demonstrantur, cum ob bases æquales debeant (per schol. sequens) habere altitudines æquales. Quare recta per vertices ducta, & recta ducta per bases claudunt bina perpendicula æqualia, & proinde parallelæ sunt.

49. Ex rectangulorum mensura, quæ habetur in scholio facile deducitur rectangulum contentum sub binis rectis, quæ nimirum angulum rectum contineant, æquari simul rectangulis omnibus contentis sub illa, & partibus omnibus hujus. Nam idem est unum numerum multiplicare per alium simul, ac multiplicare partes, sive idem est aliquid accipere decies, ac accipere prius bis, tum ter, tum quinquies: Inde vero eruitur etiam

qua-

quadratum lineæ æquari rectangulis omnibus, quæ ipſa continet cum omnibus ſuis partibus, ac rectangulum, quod una pars lineæ continet cum totæ æquati illi, quod continet ſecum, & cum altera parte, ſive quadrato ſui, & rectangulo binarum partium, qui ſunt caſus particulares prioris theorematis. In fine autem ſcholii, ubi de circuli dimenſione agitur, notandum, contemptum quantitatum infiniteſimarum adhiberi poſſe ſine ullo erroris periculo ut in ſolidis demonſtratur. Sed de infiniteſimis multo uberius agetur poſt ſectiones conicas tomo 2.

50. Ex prop. 7, quæ fæcundiſſima eſt, plurima theoremata, ac ſolutiones problematum derivari poſſunt. Derivetur in primis hoc theorema. In triangulo rectangulo baſis eſt major utrovis latere, & ſi in binis triangulis rectangulis baſes æquales habentibus unum latus uni lateri æquale erit, erit & alterum alteri æquale, ac tota triangula æqualia; ſi autem unum latus primi ſit majus uno latere ſecundi, erit alterum minus altero. Patet ex eo, quod ſumma quadratorum laterum eſt æqualis quadrato baſis.

51. Inde ſponte fluet hoc aliud. In circulo chordæ quæ a centro æque diſtant, æquales ſunt: omnium chordarum maxima eſt diameter, reliquæ eo minores, quo magis a centro diſtant. Ducto enim a centro perpendiculo in chordam quamvis, quod ipſam ſecabit bifariam, fiet triangulum rectangulum, quod habebit pro baſi radium, pro lateribus ſemichordam, & diſtantiam a centro, ex quo omnia facile deducuntur.

52. Proponenda hæc duo problemata: Datis quotcunque rectis, aliam invenire, cujus quadratum ſit æquale ſimul quadratis omnibus earum omnium: Datis binis rectis invenire aliam, cujus quadratum æquetur differentiæ quadratorum earundem. Primum ſolvetur, conjungendo ope anguli recti quadrata binarum in quadrato novæ rectæ, tum quadratum tertiæ cum quadrato hujus novæ in alia, & ita porrò. Secundum, abſcindendo ex latere altero anguli recti ſegmentum æquale rectæ minori, tum ex extremo ejus puncto applicando in ipſo angulo recto

im æqualem majori ; latus enim alterum problema folvet.

53. Tum hoc theorema inferatur, quod rurfus fæcundiffimum erit. Rectarum omnium, quæ a dato puncto duci poffunt ad datam rectam indefinitam breviffima eft perpendicularis, reliquæ eo majores, quo magis a perpendiculari diftant ; & quæ hinc inde æque diftant æquales, nec nifi binæ hinc inde æquales duci poffunt. Ea omnia ex ipfa propofitione fponte fluunt, fi confideretur, quamvis rectam effe bafim trianguli rectanguli, cujus alterum latus conftans eft perpendicularis illa, alterum diftantia ab eadem affumpta in ipfa recta indefinita.

54. Inde hæc theoremata confequuntur. Quævis recta indefinitè producta vel circulum fecat in duobus punctis, vel contingit in unico, vel illi nufquam occurrit: & in primo cafu omnia puncta fegmenti binis fectionibus intercepti, five chordæ, jacent intra circulum, puncta reliqua omnia ejufdem rectæ jacent extra: in fecundo cafu præter unicum punctum contactus reliqua omnia jacent extra circulum. Si enim recta tranfit per centrum; in ea pars prima eft manifefta : fi per id non tranfit ; demiffo in eam perpendiculo e centro, fi id perpendiculum fuerit minus radio circuli, cadet intra circulum, & recedendo ab ipfo hinc inde, diftantia a centro femper magis crefcet, donec deveniatur ad diftantiam æqualem radio, quæ deinde femper major evadet. Si id perpendiculum erit æquale radio, extremum ejus punctum cadet in peripheriam, tum hinc inde diftantiæ omnes radio majores erunt. Si perpendiculum fuerit majus radio, multo majores erunt reliquæ omnes diftantiæ.

55. Quædam, quæ ad tangentem circuli pertinent, demonftravimus alia methodo in corollariis prop. 8. At vel hic, vel ibi poteft deduci hoc theorema maximi ufus. Si per quoddam peripheriæ punctum tranfeant binæ rectæ, & ex hifce tribus, 1. quod altera fit circuli tangens, 2. quod altera fit circuli diameter, 3. quod angulum rectum conftituant, habeantur duo fimul, habebitur & tertium.

P.   56. Tum

56. Tum hoc illud: Si in circulo adfit chorda, & alia recta per quoddam peripheriæ punctum transeat, ac ex hisce tribus, 1. quod arcus a chorda subtensus in eo puncto secetur bifariam. 2. quod ea recta circulum ibi tangat, 3. quod ipsi chordæ parallela sit, quotiescunque habebuntur duo, habebitur & tertium. Facile autem demonstrabitur, ducta ex illo puncto arcus diametro circuli, qui se ipsum arcum bifariam secat, & illa recta sit ipsi chordæ parallela, secabit ad angulos rectos chordam, adeoque erit perpendicularis illi rectæ, quæ proinde erit tangens. Si ea fuerit tangens, illa diameter erit perpendicularis ipsi, ut chordæ, adeoque ipsa tangens parallela chordæ. Si autem illa recta fuerit tangens, & parallela chordæ, diameter erit perpendicularis illi, adeoque & chordæ, quam proinde secabit bifariam.

57. Potest proponi hoc problema satis utile: circulum describere, qui rectam datam contingat in puncto dato, & transeat per punctum datum extra ipsam. Solventur per intersectionem binorum locorum Geometricorum. Alter erit recta datæ rectæ perpendicularis in puncto dato, in qua jacent omnia centra circulorum ibi tangentium ipsam rectam datam; alter recta secans bifariam, & ad angulos rectos rectam jungentem punctum contactus cum altero puncto dato in qua nimirum sunt omnia centra circulorum transeuntium per ea puncta.

58. Demum hic jam solvi potest hoc problema: Dato polygono regulari circulum inscribere: Solvetur autem secando bifarim binos angulos proximos; ac ex concursu, quod erit centrum, ducendo ad latus interceptum rectam perpendicularem, quæ erit radius. Nam rectæ ex eo centro ad omnes angulos ductæ eos bifariam secant juxta num. 38. Quare si ex ipso concursu in bina quævis latera proxima demittantur perpendicula; ea constituent bina triangula rectangula habentia pro basi communi rectam angulum interceptum bifariam secantem pro altero latere dimidia latera polygoni,

hi, quæ femper æqualia erunt; ac proinde perpendiculum quodvis fibi proximo æquale erit, & uno affumpto pro radio, circulus per omnium extrema tranfibit,
ac latera omnia continget.

59. Facile eruetur ex ipfa demonftratione, in ipfis
contactibus latera fingula polygoni bifariam fecari.

60. Patebit autem eadem demonftratione etiam in
quovis triangulo concurfum binarum rectarum binos angulos fecantium bifariam, præbere centrum circuli infcri-
bendi. Exhibent enim eæ binæ rectæ biffecantes tria
perpendicula æqualia.

61. In quovis triangulo bina latera fimul tertio majora effe, videtur fatis manifeftum, ex ipfa rectitudinis
natura. At id quidem acuratiffime demonftrari poteft o-
pe corol. 1. prop. 8. Si enim (Fig. 35. binorum laterum BD,
DC primum concipiatur productum in A ita, ut fit DA
æqualis DC, ducta CA, erit ob ifofcelifmum angulus
DCA æqualis DAC. Quare totus BCA major BAC,
& BA, five BD, DC fimul fuperabunt BC.

62. Inde confequetur hoc aliud theorema. Si bina
triangula bafim communem habeant, vertex autem alterius intra alterum cadat, hujus bina latera fimul minora erunt binis lateribus illius, angulus vero ab iis
contentus major illius angulo. Facile demonftrabitur producto inclufi latere altero, donec occurrat lateri includentis. Fiet enim fuper eadem bafi tertium triangulum,
cujus latera fimul facile demonftrabuntur majora lateribus inclufi, minora lateribus includentis, ut angulus
contra illius angulo minor, hujus major.

63. Ad Corol. 2. notari poteft, fi binorum triangulorum fuperponantur potius latera majora, fieri poffe,
ut punctum C cadat extra triangulum ABD, in ipfam bafim AD, vel intra triangulum. In primo cafu demonftratio facta locum habet, in fecundo res eft manifefta, in
tertio demonftratur ope numeri præcedentis. Nam eo
cafu cadente C intra triangulum, rectæ AC, CB fimul
erunt minores rectis AD, DB, & demptis BC, BD æ-
qualibus, recta AD erit major, quam AC.

64. Ex ipfo Corol. 2. fponte fluunt fequentia theorémata. Rectarum omnium, quæ ex puncto dato extra centrum circuli terminantur ad omnia puncta peripheriæ, maxima erit ea, quæ ad centrum ducta, ac producta peripheriæ occurit ultra ipfum centrum, reliquæ eo minores, quo per majores arcus diftant ab eo occurfu puncta, ad quæ terminantur, ac binæ tantummodo quæ hinc inde per æquales arcus diftant ab occurfu eodem, æquales inter fe funt: minima vero erit nulla, fi punctum detur in ipfa peripheria, ac fi detur extra, erit ea, quę terminatur ad punctum priori e diametro oppofitum. Satis erit ad hæc omnia demonftranda ducere radium e centro ad id punctum peripheriæ, ad quod terminatur recta ipfa, & confiderare variationes omnes, quas fubit angulus contentus in centro ab hoc radio, & a recta jungente centrum cum puncto dato, cujus bina latera femper eadem erunt, bafis vero recta illa a puncto dato ad punctum peripheriæ terminata augebitur, vel minuetur cum angulo.

65. Inde vero facile admodum deducitur: chordam arcus magis a femicirculo recedentis effe minorem: circulum ab alio circulo vel fecari in binis punctis ita; ut alter ex ejus arcubus binis interfectionibus interceptus fit totus intra ipfum, alter totus extra, & recta, quæ conjungit bina eorum circulorum centra, bifariam fecet tum arcus ipfos, tum chordam per interfectiones ductam, ac fecet chordam eandem ad angulos rectos: vel contingi in unico pencto, quod quidem femper jacebit in eadem recta cum binis centris ita, ut fi inter ipfa centra jaceat, alter circulus extra alterum cadat, & convexitatem fibi obvertant; fi vero utrumque centrum jaceat ad eandem ejus plagam, totus minor circulus in majori includatur: vel demum fibi nufquam occurrere, five alter ad alterum non pertingat five eum complexus ultra ipfum tranfcurrat. Hæc autem patebunt omnia, fi pro puncto dato fuperioris numeri affumatur ipfum alterius circuli centrum.

66. In Corol. 1. poft prop. **9**, cum dicitur arcum

effe

.esse mensuram anguli , non intelligitur mensura in eo sensu, in quo sumitur in schol. post prop. 7 , ut sit id , quod aliquoties sumptum adæquat totum, sed pro quantitate æquali , qua mensurata habeatur magnitudo ejus quantitatis, cujus mensura dicitur , atque in hoc sensu fere semper etiam inferius accipietur.

67. In ipsa Prop. 9. notandum , si arcus circuli sit semicirculo major , non posse in communi angulorum consideratione angulum ipsi insistere ad centrum , licet possit ad circumferentiam. Nam ex binis ejus extremis rectæ ad centrum ductæ angulum constituent versus ipsum. Ac si ipse arcus semicirculo æqualis sit , bini ejusmodi radii in directum jacebunt, nec angulum constituent. Hinc ut in hoc communi modo concipiendi angulos demonstretur Corol. 1. recurrendum est iterum ad demonstrationem propositionis , & in hoc casu semper centrum necessariò cadet intra angulum, ut in fig. 40 , eritque semper dimidius arcus AE mensura anguli ADE, dimidius BE mensura anguli BDE, adeoque dimidium totius AEB erit mensura totius anguli ADB.

68. Cæterum anguli, sive rectarum inclinationes considerari possunt etiam ex parte opposita cuspidis , nimirum externa , vel convexa , qui ab aliquibus dicuntur anguli gibbi . Quoniam id summo usui esse potest , & ad Geometriæ vim , & analogiam quandam intelligendam plurimum conducit , capiatur circinus , ac sensim aperiatur cuspide utraque , & hiatu spectante Cœlum , donec bina ejus crura in directum jaceant , tum motu in contrariam partem inflectantur . Initio quidem angulus communi modo consideratus Cœlum spectabit ; tum is perpetuo crescens abibit in rectum , deinde in obtusum . Jacentibus in directum cruribus , angulus non evadet nullus, sed æqualis binis rectis , sive graduum 180. Deinde vero angulus communi modo consideratus jam spectabit deorsum ; at ille , qui

Cœ-

Cœlum fpectabat, adhuc magis auctus, evadet major binis rectis, & fiet is, quem diximus angulum gibbum. Et fi eo quidem pacto anguli confiderentur, propofitio erit generaliter vera, & cuicunque arcui infiftat ad circumferentiam angulus; habebit alium infiftentem ad centrum ful duplum.

69. Quin immo concipi poteft angulus rectæ lineæ cum alia recta, ut major etiam 4. rectis, & graduum quotcumque, concipiendo alteram circa alteram abfolvere integras converfiones quotcunque.

70. E Corol. 1. fponte fluit hoc theorema. Anguli omnes, qui in eodem, vel in æqualibus circulis infiftunt arcubus æqualibus, ac ad peripheriam terminantur, funt inter fe æquales. Inde vero hoc aliud ejus inverfum. Locus, qui continet ad eafdem partes vertices omnes angulorum æqualium, quorum crura difcedunt è datis binis punctis, eft arcus circulis tranfeuntis per illa bina puncta, & verticem unius cujuslibet ex ipfis. Nam omnes ad eum arcum terminati æquales funt; facile autem demonftratur omnes terminatos intra majores effe, extra minores, efficiendo angulum terminatum ad eum arcum, cujus anguli latus tranfeat per verticem terminati intra, vel extra; Erit enim is angulus refpectu terminati intra internus & oppofitus, refpectu terminati extra externus.

71. Ex eodem Corol. 1. deducitur hoc aliud theorema: Circulus triangulo rectangulo circumfcriptus, habet pro diametro bafim; inde vero fluit hoc aliud; Vertex anguli recti diftat a media bafi per dimidiam bafim. Primum patet ex eo, quod angulus rectus debeat effe in femicirculo, fecundum ex eo, quod centrum debeat effe in media bafi.

72. Tum inde haud difficulter derivatur hoc aliud. Si divifa circuli peripheria in partes æquales quotcunque, fingulæ fectiones conjungantur cum fibi proximis, orietur polygonum regulare infcriptum, fi per fingulas fectiones ducantur tangentes, orietur circumfcriptum,

Pri-

Primum patet; quia latera erunt chordæ arcuum æqualium, adeoque æqualia; anguli autem insistent arcubus æqualibus, nimirum excessui totius circuli supra binos arcus subtensos a binis eorum lateribus. Secundum demonstrabitur ductis a centro ad omnes contactus; & proximarum tangentium concursus rectis, quæ cum segmentis tangentium interceptis inter binas quasque proximas constituent triangula rectangula, & omnia prorsus æqualia; unde & angulorum, & laterum æqualitas sponte fluet.

73. Ad exercendum Tyronem possunt proponi hujusmodi problemata. Per datum punctum rectam ducere ita, ut ejus segmentum dato circulo interceptum æquetur rectæ datæ. Dati circuli tangentem ducere ita, ut ejus segmentum interceptum inter contactum, & rectam datam indefinitam, æquetur rectæ datæ. Rectam ducere, quæ binos circulos datos simul tangat.

74. Primum solvetur ducta e quovis puncto chorda æquali datæ rectæ, tum e centro ducto perpendiculo in ipsam, & hoc radio, ac eodem centro, descripto circulo novo, ad quem si e dato centro ducantur tangentes; problema solvent; exhibebunt enim chordas æque a centro distantes, ac distat chorda primo applicata. Erunt autem binæ solutiones, vel unica, vel nulla; prout data recta fuerit minor, æqualis, vel major diametro.

75. Secundum solvetur, ducta ex quovis puncto peripheriæ tangente circuli æquali rectæ datæ, tum eodem centro per ejus extremum punctum ducto circulo, qui si bis secet rectam datam, solutiones erunt quatuor, ductis binis tangentibus e singulis intersectionibus, si in unico puncto contingat, binæ tantum tangentes inde duci poterunt; si ad eam non pertingat, problema erit impossibile. Demonstratio patebit, si producantur tangentes ipsæ, quæ fiunt chordæ circuli majoris æque distantes a centro, & in ipsis contactibus bifariam secabuntur.

76. Tertium solvetur, ducendo radium quemvis majoris

joris

joris circuli, ac in eo tam versus centrum, quàm producto ad partes centro oppositas abscindendo segmentum æquale radio minoris circuli : Si enim centro majoris circuli, & hoc novo intervallo summæ, vel differentiæ radiorum describatur circulus : ad eum ducantur tangentes ex centro minoris circuli, per contactum quemvis e centro majoris circuli ducatur radius, & per ejus extremum punctum tangens circuli majoris, eadem & minorem continget. Id autem demonstrabitur, ducendo ex centro circuli minoris perpendiculum in ipsam, quod invenietur æquale distantiæ binarum tangentium circuli majoris, & novi, adeoque radio circuli minoris. Porro si circulus alter extra alterum jaceat totus, invenientur quatuor tangentes ita ut binæ, quæ determinabuntur per summam radiorum, se inter ipsos circulos interserant, reliquarum utralibet ad eandem utriusque partem jaceat; si se contingant exterius, binæ illæ priores in unicam coalescent; si se secent, binæ priores impossibiles fient; si se contingant interius, etiam posteriores binæ in unicam coalescent; si alter intra alterum jaceat; omnes erunt impossibiles; ut adeò haberi possint solutiones 4, 3, 2, 1, nulla.

77. Poterit autem moneri Tyro, hoc postremum problema exhibere umbram, & penumbram Eclipsium, consideratis quatuor communibus tangentibus globorum Solis, & Lunæ, vel Solis, & Terræ, quarum priores duæ penumbram, posteriores umbram determinant.

78. Corol. 3. hujus prop. 9. converti poterit : describendo nimirum circulum per tres vertices angulorum quadrilinei habentis angulos oppositos simul duobus rectis æquales; qui transibit etiam per quartum. Nam si quartus vertex intra circulum caderet, contineret angulum majorem complemento oppositi ad duos rectos, si extra minorem, ut num. 70.

79. Corol. 5. converti potest ita: Si binæ chordæ se intra circulum non secantes intercipiant arcus æquales,

para-

parallelæ funt. Si enim concurrerent extra; continerent angulum cujus menfura effet femidifferentia arcuum interceptorum.

80. E Corol. 6. infertur hoc theor. Anguli, quos chorda ex contactu ducta continet cum tangente . æquantur iis, qui infiftunt ipfi chordæ in alternis fegmentis : nimirum angulus ABE æquatur cuivis angulo defcripto in fegmento ADB, & angulus ABF cuivis defcripto in fegmento, quem chorda AB continet cum fuo arcu verfus E. Nam habent menfuram eandem, illi dimidium arcum AB, hi dimidium ADB.

81. Hinc facile folvuntur hæc problemata : A dato circulo abfcindere fegmentum, quod contineat angulum æqualem dato, & incipiat in puncto peripheriæ dato : Supra datam rectam conftruere fegmentum circuli continens angulum æqualem dato. Primum folvitur , ducta circuli tangente per datum peripheriæ punctum , & ex eodem chorda, quæ cum tangente contineat angulum æqualem dato: fecundum folvitur, ducendo per alterum extremum rectæ datæ aliam rectam, quæ cum ea contineat angulum æqualem dato, tum per nu. 57. defcribendo circulum, qui hanc rectam tangat in eo chordæ extremo, & tranfeat per alterum extremum.

82. Pariter hoc aliud: Dato circulo infcribere triangulum, quod habeat angulos æquales angulis dati trianguli, & cujufvis anguli verticem in puncto dato. Solvetur ducendo per id punctum tangentem, tum ducendo binas chordas, quæ contineant cum tangente hinc inde binos angulos æquales reliquis angulis trianguli dati . Conjunctis enim extremis chordarum, facile patebit haberi intentum (per n. 80.)

83. In fcholio ante prop. 10. delibantur tantummodo quædam, quæ pertinent ad algebraica figna, & Arithmeticæ notiones, quæ & captu facilia funt, & ad reliqua, quæ hìc pertractamus, fufficiunt. Arithmeticam plenius hìc poft Geometriam planam tractavimus, Algebram finitam hujus tomi pars fecunda complectitur . Interea fi quam notionem numeri integri, fracti, multipli-

tiplicationis, divisionis &c. ignoret Tyro nondum Arithmeticam aggreſſus, eam facile a Præceptore addiſcet.

84. Ubi pag. 45. lin. 9. dicitur: *Quoties tertius terminus continet quartum, aut ſimilem ejus partem*; notet in primis nomine *partis* non hic intelligi partem, quæ aliquoties ſumpta adæquet totum, & dicitur aliquota, ſed quæ cum alia parte totum adæquat, & dicitur aliquanta. Deinde nomine *ſimilis* intelligi eodem expreſſam numero, ut nimirum ſi primus terminus contineat ſecundi partem quartam, quintam, decimam, etiam tertius contineat partem quartam, quintam, decimam quarti, & ita porro; nimirum numerus ille, qui exprimit, quo pacto primus terminus ſecundum contineat, debet eſſe idem, ac is, qui exprimat idem in tertio reſpectu quarti. Sine hac explicatione nomen *ſimilis*, quod poteſt ſonare idem ac proportionalis, illud aſſumeret, quod deberet explicare.

85. Porro ille numerus *m* poteſt eſſe integer, vel fractus, vel continere ſeriem fractionum decreſcentium in infinitum. Si primus rationis terminus eſt commenſurabilis cum ſecundo, ſemper numerus *m* erit finitus utcumque fractiones involvat. Si primus terminus ſit linea palmorum 12, ſecundus 4, erit $m = 3$, ſi ille 4 hic 12 erit $m = \frac{1}{3}$, ſi ille contineat palmos 17, hic 5 erit $m = \frac{17}{5} = 3.\frac{2}{5}$. At ſi incommenſurabiles ſint, non poterit haberi *m* ſine ſerie infinita. Sic ſi primus terminus ſit diameter quadrati, & ſecundus ejuſdem latus, erit $m = 1.4142$ &c. (per ſchol. prop. 7.)

86. Poſita hac defin. patet ex axiomate tertio, quantitates æquales ad alias æquales habere rationem eandem, & viceverſa; ac patet etiam illud, quod Arithm. cap. 2. aſſumpſimus pro fundamento totius doctrinæ de proportionibus ſi uterque rationis terminus per eandem quantitatem multiplicetur, vel dividatur, manere rationem.

87. In proportionibus monendus Tyro terminos homo-

mologos dici antecedentes inter se, & consequentes inter se, sive primum ac tertium, secundum ac quartum: Rationem autem reciprocam, seu inversam eam, quam habet terminus consequens ad antecedentem. Ratio directa 6 ad 3 est dupla, ratio reciproca ejusdem non est dupla, sed subdupla.

88. In demonstratione prop. 10, notandum, quantitates etiam heterogeneas posse inter se multiplicari, si assumpta in quavis quantitatum specie una aliqua ad arbitrium, quæ dicatur unitas, reliquæ exprimantur numeris finitis, vel serie-fractionum infinita, prout fuerint commensurabiles cum ea, vel incommensurabiles.

89. Ut vim habeat demonstratio prop. 10, necessarium est hoc theorema. Quotiescunque tres numeri multiplicantur ita, ut binorum productum multiplicetur per tertium, semper omnium productum evadit idem. Si multiplicandi sint 2, 5, 7 erit $2 \times 5 = 10$, & $7 \times 10 = 70$, tum $2 \times 7 = 14$, & $5 \times 14 = 70$, ac $5 \times 7 = 35$, & $2 \times 35 = 70$.

90. Id in quotcunque numeris verum est, & in Arithmetica demonstrandum. Eo posito vis argumenti sita est in eo, quod sium sit $a = mb$, & $c = md$, erit $ad = mbd$, & $bc = bmd$; nimirum in utroque casu idem productum numerorum m, b, d, licet ordine diverso multiplicatorum. Hinc $ad = bc$ productum extremorum æquale producto mediorum.

91. In Coroll. 1. notetur regulam trium non habere locum, si tres termini dati cum quarto quæsito proportionales non sint. Si navis inæquali vento impellatur, & scias horis tribus confecisse milliaria 7, non potes invenire, quot milliaria conficere debeat horis 9.

92. In Coroll. 2. notetur, alternationem propriè haberi non posse, nisi in quantitatibus homogeneis, & solum ope numerorum quantitates exprimentium transferri ad heterogeneas. In motu æquabili spatium factum uno tempore ad factum alio, est ut primum tempus ad secundum. Alternando est primum spatium ad primum tempus, ut secundum spatium ad secundum tempus.

Propriè

Propriè spatium ad tempus nullam rationem geometricam habet, cum se continere non possint, sed ratio habebitur in numeris ea exprimentibus.

93. In prop. 11. idem dicendum de multiplicatione antecedentium, & consequentium. Et quidem Euclides, ut evitaret multiplicationem in quantitatibus heterogeneis, & series infinitas in incommensurabilibus, alio modo rationem compositam definivit, ut videbimus suo loco. Sed hæc nostra methodus est multo contractior.

94. Euclides alios duos arguendi modos demonstravit *ex aequalitate ordinata, & perturbata*. Cum nobis hìc usui futuri non essent, eos omisimus. Habentur Arithm. cap. 2. n. 21, & hic etiam admodum facile demonstrari possent. Pariter alium demonstrat arguendi modum *per conversionem rationis*, cum sumitur primus terminus ad excessum primi supra secundum, ut tertius ad excessum tertii supra quartum, qui includitur in iis, quæ diximus in fine Coroll. 2. prop. 10, & quem demonstravimus Arithm. cap. 2. num. 12.

95. In demonstratione prop. 12, ubi pag. 50. lin. 18. dicitur: *Sed triangula &c.*, ex hoc theoremate, quod triangula æquè alta si habent bases æquales æqualia sunt infertur statim triangula CEB, DEB æque alta se eodem modo continere, quod bases suas. Id deducitur hoc pacto. Si utraque basis dividatur in particulas æquales quascunque, & ad communem verticem e singulis sectionibus ducantur rectæ; dividentur triangulorum areæ in particulas æquales vi ejus theorematis, quæ erunt totidem numero, quot basium particulæ. Quare areæ se eodem modo continent, quo bases.

96. Verum & hæc prop., & aliæ multæ, quæ pertinent ad comparationes superficierum inferuntur e scholio prop. 6. & doctrina proportionum: Hæc omnino non ignoranda: Quadratum mediæ proportionalis inter binas rectas æquantur earundem rectangulo. Omnia parallelogramma comparata inter se, & omnia triangula inter se sunt in ratione composita basium, & altitudinum

num (per prop. 10.) cum æquentur productis ex basibus,
& altitudinibus. Si bases fuerint æquales, illa sunt ut
altitudines, & si altitudines fuerint æquales, erunt, ut
bases, per nu. 86. Si bases fuerint in ratione reciproca
altitudinum, nimirum basis unius ad basim alterius, ut
hujus altitudo ad illius altitudinem, areæ æquales erunt,
& viceversa, (per prop. 9.)

97. Ope tertii ex his theorematis statim patet in ea
demonstratione prop. 12. triangulum CEB ad DEB esse
ut basim CB ad DB, & ADB ad idem EDB ut AB ad
EB, unde consequitur CB. DB:: AB. EB.

98. Ex prop. 12. plurima theoremata profluunt, plu-
rimæ problematum solutiones, & multa quidem ex iis
usu sepissime occurrunt, alia sunt Tyroni exercendo aptissima. Potiora delibabimus. In triangulis habentibus
aliquem angulum æqualem areæ sunt in ratione composita laterum eum angulum continentium. Si enim in alterum ex iis assumptum pro basi e vertice opposito demittatur perpendiculum sive altitudo; facile ope trianguli rectanguli, qui oritur ad partem anguli æqualis eruetur,
illa perpendicula esse ut latera non assumpta pro basi.
Quare cum sint areæ in ratione composita ex ratione
basium, & altitudinum; erunt in ratione composita eorum laterum. Hinc in ejusmodi triangulis si ea latera sint in ratione reciproca; areæ æquales erunt, &
viceversa.

99. Atque hinc etiam statim consequitur theorema
demonstratum in Corol. 1. Triangulorum similium areas
esse in ratione duplicata laterum homologorum: cum
latera circa æquales angulos sint proportionalia.

100. In quovis triangulo recta basi parallela secat
latera in eadem ratione, & si ita secat est parallela.
Deducitur facile ex ipsius propositionis demonstratione.
Cum enim sit CB. BD :: AB. BE; erit dividendo CD.
DB :: AE. EB, & huic quidem theoremati innitun-
tur corollaria 4., & 5. Si autem ita sit, erit ED parallela AE; nam si ea non esset, esset alia ducta ex E, quæ
in alio puncto secaret latus BC, & tamen secaret in eadem
ratione.

ratione. Quare ipsius rectæ BC, pars minor altera e partibus BD, DC haberet ad majorem altera eandem rationem, quam ipsæ habent, quod est absurdum, cum quo primus terminus rationis est minor, & secundus major debeat decrescere numerus, qui exprimat, quomodo se contineant.

101. Notetur etiam in triangulis æquiangulis esse tam AB. BC:: FG. GH, quam AB. FG:: BC. GH, & hic tam CD. DB:: AE. EB, quam CD. AE:: DB. EB; cum nimirum ex altera proportione eruatur altera, ut aliæ plures componendo, dividendo, invertendo, alternando.

102. Eruitur etiam hoc theorema futurum sæpe summo usui. Si per quoddam punctum transeant plures rectæ utrinque indefinite productæ, & incidant in rectas parallelas quotcumque, segmenta parallelarum intercepta binis ex illis rectis ad segmenta intercepta aliis binis quibuscumque erunt in omnibus parallelis in eadem ratione. Nam segmentum unius parallelæ ad segmentum alterius inclusum binis quibusvis iisdem rectis, facile invenietur esse, ut distantia primæ parallelæ a vertice ad distantiam secundæ assumptam in quavis ex iis rectis, quæ rationes omnes facile detegentur æquales.

103. Problemata exercendo Tyroni apta possunt esse hujusmodi: Datis in data recta binis punctis invenire tertium ita, ut ejus distantiæ a binis punctis datis sint in ratione data. Solvetur facile, erigendo ex primo puncto dato in quovis angulo rectam indefinitam, abscindendo in ea ab eodem puncto primam è rectis exprimentibus rationem datam, tum ab hujus extremo secundam, vel ad partes oppositas rectæ datæ, vel versus ipsam, ducendo ab extremo puncto hujus secundæ rectam ad secundum punctum datum, tum ab extremo primæ rectam huic parallelam. Hæc determinabit in recta data quæsitum punctum, quod facile in utroque casu demonstrabitur ope triangulorum similium, dividendo præterea vel componendo. Ac prima quidem solutio exhibebit semper unum punctum inter data duo puncta,

&a, & coincidit cum fecunda parte Corol. 6. fecundâ
extra eadem unum ad partes fecundi puncti dati , vel
nullum, vel unum ad partes primi , prout fecunda recta data fuerit minor , æqualis, vel major refpectu primæ . Ac plurimum proderit confiderare excurfum puncti inventi utriuslibet per rectam datam , & tranfitum
ab una parte ad oppofitam, pro varia mutatione magnitudinis vel directionis in fecunda recta data.

104. Vel hoc aliud . A dato puncto rectam ducere ,
quæ ita fecet latera dati anguli, ut binæ diftantiæ puncti dati a binis laterum fectionibus fint in ratione data , vel ut bina latera dati anguli ab ejus vertice ad
ejufmodi rectam fint in ratione data . Solvetur problema utrunque ducendo a puncto dato rectam parallelam primo lateri dato, donec occurrat fecundo : tum
pro folutione problematis primi capiendo ab anguli vertice in fecundo latere fegmentum, quod fit ad fegmentum ipfius interceptum inter parallelam ductam, & verticem anguli in ratione fecundæ quantitatis exprimen-
tis rationem datam ad primam : pro fecundo capiendo
ab, interfectione lateris fecundi cum parallela ducta fegmentum, quod ad ipfam parallelam fit in eadem ratione, ac ad ejus extremum ducendo rectam , quæ problema folvet, ut ftatim ac delineata fuerit figura, pro-
det fimilitudo triangulorum, & in utroque cafu binæ folutiones habebuntur, fegmento illo affumpto hinc inde
ab anguli vertice , vel ab illo concurfu , & lateribus
anguli dati, fi opus fuerit, productis etiam ultra verticem.

105. Poteft etiam proponi hoc aliud . Datis binis
punctis in binis rectis parallelis , & tertio extra utran-
que , ducere ab hoc rectam, quæ illas ita fecet, ut fegmenta intercepta inter ipfam , & illa puncta data fint
in ratione data . Solvetur facile conjungendo bina illa
puncta data, in recta jungente inveniendo punctum ,
cujus binæ diftantiæ ab ipfis fint in ratione data (per
num. 99.) & a puncto dato per hoc punctum ducendo rectam , quæ exhibebit, quod quæritur , ac fi punctum

ctum tertium non jaceat in directum cum reliquis binis semper habebuntur binæ solutiones præter casum, in quo ratio data sit ratio æqualitatis, qui casus unicam solutionem admittet. Si autem tria puncta data in directum jaceant; casus erit impossibilis nisi ratio data fuerit eadem, ac ratio binarum distantiarum puncti tertii a prioribus binis, & tunc erunt infinitæ solutiones; quævis enim recta ducta a puncto dato satisfaciet problemati.

106. Et hæc quidem exercendo Tyroni, & alia magis necessaria ad Geometriæ complementum proponi possunt, ut hoc. Super data recta construere parallelogrammum, cujus área æquetur arcæ dati parallelogrammi. Solvetur facile ducendo in dato parallelogrammo perpendiculum, quod erit ejus altitudo, tum inveniendo quartam proportionalem post rectam datam, basim parallelogrammi dati, & ejus altitudinem. Inventa enim quantitas erit altitudo parallelogrammi quæsiti; ac proinde si in distantia æquali huic novæ altitudini ab illa recta data ducatur recta ipsi parallela, & in quovis angulo ab extremis punctis rectæ datæ ducantur usque ad eam binæ rectæ parallelæ; solvetur problema, quod inde constat esse indeterminatum, & habere infinitas solutiones. Quod si præterea requiratur, ut novum parallelogrammum habeat angulum æqualem dato; satis erit in eo angulo ducere illas duas rectas parallelas, & jam problema determinatum evadet.

107. Eodem pacto triangulum construi poterit, quod habeat basim æqualem datæ rectæ, aream æqualem areæ dati trianguli, & angulum æqualem dato angulo, inveniendo nimirum novi trianguli altitudinem eodem prorsus modo, & ducendo rectam datæ parallelam in distantia æquali inventæ altitudini.

108. Quin immo facile fiet parallelogrammum æquale dato triangulo, vel triangulum æquale dato parallelogrammo cum iisdem conditionibus. Satis erit in primo casu dimidiare, in secundo duplicare inventam al-

titudi-

'tudinem, cum parallelogrammum esse debeat duplum' ianguli habentis eandem basim, & altitudinem.

109. Inde data quavis figura rectilinea poterit cum iisdem conditionibus describi parallelogrammum habens aream ipsi. aequalem. Si enim illa figura rectilinea resolvatur in totidem triangula, invenientur altitudines pro totidem parallelogrammis habentibus basim aequalem rectae datae, & aream aequalem singulis triangulis: tum si assumatur altitudo aequalis summae omnium illarum altitudinum; parallelogrammum cum hac altitudine descriptum habebit aream aequalem areae datae figurae, quod facile eruitur e num. 48.

110. Divisio circuli in gradus, quam apposuimus in schol. post prop. 12. obtineri non potest geometrice, cum nec arcus 30. gr. geometrice dividi possit in partes 3, nec arcus 5. graduum in 5. Et quidem, si pro 360 alii numeri adhibiti fuissent in divisione circuli in gradus, posset. Circulus enim potest dividi Geometrice in partes 2 ope diametri, in 6. adeoque & in 3 ope cor. 4. prop. 2, in 4 ope binarum diametrorum sibi invicem perpendicularium. Praeterea potest in 5, sed ad id requiritur hoc Euclidis probl. Datam rectam ita secare, ut quadratum unius partis aequetur rectangulo sub reliqua parte & tota, quod quidem nos reservamus applicationi algebrae ad Geometriam, ut & alia quaedam theoremata libri 2, quae minus frequenter occurrunt. Rursus potest in 15, si enim e binis partibus quintis, dematur pars tertia, e sex partibus quintisdecimis dementur quinque; ac proinde relinquetur una. Denum hae divisiones possunt continuari per bissectionem in infinitum. Atque inde patet, quae polygona regularia circulo geometrice inscribi possint, & circumscribi.

111. Prop. 13. corol. 2, 3, 4. pertinent ad secundum Euclidis librum, & in numeris quoque possunt ostendi. Sit in cor. 2. $AC = 10$, $FB = 3$, erit $FC = 5$, $AB = 8$, $BC = 2$. Habetur autem $2 \times 8 + 3 \times 3 = 5 \times 5$ cum sit utrumque $= 25$; ac eodem modo numeri in reliquis substitui possunt.

Q 112,

112. Ex prima parte Corol. 5. deducitur, binas tangentes, quæ ex eodem puncto ad eundem circulum ducantur, esse æquales inter se; nam utriusque quadratum æquatur eidem rectangulo BE X BD.

113. Potest hic proponi solvendum hoc problema, quod summum habet usum, & ad quod in Geometria reducuntur omnia illa problemata, quæ in algebra sunt secundi gradus, ut videbimus in applicatione Algebræ ad Geometriam. Data summa, vel differentia binarum rectarum, & earum rectangulo, ipsas invenire. Describatur circulus, qui habeat pro diametro datam summam, vel differentiam: ex extremo diametri puncto ducatur recta ipsi perpendicularis, cujus quadratum æquetur rectangulo dato, quod fiet inveniendo mediam proportionalem intra latera ipsius rectanguli dati. Ex extremo hujus puncto ducatur recta parallela diametro ubi datur summa, per centrum circuli ubi datur differentia, & hujus intersectiones cum peripheria circuli solvent problema. Nam bina intervalla ejus rectæ inter illud extremum, & singulas intersectiones, erunt binæ quæsitæ rectæ. Patet enim illud perpendiculum fore tangentem circuli, & proinde rectangulum sub iis binis rectis æquabitur ejus quadrato, sive rectangulo dato. In secundo autem casu patet, diametrum circuli fore differentiam rectarum inventarum, in primo vero ostendetur facile earum summam eidem æquari, ducendo aliud perpendiculum ab altero extremo, donec occurrat parallelæ illi productæ. Bina enim ejus segmenta intercepta arcu circuli, & binis perpendiculis æqualia esse facile perspicietur.

114. Porro in secundo casu patet, semper in circulo inveniri duo puncta; in primo vero invenientur duo, recta illa parallela secante circulum bis, vel unicum, ea ipsum tangente in vertice, vel nullum, ea cadente ultra circulum, prout illud quadrati latus fuerit minus, æquale, vel majus radio circuli, sive semisumma quantitatum quæsitarum. Quare in secundo casu semper habebuntur binæ quantitates quæsitæ; in primo eæ invenien-

hientur inæquales, æquales vel impoſſibiles, prout quadratum ſemiſummæ datæ fuerit minus, æquale, vel
majus rectangulo dato.

115. Idem problema poteſt proponi ſic. Invenire binas rectas reciprocas datis, quarum detur ſumma, vel
differentia. Si enim ſunt reciprocæ iis datis, earum rectangulum æquatur illarum rectangulo.

116. Poteſt & ſic. In data recta datis binis punctis
invenire aliud ita, ut rectangulum ſub diſtantiis hujus
a punctis datis æquetur dato rectangulo. Si enim id
punctum inveniatur inter data puncta, diſtantiarum ſumma erit æqualis intervallo punctorum; ſi extra, differentia. Porro patet ſemper debere inveniri bina ejuſmodi puncta extra, ſingula ad partes ſingulorum; & intra ipſa vel bina hinc inde a medio, vel unicum, vel
nullum. Sed ea elegantius invenientur ſic. Secetur bifariam recta interjacens punctis datis; erigaturque inde
perpendiculum cujus quadratum æquetur rectangulo dato. Tum primum facto centro in illo puncto biſſecan-
te, & intervallo diſtantiæ verticis perpendiculi ab altero e punctis datis; invenientur bina puncta extra. D-
inde facto centro in vertice perpendiculi; intervallo dimidiæ diſtantiæ datorum punctorum invenientur bina
puncta intra hinc inde a medio, vel unicum in medio,
vel nullum; ut ſupra; & facile eſt demonſtrare hanc
ſolutionem congruere cum præcedenti.

117. Exercendo Tyroni proponi poteſt hoc problema.
A dato puncto rectam ducere quæ datum circulum ſe-
cet ita, ut binæ ejus diſtantiæ ab interſectionibus ſint
in ratione data. Si a dato puncto ducatur tangens circuli; vel recta perpendicularis diametro per datum punctum ductæ, prout ipſum fuerit extra, vel intra circulum; ea erit media proportionalis inter binas diſtan-
tias. Quare cum detur harum ratio; datur ratio etiam
alterius ex his ad illam tangentem. Solvitur igitur hoc
pacto. Inter binas rectas inveniatur media proportionalis. Fiat ut hæc ad alteram e rectis datis, ita tangens ducta ad quartam lineam. Facto centro in pun-

Q 2   cto

&o dato, intervallo hujus novæ rectæ ducatur circulus, qui si datum circulum secuerit, vel contigerit, recta ad sectionem vel contactum ducta solvet problema: sed ubi punctum datur extra circulum, nisi novus circulus secuerit, vel contigerit circulum datum citra tangentem, vel ultra prout in proportione assumpta fuerit minor e datis rectis, vel major; problema erit impossibile.

· 118. In scholio hujus prop. notandum, rationem circuli ad circumferentiam multo ultra protractam esse nuper ab Eulero ope seriei cujusdam maximè convergentis, usque ad notas arithmeticas 127 in *Introductione in Analysim infinitorum*.

119. Ad prop. 14 notetur figuras similes dici eas, quarum anguli omnes æquales sunt, ac latera circa angulos æquales proportionalia. Est earum insignis proprietas hæc: si in binis figuris similibus e binis punctis perimetri correspondentibus ducantur in iisdem angulis ad latera homologa rectæ proportionales ipsis lateribus, tum ab harum extremis rectæ quævis in iisdem angulis cum iis ipsis; eæ terminabuntur ad puncta pariter correspondentia laterum homologorum, & erunt, ut ipsa latera homologa, quod facile demonstratur ope similitudinis triangulorum.

120. Hinc si e dato puncto ad perimetrum figuræ cujusvis ducatur recta, & in ea producta utrinque assumatur utralibet ex parte puncti ipsius segmentum, quod ad eam sit in data ratione quavis, excurrente ipsa recta per perimetrum figuræ, extremum segmenti punctum describet figuram similem. Demum notetur illud: In parallelogrammo diviso in 4. parallelogramma juxta num. 32. ea bina quæ circa diametrum sunt, sunt & inter se similia, & toti, ac e converso: Si bina parallelogramma similia angulum habeant communem, vel ad verticem oppositum, ac laterum homologorum directiones congruant, vertices oppositi jacebunt in eadem recta cum qua diametrorum directiones congruent. Id autem pariter e similitudine triangulorum facile deducitur.

§. II.

§. II.

De iis, quæ pertinent ad Arithmeticam.

121. COmmunium notarum proprietas, quibus in Arithmetica decadica utimur, in qua nimirum regredimur ad caput numerationis post decades, decadum decades, seu centurias, centuriarum decades, seu millia &c. est, quòd quævis nota seorsim legi possit renunciando speciem, quam exprimit, ultima unitates, penultima decades, præcedens illam centurias, tum alia præcedens millia, deinde millium decades, millium centurias, milliones, & ita porro, vel conjungendo quotcunque notas libeat, & omnia denominando a specie notæ postremæ, idque tam in integris, quam in fractis decimalibus. Numerus 34756 legi potest sic : Tercentum quadraginta septem centuriæ, quinque decades, sex unitates. Numerus 347.56. sic : Triginta quatuor unitates, septuaginta quinque partes decimæ, sex centesimæ, & ita porro.

122. Ejus rei ratio patet ex eo, quod semper nota existens in sede præcedenti significat decuplum ejus, quod significat in sequenti ; adeoque si binis sedibus præcedat exprimit ejus centuplum, si ternis milluplum, & ita porro.

123. Additionis, & subtractionis demonstratio satis patet ex iis, quæ innuimus post regulas. Notandum autem, ex ipsa multiplicationis notione idem esse, numerum totum simul multiplicare per alium numerum, ac ejus partes ita multiplicare alias post alias, ut monuimus in hac appendice num. 49.

124. Pro multiplicatione numerorum inter 5, & 10 proposuimus num. 16. usitatam methodum per digitos. Quoniam adeo exiguus habetur casuum numerus, potest Tyro methodi demonstrationem sibi conficere per inductionem. Ope notarum algebraicarum res hoc

pacto demonstraretur. Quoniam eriguntur tot digiti, quot unitatibus numerus propositus excedit quinarium; tot deprimentur, quot unitatibus idem deficit a denario. Deprimantur in altera manu digiti numero a, in altera b. Erit primus numerus 10 — a secundus 10 — b. Multiplicentur per partes, & habebitur 10 X 10 — 10a — 10b — ab. Nam, ut in Algebra demonstrabitur, signa conformia, si multiplicentur, reddunt signum positivum, difformia negativum, prorsus ut si affirmes, aliquid existere, vel neges deesse, habebis positivam existentiam, si affirmes deesse, vel neges existere, habebis carentiam. Porro est 10 X 10 — 10a — 10b = 10(10 — a — b), & 10 — a — b = 5 — a + 5 — b, sive = summæ digitorum erectorum. Igitur si ea summa ducatur in 10, & addatur productum ab digitorum depressorum habebitur intentum.

125. Tabulæ Pithagoricæ usus per se evidenter patet ex constructione. Numero autem 18. proponitur insignis proprietas numerorum, quæ demonstrari potest incipiendo a casibus simplicioribus, & pergendo ad magis compositos. Sint bini numeri a, b, ut 6, & 8, multiplicandi per se invicem. Concipe cohortem militum, in qua sint ordines numero a, sive 6, quorum singuli contineant numerum militum b, sive 8. Accipiendo numerum 8 vicibus 6 habetur numerus militum. Ibidem autem erunt 6 primi, quivis in suo ordine, 6 secundi, & ita porro usque ad 6 octavos. Quare etiam sumendo numerum 6 vicibus 8 habetur idem militum numerus. Igitur in binis numeris a, b productum ab, & ba est idem.

126. Si numeri sint tres a, b, c; concipe legionem, in qua cohortes numero a, in quavis cohorte ordines b, in quovis ordine milites c. Erit bc numerus militum in cohorte, & bc X a numerus militum in legione. Si autem assumantur in quovis ordine soli primi; eorum numerus in cohorte erit idem, ac numerus ordinum b. Quare in universa legione erit ab, & cum sint totidem secundi, tertii &c., habebuntur tot hujusmodi numeri ab, quot milites sunt in quovis ordine,

ordine, nimirum *c*; adeoque & *a b* X *c* exhibet eundem numerum. Demum fi fumantur primi ordines tantum fingularum cohortium, habebuntur milites *a c*, qui per numerum ordinum multiplicati exhibebunt *a c* X *b* numerum pariter omnium militum.

127. Confiderando exercitum compofitum ex numero legionum *d*, res extendetur ad quatuor numeros : vires regnis habentis exercitus *e*, ad quinque, & ita porro. Sed in pluribus numeris combinationes in infinitum excrefcunt. Proderit autem Tyroni accipere 4, vel 5 numeros, & fe in eorum multiplicatione exercere, ut videat eodem redire *a* X *b* X *c* X *d* X *e*, *a b* X *c* X *d e*, *a b d* X *c e*, *a c* X *b d e* &c.

128. Multiplicationis demonftrationem facile intelliget, qui exemplum aliquod confideret, & ea, que num. 21. innuimus : ac iifdem principiis innititur methodum multiplicandi per tabellas Neperianas expofita num. 23.

129. In divifione ubi ea conficitur fine fcala, & tabellis Neperianis, operatio procedit ordine fequenti.

130. Sumantur in primis in dividendo tot notæ, e prioribus, quot fufficiunt ad exprimendum numerum divifore non minorem. Eæ autem erunt tótidem, quot in divifore continentur, vel una præterea. Nam numerus, qui unica nota alterum excedit femper illo major erit, ut 1000. eft major quam 999.

131. Quæratur quoties hic numerus continet diviforem; id autem præftabitur, quærendo quoties primam notam diviforis continet prima partis affumptæ, vel primæ duæ, prout affumptæ fuerint totidem notæ, vel una præterea, fed ita, ut quod ibi relinquitur conjunctum cum nota fequenti, & habitum pro decadibus fufficiat, ut toties faltem contineatur in ea fecunda diviforis nota ; fi enim non fuffecerit minuendus eft unitate numerus vicium inventus, donec fufficiat. Is numerus vicium fcribitur primo loco in quoto.

132. In exemplo expofito in quo 10105 dividitur per

43, cum priores binæ dividendi notæ 10 exhibeant numerum minorem quam 43, assumendæ tres 101. Querendum porro, quoties 4 contineatur in 10. Invenitur 2, & relinquitur 2, cui si addatur assumpti numeri sequens nota 1, fit 21, quod sufficit, ut sequens divisoris nota 3 binis contineatur. Quare in quoto scribitur 2. At si quæreretur, quoties 37 contineatur in 132, quærendo quoties 3 contineatur in 13 inveniretur 4; sed quia superest tantum 1, qui numerus conjunctus cum sequenti 2 exhibet 12, in quo numerus 7 quater contineri non potest: efficiendum ut 3 contineatur in 13 solum vicibus 3, ut relictis 4 possit 7 in 42 contineri pariter vicibus 3; adeoque prima nota quoti esset 3.

133. Per numerum inventum multiplicetur divisor; & productum scribatur sub illa parte divisoris assumpta, subtrahaturque inde, ac post residuum addatur sequens dividendi nota, & iteretur eadem operatio, quærendo eodem modo, quoties divisor contineatur in hoc residuo aucto, scribendo hanc novam notam, post notam quoti jam inventam, multiplicando, ac subtrahendo, ut prius, & ita porro.

134. Demonstratio methodi hinc petitur. Quoniam idem est dividere numerum per numerum, ac videre, si tot res quælibet, quot exprimit dividendus, distribui debeant in tot capita, quot exprimit divisor, quot ex iis dari singulis possint: quæritur primum, quæ sit altissima species numerorum a dividendo expressorum, e qua aliquid dari possit: ut in exemplo allato si e dividendo 10105 solum 10 millia assumuntur, ex his nullum singulis illis 43 dari potest; at si assumantur 101 centuriæ, quæ iis pauciores non sunt, poterunt singulis dari tot ex ipsis centuriis, quoties 43 continetur in 101. Quare ille numerus inventus vicium debet esse prima quoti nota, & in eo exprimere debet illam eandem speciem, quam exprimit postrema nota partis assumptæ dividendi, ut hìc centurias. Porro eas exprimet, cum tot aliæ post eam scribi debeant, quot

nota

notæ in dividendo superfunt pro calculo toties restituendo, ut hìc aliæ duæ.

135. Multiplicando autem diviforem per notam quoti inventam determinatur , quid ex ea specie impendatur in ea distributione, ut hìc multiplicando 43 per 2 invenitur 86 centurias impendi. Subtractione invenitur, quid inde superfit , ut hic superfunt 15 . Hæ centuriæ funt, ac conjunctæ cum decadibus 0, efficiunt decades 150, ac quæritur eodem pacto , quot fingulis decades dari possint; atque ita femper a speciebus altioribus gradatim ad inferiores descenditur.

136. Porro ubi quæritur, quoties divifor contineatur in parte quoti assumpta, non sufficit videre, quoties prima ejus nota contineatur in prima vel prioribus binis hujus; fed relinqui debet, id , quod cum fequenti sufficiat fecundæ; cum distribui non debeat numerus dividendus in tot capita, quot exprimit fola nota prima diviforis, fed in omnia a reliquis etiam ejus notis expressa. Atque idcirco fi divifor contineat plures notas, videndum esset primo an quod superest primæ notæ diviforis conjunctum cum fequenti nota dividendi sufficiat pro fecunda nota diviforis, tum an quod ipfi superest, conjunctum cum alia fequenti nota dividendi sufficiat pro tertia diviforis, & ita porro usque ad postremam. Sed ejusmodi inquifitio admodum molesta esset, & plerumque, ubi superest pro fecunda , superesse folet etiam pro inferioribus, cum notæ in tertia fede centies minus, in quarta millies minus exprimant , quàm in prima. Hinc fatis erit femper videre folum, an superfit pro fecunda, & fi forte refiduum deinde non suffecerit pro reliquis , id calculus ipfe indicabit. Nam multiplicato divifore per notam quoti inventam , proveniet numerus major eo, a quo fubtrahi deberet, quo cafu nota inventa minuenda efset unitate, productum illud delendum , & feribendum aliud productum diviforis multiplicati per notam quoti correctam : ac fatius erit raro admodum restituere calculum, quam femper illam adeo molestam investigationem instituere.

137. Ubi, divisione peracta, aliquid remanet, præscribitur n. 29, ut addatur fractio, cujus numerator sit postremum illud residuum, denominator sit ipse divisor. Ejus demonstratio hinc oritur, quod cum ex illo residuo singulis integræ unitates dari non possint, concipitur quævis unitas divisa in tot particulas, quot sunt ii, in quos divisio facienda, & quos divisor exprimit, & cum singuli singulas singularum unitatum particulas accipere debeant, singuli accipient tot particulas, quot erant unitates residuæ, quarum magnitudinem determinabit denominator divisori æqualis. In casu ibi exposito singuli accipient particulas 182, qualium singulæ unitates continent 385.

138. Atque ex his quidem, & ex iis, quæ in Arithmetica diximus, habet Tyro, unde vim omnem divisionis percipiat, institutæ etiam sine lamellarum, aut scalæ præsidio, in qua Tyronem Præceptor debet exercere, ut minus difficilis illi deinde evadat radicum extractio.

139. In fractionibus, de quibus agitur a n. 33, binæ præcipuæ proprietates notandæ sunt: Primo si numerator demonstratorem excedit, fractio spuria est, & integras unitates continet, quarum numerus habetur dividendo numeratorem per denominatorem. Nam ubi numerator denominatori æquatur, fractio unitatem complet, quod ex ipsa fractionis notione constat. Cum enim pars quinta sit ea, quarum quinque in unitate continentur; patet quinque quintas partes unitatem complere. Hinc tot unitates habentur, quot vicibus e numeratore denominator potest detrahi, sive quot vicibus hic in illo continetur.

140. Secundò si in quavis fractione numerator, & denominator dividantur per eundem numerum quemcumque, valor illius manet idem, cum æque crescat numerus particularum, ac earum magnitudo minuatur in multiplicatione, ac prorsus oppositum in divisione contingat. Sit fractio $\frac{3}{4}$, & utroque numero ducto in 5 fiet $\frac{15}{20}$ cujus idem est valor. Si enim unitas divisa erat in partes

tes

tes 4, quarum 3 accipiebantur, fubdivifis fingulis in alias
5, jam unitas continebit partes $4 \times 5 = 20$, & illae
tres affumptae continebunt $3 \times 5 = 15$, ac idem patet
de quovis alio numero.

141. Ex prima proprietate conftat ratio ejus, quod
praefcribitur num. 34., & 35, pro colligendis integris
unitatibus, ubi numerator denominatorem excedit.

142. Ex fecunda proprietate conftat id, quod num.
37. praefcribitur pro reductione fractionum ad eundem
denominatorem. Notandum autem in fine ejus numeri,
plures fractiones fimul etiam redigi ad eundem denominatorem multiplicando numeratorem, & denominatorem cujuslibet per omnes reliquorum denominatores.

Fractiones $\frac{2}{3}$, $\frac{4}{5}$, $\frac{3}{7}$, $\frac{5}{8}$ reduci poffunt ad eundem

denominatorem fic $\frac{2 \times 5 \times 7 \times 8}{3 \times 5 \times 7 \times 8}$, $\frac{4 \times 3 \times 7 \times 8}{5 \times 3 \times 7 \times 8}$,

$\frac{3 \times 3 \times 5 \times 7}{7 \times 3 \times 5 \times 8}$, $\frac{5 \times 3 \times 5 \times 7}{8 \times 3 \times 5 \times 7}$.

143. Reductio illa facilior, de qua num. 38, fieri
poteft in binis cafibus. Primus eft, cum in fractione
aliqua numerator, ac denominator communem aliquem
diviforem habeant, per quem dividi poffint, & ad fim-
pliciores terminos reduci, ut reducitur $\frac{6}{18}$ ad $\frac{1}{3}$ dividendo per 6 tam numeratorem, quam denominatorem
juxta num. 140. Secundus eft cum bini, vel plures denominatores aliquem diviforem communem habent, tunc
enim is in communi illo novo denominatore fruftra re-
peteretur, & ubi is adeft, multiplicatio per ipfum omit-
tenda, ubi deeft, femel tantum adhiberi debet in multiplicatione conjunctus cum diviforibus reliquis non com-
munibus. Sint $\frac{5}{6}$, $\frac{7}{15}$, $\frac{4}{7}$, five $\frac{5}{2 \times 3}$, $\frac{7}{3 \times 5}$, $\frac{4}{7}$.

Reducentur ad eundem denominatorem fic $\frac{5 \times 5 \times 7}{2 \times 3 \times 5 \times 7}$,

$\frac{7 \times 2 \times 7}{3 \times 5 \times 2 \times 7}$, $\frac{4 \times 2 \times 3 \times 5}{7 \times 2 \times 3 \times 5}$, adhibendo communem

divi-

divisorem 3 denominatoris primi, & secundi solum in tertia fractione.

144. Hinc patet pro reductione fractionum necessariam esse methodum inveniendi maximum communem divisorem binorum numerorum. Ea autem est hujusmodi. Dividatur major per minorem, & notetur residuum; tum divisor per hoc residuum, & notetur residuum novum, atque ita porro, donec deveniatur ad aliquam divisionem, quæ accuratè fiat sine ullo residuo. Ultimus divisor ille, per quem divisio accurata successit est maximus communis divisor.

145. Sint numeri 1896, 120, quorum quæratur maximus communis divisor. Diviso 1896 per 120, quotus est 15, residuum 96. Diviso 120 per 96, quotus est 1 residuum 24. Diviso 96 per 24, quotus est 4 sine residuo. Igitur 24 est communis maximus divisor. Et quidem diviso 1896 per 24, habetur 19, ac diviso 120 per 24 habetur 5.

146. Demonstratio innititur hisce theorematis satis per se notis. Quod mensurat aliquem numerum (sumendo mensuram pro parte aliquota) mensurat, & quodvis ejus multiplum, nimirum ipsum quotcunque vicibus repetitum, & quod mensurat binos numeros, mensurat & eorum summam ac differentiam.

147. Porro si quis numerus mensurat 1896, & 120, mensurabit & 120 ductum in primum quotum 15, cumque id productum cum primo residuo 96 æquetur 1896, ille numerus mensurabit etiam id residuum sive differentiam. Eodem argumento cum mensuret 120, & 96, divisum, & divisorem novæ divisionis, mensurabit etiam novum residuum, & ita porro usque ad residuum penultimæ divisionis, quod cum metiatur se & postremum divisorem debet continere divisorem communem quemcumque propositorum numerorum. Totum autem ipsum esse divisorem communem constabit demonstratione retrograda. Cum enim mensuret se, mensurabit etiam divisum postremæ divisionis nimirum se multiplicatum per postremum quotum. Porro ipse erat residuum penultimæ

divi-

divisionis, & postremus divisus erat ejusdem divisor? metiebatur autem ille eum divisorem, adeoque & ipsum ductum in penultimum quotum; cumque id productum cum residuo adæquet divisum ejusdem penultimæ divisionis, mensurabit etiam hunc divisum; ac eodem argumento, cum mensuret divisorem & divisum cujusvis divisionis posterioris, mensurabit etiam divisum & divisorem cujusvis præcedentis usque ad primam, nimirum binos numeros datos.

148. At si omnes divisores dati numeri invenire libeat, inventis divisoribus primis, de quibus §. 7; illud notandum, fore divisores ejusdem numeri omnia producta ex binis, ex ternis, ex quaternis, ex quotcunque simul sumptis, ac productum omnium simul fore ipsum numerum. Si enim sint quotcunque numeri primi, quocunque ordine multiplicentur inter se, utcunque sumantur bini, terni, quaterni &c. ac per reliquos multiplicentur, semper productum idem efficient ut notavimus hìc num 125, 126, 127. Quare ad inventionem omnium divisorum satis est invenire omnes primorum combinationes.

149. Erit aptius, quam in eo §. exemplum numeri 210, cujus divisores omnes invenientur hoc pacto. Dividendo 210 per 2 habetur 105, qui per 2 dividi non potest, dividitur autem per 3, & habetur 35, qui nec per 3 dividi potest, potest autem per 5, & ha-

210	2	6	30
105	3	10	42
35	5	14	70
7	7	15	105
1		21	
		35	

betur 7, qui dividi solum potest per se, ac habetur 1. Prima columna exhibet quotus, secunda divisores primos 2, 3, 5, 7. Combinando 2 cum 3, cum 5, cum 7, tum 3, cum 5, cum 7, demum 5 cum 7 habentur in tertia columna omnium binariorum combinationes. Combinando singula binaria cum posterioribus, qui ea binaria non ingrediuntur, aliis post alios, habentur omnia ternaria in columna quarta, tum combinando pariter

riter ternaria fingula cum reliquis pofterioribus haberen-
tur omnia quaternaria, & ita porro; fed hic quaterna-
rium eft unicum exhibens ipfum numerum propofitum.
Ac fi iis columnis addatur ipfe numerus 210 & 1; habentur omnes communes divifores fexdecim.

150. Fractionum multiplicatio expofita §. 9. demonftratur ex ipfa definitione multiplicationis. Habeat primum utraque fractio numeratorem 1; ut fi fit $\frac{1}{7}$ mul-
tiplicandum per $\frac{1}{5}$. Quoniam multiplicare per fractionem eft accipere illam ejus partem, quam ea exprimit;
fumenda erit partis feptimæ pars quinta; & habebitur
particula; quarum 5 continebit quævis e prioribus feptem unitatis partibus, adeoque unitas tota continebit
7 X 5, nimirum habebitur pars $\frac{1}{7 \times 5} = \frac{1}{35}$.

151. Quod fi non unius feptimæ, fed plurium, ut
quatuor feptimarum partium fumenda fit pars quinta,
patet fumendam fore in fingulis unam ex iis particulis;
adeoque $\frac{4}{7} \times \frac{1}{5}$ fore $\frac{4}{7 \times 5}$.

152. Demum fi non una quinta ejus fractionis pars
affumenda fit, fed plures, patet totidem vicibus plures
particulas affumi; quot plures partes affumendæ funt.
Adeoque $\frac{4}{7} \times \frac{3}{5}$ fore $\frac{4 \times 3}{7 \times 3}$. Nimirum opportere & numeratores inter fe multiplicare, & denominatores inter fe.

153. Divifio earumdem demonftratur ex eo, quod
multiplicatio & divifio debeant fe invicem deftruere ita;
ut quotus per diviforem multiplicatus debeat reddere divifum, ut conftat ex ipfa multiplicationis, & divifionis
notione. Porro fit $\frac{a}{b}$ dividendum per $\frac{c}{d}$ invertendo diviforem prodibit $\frac{ad}{bc}$; quia hunc quotum multiplicando
per diviforem $\frac{c}{d}$ habebitur $\frac{adc}{bcd}$, five ob dc communem
divifori, & divifo habebitur (per num. 140) $\frac{a}{b}$, nimirum divifus ille.

161. Si

162 Si quivis numerus integer confideretur, ut fractio quædam, quæ pro denominatore habeat unitatem, facile ex dictis eruentur hæc theoremata. Fractio multiplicatur per numerum integrum multiplicando per eum ejus numeratorem; Integer multiplicatur per fractionem multiplicando ipfum per ejus numeratorem, & relinquendo in utroque cafu denominatorem priftinum. Fractio dividitur per integrum multiplicando per ipfum ejus denominatorem: Integer dividitur per fractionem multiplicando ipfum per ejus denominatorem, & ponendo pro denominatore numeratorem ipfius fractionis.

163. Notandum demum in quavis multiplicatione effe unitatem ad alterum factorem, ut alter ad productum, cum hoc ductum in unitatem maneat idem, nimirum fit æquale producto factorum: In quavis autem divifione effe diviforem ad divifum, ut eft unitas ad quotum, cum quotus ductus in diviforem reddat divifum, adeoque divifum ipfum per unitatem multiplicatum; ac proinde in utroque cafu habeantur æqualia producta mediorum, & extremorum.

164. Quæ §. 9 dicuntur de additione, & fubtractione decimalium, patent ex iifdem principiis, ex quibus eadem deducuntur in integris. Quod pertinet ad eorum multiplicationem; facile demonftrabitur, fi apponatur denominator, & notetur illud, quod diximus hîc num. 121. Si enim fublato puncto fcribatur fub eodem numero pro denominatore unitas cum tot cyphris, quot notæ decimalium habentur poft punctum, habebitur fractio idem prorfus exprimens, quod ope puncti exprimitur, integris etiam, fi qui funt, fimul ad eum denominatorem reductis. Multiplicatis iis fractionibus bini denominatores multiplicandi erunt, in quibus habebitur unitas cum tot cyphris, quot habebantur in utroque denominatore. Quare fi, fublato ipfo denominatore, productum ope puncti fcribendum eft, poft punctum totidem in eo notæ haberi debent, quot in utroque factore fimul habebatur.

165. Cum autem quotus per diviforem multiplicatus de-

debeat divifum reddere, tot in illis decimales notæ haberi debent, quot habentur in ipfo divifo.

166. Porro ubi numerus notarum deeft ad implendas hafce regulas, debet fuppleri ope cyphrarum præmiffarum, quæ in fractionibus decimalibus valorem non mutant poft ipfas notas, mutant autem ante ipfas, ut e contrario in integris præmittendo eas cyphras non mutatur valor, mutatur vero plurimum ponendo eas poft ipfas notas. Diftantia enim a puncto dirimente integros numeros a fractionibus determinat valoris fpeciem.

167. Extractionem radicis expofitam §. 10., demonftrabimus in algebra. Pariter quæ de numeris furdis dicuntur §. 11. multo commodius & extendentur, & demonftrabuntur ibidem.

168. Ad caput 2. Arithmeticæ illud unum notabimus ad num. 9: multo melius, quam in prop. 10. Geometriæ, demonftrari hìc ex principiis idcirco præmiffis in proportione geometrica productum extremorum æquari producto mediorum, & viceverfa, ac eadem methodo, quæ in proportione arithmetica adhibita eft pro fumma. Demonftratio autem hìc omiffa eft hujufmodi.

169. Sit $a.b::c.d$, ducendo priores terminos in c, pofteriores in a manebunt ædem rationes (per num. 6. cap. 2. Arith.) eritque $ac.bc::ac.ad$. Quare (per num. 7.) $bc \rightleftharpoons ad$. Rurfus fi fuerit $bc \rightleftharpoons ad$ erit (per num. 7.) $ac.bc::ac.ad$. Quare (per num. 6.) $a.b::c.d$. Q. E. D.

Lightning Source UK Ltd.
Milton Keynes UK
UKHW022230140219
337291UK00006B/193/P